Nicolas Gorges

Haptische Objekterkennung mit einer humanoiden Roboterhand

Haptische Objekterkennung mit einer humanoiden Roboterhand

von
Nicolas Gorges

Dissertation, Karlsruher Institut für Technologie (KIT)
Fakultät für Informatik, 2013
Tag der mündlichen Prüfung: 18. Juli 2012

Impressum

Karlsruher Institut für Technologie (KIT)
KIT Scientific Publishing
Straße am Forum 2
D-76131 Karlsruhe
www.ksp.kit.edu

KIT – Universität des Landes Baden-Württemberg und
nationales Forschungszentrum in der Helmholtz-Gemeinschaft

KIT Scientific Publishing 2013
Print on Demand

ISBN 978-3-7315-0072-8

Haptische Objekterkennung
mit einer humanoiden Roboterhand

zur Erlangung des akademischen Grades eines

Doktors der Ingenieurwissenschaften

von der Fakultät für Informatik
des Karlsruher Instituts für Technologie (KIT)

genehmigte

Dissertation

von

Nicolas Gorges

aus Papenburg

Tag der mündlichen Prüfung: 18.07.2012

Erster Gutachter: Prof. Dr.-Ing. Heinz Wörn

Zweiter Gutachter: Prof. Dr.-Ing. Tamim Asfour

Danksagung

Die Unmenschlichkeit des Computers beruht darauf, dass er
richtig programmiert und einwandfrei funktionierend, so absolut ehrlich ist. - Isaac Asimov

Die vorliegende Arbeit entstand während meiner Tätigkeit als wissen-
schaftlicher Mitarbeiter am Institut für Prozessrechentechnik, Automation und Robotik des Karlsruher Instituts für Technologie im Rahmen des
Sonderforschungsbereiches 588 Humanoide Roboter. Ich danke besonders
meinem Doktorvater Prof. Dr.-Ing. Heinz Wörn für die Ermöglichung der
Arbeit und sein in mir gesetztes Vertrauen. Herrn Prof. Dr.-Ing. Tamim Asfour als Koreferent gebührt mein Dank für die langjährige Zusammenarbeit
und für sein Interesse an meiner Arbeit.

Ich bedanke mich herzlich bei allen Mitarbeiter des IPR für das gute
Arbeitsklima und die große Hilfsbereitschaft. Allen voran gebührt mein
Dank Dirk Göger für die langjährige und fruchtbare Zusammenarbeit auf
dem Weg zu einer fühlenden Roboterhand. Weiteren Dank gilt meinen
Projektpartnern Andreas Schmid und Catherina Burghart sowie Alexan-
der Bierbaum vom IAIM für die fachlichen Anregungen und freundliche
Zusammenarbeit.

Ein großer Dank geht an alle Studenten, die im Rahmen von Diplom- und
Studienarbeiten oder als studentische Hilfskräfte ihren Beitrag zu der Arbeit geleistet haben. Dabei möchte ich insbesondere Stefan Escaida, Andre
Haase und Peter Fritz für ihren produktiven Einsatz danken. Weiterhin bedanke ich mich u.a. bei Marc, Stefan, Stefanie, Matthias, Santje und Oliver
für die außeruniversitäre Ablenkung. Ebenso geht ein Gruß an die Arbeits-

i

gemeinschaft Angewandte Informatik der Universität Bielefeld, bei der alles seinen Anfang nahm.

Zu guter Letzt möchte ich mich bei meinen Eltern, die mich in allen Belangen unterstützt und ermutigt haben, besonders herzlich bedanken. Gleichermaßen gilt mein Dank meinem Bruder Marc und meiner Freundin Sandra für ihre Unterstützung.

Karlsruhe, im Juli 2012   *Nicolas Gorges*

Inhaltsverzeichnis

1. Einleitung

1.1. Motivation

Die Servicerobotik strebt an, die Robotertechnologie in den menschlichen Alltag zu integrieren. Ein Serviceroboter soll den Menschen bei alltäglichen Aufgaben helfen und dabei möglichst autonom Dienstleistungen erbringen. Humanoide Roboter sind eine besondere Form der Serviceroboter. Sie sind Systeme, welche wie Menschen aussehen und wie Menschen handeln. Sie sind nicht dafür gedacht, fest vorgebende Aufgaben mit hoher Präzision oder mit hoher Kraft zu bewerkstelligen, wie es bei einem Industrieroboter (vgl. Abb. 1.1(b)) beabsichtigt ist. Sie bewältigen eher einzelne Aufgaben wie Hol- und Bringdienste oder Manipulationsaufgaben mit einer hohen Anzahl unterschiedlicher Objekte in einer dynamischen und weniger strukturierten Umgebung. Sie sollen in der Lage sein, mit dem Menschen zu interagieren oder sogar zu kooperieren. Eine menschenähnliche Form hilft in einer für den Menschen gemachten Umwelt bei der Bewältigung der Aufgaben und erhöht die Akzeptanz gegenüber dem Menschen. Die Abb. 1.1(a) zeigt ARMAR-III [ARA+06] als ein Beispiel für einen humanoiden Roboter, der, wie die hier vorgestellte Arbeit, im Rahmen des Sonderforschungsbereiches 588 Humanoide Roboter (kurz: SFB588) – „Lernende und kooperierende multimodale Roboter" [Karb] entstand.

Ein humanoider Roboter verfügt über eine *humanoide Roboterhand*, die der menschlichen Hand nachempfunden ist und neben dem Erscheinungsbild auch eine ähnliche Funktionalität aufweisen soll. Eine Roboterhand mit einem künstlichen Tastsinn ermöglicht dem Roboter eine direkte physikalische Interaktion mit der Umwelt. Der Tastsinn beschreibt die Wahr-

1

(a) Der humanoide Roboter ARMAR-III mit zwei Roboterhänden.

(b) Ein Industrieroboter.

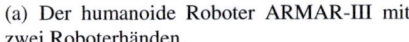

Abb. 1.1.: Ein humanoider Roboter und ein Industrieroboter im Vergleich.

nehmung mechanischer Umwelteinflüsse auf die verschiedenen Rezeptoren der Haut und wird auch als *haptische Wahrnehmung* bezeichnet. Er beinhaltet sowohl die Wahrnehmung von Reizen an der Handoberfläche als auch die Tiefenwahrnehmung der Hand durch Gelenke, Sehnen und Muskeln. Menschliche Probanden [KLM85] können mit verbundenen Augen 100 Alltagsgegenstände mit einer Genauigkeit von 96% erkennen können - in weniger als fünf Sekunden. Der Tastsinn ist in der Robotik im Vergleich zu auditiven oder visuellen Fähigkeiten, also Hören und Sehen, bislang noch nicht sehr weit entwickelt. Der Mensch verfügt über eine Vielzahl an Sensoren in der Haut und Gelenken, die es ihm ermöglichen die Textur, Härte, Form, Gewicht und Temperatur eines Objektes zu bestimmen. Ein großes Problem für die Nachahmung dieser Fähigkeiten ist allein aus mechatronischer Sicht, dass für die Bestimmung dieser Eigenschaften verschiedene Sensortypen benötigt werden. Um alle Eigenschaften eines Objektes mit einer Roboterhand zu erfassen, müssen eine Vielzahl unterschiedlicher Sensoren in eine kleine Fingerspitze integriert werden. Eine weitere Problematik ist, dass die haptische Perzeption einen direkten Kontakt mit dem Objekt braucht. Man benötigt also nicht nur einen adäquaten

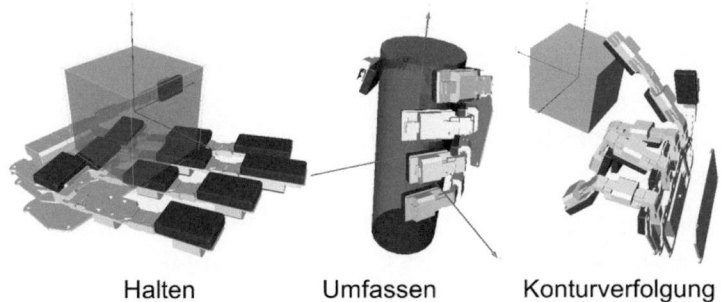

Halten   Umfassen   Konturverfolgung

Abb. 1.2.: Drei Beispiele für mögliche haptischen Explorationsvorgänge: (a) durch
          Halten des Objektes kann das Gewicht bestimmt werden, (b) durch Um-
          fassen kann die grobe Objektform und (c) durch Verfolgung der Kontur
          mit der Fingerspitze kann die genaue Objektform bestimmt werden.

Sensor sondern auch noch eine Bewegungskomponente, die den Sensor aktiv an die richtige Stelle bringt. Im Gegensatz dazu kann ein visueller oder
auditiver Sensor stationär bereits eine große Menge an Information aus der
Umwelt gewinnen. Die haptische Wahrnehmung ist eng mit der Manipulation gekoppelt ist. Will man also nicht nur einen rein beobachtenden Roboter sondern auch einen Roboter, der mit der Umwelt physikalisch interagiert
und die Umwelt manipuliert, so muss zwangsläufig die künstliche haptische
Wahrnehmung vorangetrieben werden.

Zu den Grundfertigkeiten des Roboters gehört das Explorieren von Objekten mit der Roboterhand. Das *Explorieren* beinhaltet den Vorgang des
aktiven Erschließens und des aktiven Erkundens der Umwelt insbesondere mit dem Ziel, Bekanntschaft mit neuen und unbekannten Gegenstän-
den zu machen. Die *Klassifikation* beinhaltet das systematische Einteilen
und Eingrenzen der Objekte anhand bestimmter Merkmale. In der Abb. 1.2
sind drei Beispiele für Explorationsvorgänge mit einer Roboterhand dargestellt, mit denen das Gewicht sowie die grobe und die genaue Objektform als Objektmerkmale bestimmt werden können. Es können, wie die
Arbeiten in [KLR87] zeigen, über den Tastsinn noch weitere Merkmale

wie Textur und Temperatur über Explorationsvorgänge bestimmt werden. Der Vorgang, mittels des Tastsinns Objekte zu explorieren, wird auch als *Abtasten* bezeichnet. Die aus einem Abtastvorgang gewonnene Information kann letztendlich dazu genutzt werden, ein zuvor unbekanntes Objekt zu klassifizieren und zu manipulieren. Das Abtasten von Objekten sowie das Erkennen von Objekten durch Abtasten ist für den Menschen eine lösbare Aufgabe, für den Roboter aber ein noch nahezu ungelöstes Problem.

Eines der wichtigsten Merkmale eines Objektes, insbesondere für die Handhabung, ist die Objektform. Die Form lässt sich über den Tast- und den Sehsinn bestimmen. Der Tastsinn kann die aus anderen Sensormodalitäten gewonnene Objektinformation als Vorinformation nutzen und diese verifizieren. Durch den direkten Kontakt mit dem Objekt beim Abtasten kann eine sehr genaue Position bestimmt werden und der Abtastvorgang kann direkt in einen Manipulationsvorgang übergehen. Bei der Bestimmung der Objektform steht der Tastsinn gewissermaßen in Konkurrenz zum Auge, ergänzt sich aber auch gut mit dem Sehsinn. In einer Alltagssituation kann das Auge nur eine Teilansicht des Objektes erfassen – wenn z.B. das Objekt auf einem Tisch steht. Mit der Hand lässt sich das Objekt auch an nicht einsehbaren Bereichen ertasten und für das Auge in eine günstigere Position bringen. Der Tastsinn lässt sich dort einsetzen, wo das künstliche Auge versagt: beim Fehlen von Textur, Kontrast und Helligkeit sowie bei transparenten Objekten oder Objekten mit einer spiegelnden Oberfläche. Der künstliche Tastsinn ist mittlerweile auch in der Industrierobotik [WGW06] angekommen: Greifsysteme für Industrieroboter werden „feinfühlig", um reaktiv möglichst verschiedene insbesondere auch unbekannte Objekte handhaben zu können.

Im Fokus der hier vorliegenden Arbeit liegt die Erkennung von Objekten über den Tastsinn einer Roboterhand. Der Schwerpunkt soll dabei auf der Bestimmung der Objektform und der Zuordnung zu einer zuvor bekannten Objektklasse liegen. Die Abb. 1.3 veranschaulicht die zur Bestimmung der Objektform notwendige haptische Wahrnehmung einer Roboterhand. Die

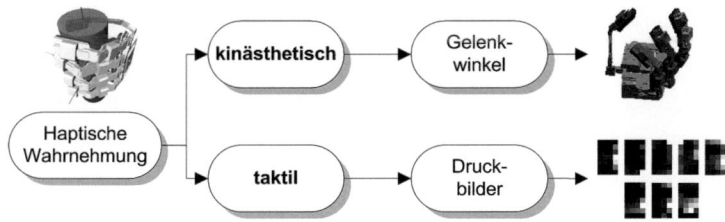

Abb. 1.3.: Die haptische Wahrnehmung einer Roboterhand.

taktile Wahrnehmung ist durch taktile Sensormatrizen auf der Oberfläche der Roboterhand gegeben, die bei Kontakt Abdrücke von dem Objekt nehmen. Die Gelenkwinkel einer Roboterhand repräsentieren in dieser Arbeit die kinästhetische Wahrnehmung. Des Weiteren wird davon auszugehen, dass die Position und Orientierung der Roboterhand bekannt ist und geändert werden kann.

1.2. Fragestellung

In Hinblick auf die angestrebte Erkennung der Objektform mit einer humanoiden Roboterhand ergeben sich verschiedene Fragestellungen. Im Folgenden werden die Fragestellungen und der Nutzen ihrer Beantwortung erörtert:

- **Wie lässt sich aus den haptischen Daten der Roboterhand die Objektform ableiten?**
  Die Fragestellungen, wie und wie viele unterschiedliche Objekte sich über den künstlichem Tastsinn erkennen lassen, sind die zentralen Themen in dieser Arbeit. Die akquirierten Sensordaten beim Ertasten eines Objektes mit einer Roboterhand beinhalten Fingerstellungen und Objektabdrücke. Um von diesen Sensordaten auf die Objektform zu schließen, ist eine Kette von Verarbeitungsschritten notwendig. Die Frage, wie sich diese heterogenen Sensordaten in Einklang bringen lassen, wird ein Leitfaden dieser Arbeit sein.

5

- **Wie lässt sich ein Objekt durch eine Abtastfolge beschreiben?**
  Eine einzelne Abtastung des Objektes enthält in der Regel zu wenig Information, um ein Objekt zu klassifizieren. Es ist eine Abtastfolge notwendig, um die Objektbeschreibung sukzessive zu erweitern. Erst mit einer größeren Anzahl an Abtastschritten kann die Detailliertheit des zu explorierenden Objektes erhöht werden. Dazu ist neben der Kombination der Sensordaten aus einer einzelnen Abtastung eine Kombination der Daten aus einer Folge von Abtastungen notwendig. Wie viele Abtastungen sind notwendig, um ein Objekt sicher zu erkennen? Für den Alltagsgebrauch wird diese Frage essentiell sein. Die Erkennungsrate ist zudem abhängig von der Anzahl der zu erkennenden Objekte.

- **Wie beeinflusst eine Verschiebung des Objektes den Klassifikationsprozess?**
  Da eine direkte Interaktion mit dem Objekt notwendig ist, wird sich das Objekt zwangsläufig auch verschieben oder verdrehen. Sobald das Objekt sich bewegt, kann das Objektmodell ggf. mit jeder weiteren Abtastung ungenauer werden. Wie lässt sich eine Verschiebung des Objektes bei der Exploration kompensieren? Eine Möglichkeit, dieses Problem zu umgehen, ist die Annahme, dass sich ein Objekt nicht bewegt, da es entweder ortsfest ist oder von einer zweiten Hand festgehalten wird. In dieser Arbeit soll aber gerade diese Einschränkung vermieden werden. Die Beantwortung dieser Frage ist wichtig für die Alltagstauglichkeit der gefundenen Ansätze. Mit jeder Abtastung wird die Beschreibung des Objektes genauer, gleichzeitig wird die Objektbeschreibung durch Verschiebungen aber ungenauer. Ab welcher Abtastanzahl heben sich Informationsgewinn und Zunahme der Modellungenauigkeiten auf?

- **Was ist der Einfluss einzelner Sensormodalitäten auf den Erkennungsprozess?**

  Eine Roboterhand ist ein Multisensorsystem, dessen Sensormodalitäten einzeln betrachtet werden können oder fusioniert werden müssen. Eine interessante Frage ist, was wichtiger für die Erkennung ist: die Gelenkwinkelinformation oder die Kontaktmuster? Durch die Beantwortung dieser Frage lassen sich auch Rückschlüsse für das Design von Roboterhänden ziehen.

- **Wie lässt sich eine Folge von Abtastungen erzeugen?**

  Wie bereits erwähnt wurde, ist bei der haptischen Objektklassifikation im Gegensatz zu der Verwendung anderer Sensormodalitäten immer ein aktiver Explorationsprozess notwendig. Die Hand muss also an die richtige Stelle des zu untersuchenden Objektes gebracht werden. Der Explorationsprozess kann zufällig oder zielgerichtet sein. Wie lässt sich die nächste Abtastung generieren, um eine möglichst gute Klassifikation zu erreichen? Durch geschicktes Wählen des nächsten Abtastpunktes kann ggf. der Klassifikationsvorgang beschleunigt werden.

1.3. Zielsetzung

Die vorliegende Arbeit beschäftigt sich mit den zuvor genannten Fragestellungen. Um das Potenzial der haptischen Objektklassifikation zu beleuchten, werden folgende Aspekte näher betrachtet und Lösungsansätze präsentiert:

- **Sensorfusion**

  Auf Basis der unterschiedlichen Sensormodalitäten einer Roboterhand ergeben sich unterschiedliche Möglichkeiten der Sensorfusion [SJV10], die mit ihren Vor- und Nachteilen untersucht werden sollen. Konkret sollen drei Möglichkeiten untersucht werden:

– **Betrachtung einzelner Sensormodalitäten:** Die einfachste Möglichkeit ist die Auswertung einer einzelnen Sensormodalität ohne Fusion der Modalitäten. Das beinhaltet zum einen die Erkennung eines Objektes nur auf der Basis taktiler Bilder und zum anderen die Erkennung eines Objektes nur anhand der Fingerstellungen.

– **Kooperative Sensorfusion:** Eine kooperative Sensorfusion bedeutet, dass zwei Sensormodalitäten so kombiniert werden, dass ein neues Merkmal entsteht. Im Konkreten beinhaltet dieses die Kombination eines lokalen Objektabdrucks mit der Handkinematik und den aktuellen Fingerstellungen. Das Resultat ist ein Kontaktpunkt im Dreidimensionalen bestehend aus dem Ort des Kontaktes und der Oberflächennormalen. Berücksichtigt man über eine Abtastfolge die Position und Lage der Hand im Raum, so kann eine ganze Punktwolke generiert werden.

– **Komplementäre Sensorfusion:** Die Sensormodalitäten werden nicht zu einem neuen Merkmal kombiniert, sondern die Größe des Merkmals wird lediglich erweitert. Die Erkennung findet letztendlich im haptischen Merkmalsraum und nicht im dreidimensionalen Raum statt.

Die Fusion über mehrere Abtastungen kann ebenfalls als Sensorfusion betrachtet werden. In diesem Fall betrachtet man zwar nur einen Sensor, diesen aber über einen größeren Zeitraum und erhält so wieder ein Multisensorsystem.

- **Akquisition haptischer Daten**
  Es gibt verschiedene Arten, ein Objekt zu explorieren, und es existieren unterschiedliche Möglichkeiten, Objektmerkmale zu bestimmen. Die zwei Arten der Exploration, die in dieser Arbeit untersucht werden sollen, sind wie folgt:

– **Konturverfolgung:** Der Fokus dieses Explorationsvorganges liegt auf der Bestimmung eines genauen Objektmodells durch die Verfolgung der Objektkonturen. Dazu eignet sich die Erstellung einer Punktwolke unter Berücksichtigung der Oberflächennormalen.

– **Umfassen:** Durch ein Umfassen des Objektes lässt sich die grobe Form des Objektes bestimmen. Durch den Verzicht auf ein genaues Objektmodell ist eine robuste Bestimmung der Objektform möglich, die unter anderem mit der Verschiebung des Objektes bei der Exploration zurechtkommt.

• **Zielgerichtete haptische Exploration**

Da das Erfassen eines Objektes durch den Tastsinn immer eine aktive Exploration beinhaltet, wird eine Kombination aus Mustererkennungssystem und Explorationssystem benötigt. Hierzu sind zusätzliche Komponenten, die entscheiden, welcher Punkt als nächstes exploriert wird und wie man diesen Punkt anfährt, notwendig. Um den nächsten *Punkt von Interesse* zu bestimmen, soll möglichst jedem Punkt im Explorationsbereich ein Aufmerksamkeitswert zugeordnet werden, der darüber aussagt, wie interessant die entsprechende Region ist. Die resultierende Abbildung spannt einen sogenannten Aufmerksamkeitsraum auf. Der Aufmerksamkeitswert eines Punktes ist von der umgebenen Struktur, der Nähe zu bereits besuchten Regionen, der Nähe zur aktuellen Handposition sowie dem momentanen Fokus der Exploration abhängig.

1.4. Gliederung

• In **Kapitel 2** werden der Stand der Technik bei der Entwicklung von Roboterhänden und aktuelle Arbeiten zur haptischen Exploration sowie haptischen Objekterkennung vorgestellt.

- In **Kapitel 3** werden die grundlegenden Komponenten eines aktiven Klassifikationsystems für die haptische Exploration erörtert - angefangen von der Erfassung von Sensordaten bis hin zur abschließenden Musterklassifikation.

- Es folgt im **Kapitel 4** die Vorstellung einer mehrfingrigen Roboterhand inklusive eines taktilen Sensorsystems. Dabei wird auch die kinematische Kette der Roboterhand untersucht.

- In **Kapitel 5** wird auf die Besonderheiten der haptischen Signalverarbeitung und auf die Frage, wie sich taktile Muster am besten auswerten lassen, eingegangen.

- Die Möglichkeit der Objektmodellierung und Objektklassifikation anhand ertasteter Punktwolken wird im **Kapitel 6** erörtert.

- Das **Kapitel 7** geht auf die robuste Objektmodellierung im haptischen Merkmalsraum ein.

- Im **Kapitel 8** wird das Prinzip einer haptischen Aufmerksamkeitssteuerung erörtert, mit der die Hand bei der Exploration geführt wird.

- Diese Arbeit schließt mit einem Fazit und einem Ausblick über zukünftige Arbeiten im **Kapitel 9** ab.

2. Stand der Forschung

In diesem Kapitel werden verwandte Arbeiten im Bereich der haptischen Objekterkennung beleuchtet. Eine notwendige Bedingung für eine haptische Exploration ist ein Greifsystem mit haptischer Wahrnehmung. Die Performanz des haptischen Objekterkennnungssystems ist sehr stark abhängig von der Anzahl der Freiheitsgrade, der Anzahl an taktilen Sensorpunkten und des Aufbaus des Greifsystems an sich. Bevor die bestehenden Algorithmen zur haptischen Objekterkennung erörtert werden, wird zunächst eine Übersicht über Greifsysteme mit taktiler Sensorik und ihren Einsatz zur haptischen Objekterkennung gegeben.

Anschließend wird auf den aktuellen Stand der Forschung im Hinblick auf die Beschreibung und die Erkennung von Objekten auf der Basis haptischer Sensordaten eingegangen. Entsprechend der Auswertungsmöglichkeiten der Sensormodalitäten der Roboterhand werden im Folgenden die existierenden Methoden zur haptischen Objekterkennung in drei Unterkapitel unterteilt:

- Taktile Bildverarbeitung und -erkennung

- Erkennung der Objektform im Dreidimensionalen

- Objekterkennung im haptischen Merkmalsraum

Neben der eigentlichen Auswertung der Sensordaten ist eine Strategie zur Akquirierung von haptischen Sensordaten von Bedeutung. Zum Abschluss wird daher noch eine Übersicht über bestehende Abtaststrategien und Explorationsvorgänge gegeben.

2.1. Mehrfingerhände mit taktiler Sensorik

Die ersten Ansätze, künstliche Hände zu bauen, stammen aus der Prothetik, die sich mit der Entwicklung von künstlichem Ersatz von Körperteilen beschäftigt. Als eine der ersten bekannten Prothesen lässt sich die „Eiserne Hand" von Götz von Berlichingen aus dem 14. Jahrhundert nennen. In frühen Veröffentlichungen ab 1970 wird hingegen als Motivation für künstliche Hände gerne die Atomkraft [KAM72] angegeben, da hier Manipulationsaufgaben erledigt werden, die aus Sicherheitsgründen nicht direkt vom Menschen bewerkstelligt werden können. Die Richtung dieser Forschung führt zur Telemanipulation, bei der über kurze Entfernung (Operationen, Atomkraftwerk) oder über längere Entfernung (Unterwasser, Weltraum) eine ferngesteuerte Manipulation ausgeführt wird. Bei diesen Ansätzen ist nur bedingt eine Autonomität oder Teilautonomität der künstlichen Hand verlangt. Man geht aber zur Vereinfachung der Steuerung und zur Zeitersparnis dazu über, dass die Hände vordefinierte Bewegungsabläufe ausführen können. Mit der Entwicklung von Servicerobotern ergibt sich das Interesse an autonomeren Robotern, die menschliche Fähigkeiten, wie Sehen, Hören und Fühlen, nachahmen. Für einen künstlichen Tastsinn in einer Roboterhand sind das Greifen, Manipulieren und Ertasten eines Objektes die Hauptanwendungen.

2.1.1. Unterscheidungsmerkmale von Roboterhänden

Taktile Sensoren in Verbindung mit Mehrfingerhänden sind Gegenstand der Forschung seit vielen Jahren. Sie ermöglichen der Roboterhand, Kontakte mit der Umwelt zu registrieren. Neben der taktilen Sensorik gibt ist weitere signifikante Unterscheidungsmerkmale. Diese Merkmale und ihr Einfluss auf die haptische Exploration werden im Folgenden kurz zusammengefasst:

1. **Anzahl der Finger und Anzahl der Freiheitsgrade:** Ein großes Unterscheidungsmerkmal ist die Anzahl der Finger und die Anzahl

der Freiheitsgrade einer Roboterhand. Die menschliche Hand besteht aus fünf Fingern, wobei jeder Finger drei Gelenke mit insgesamt vier Freiheitsgraden hat. Die Handinnenfläche hat mehrere Gelenke, lässt sich aber auf einen Freiheitsgrad reduzieren. Die ideale Prothese bzw. humanoide Roboterhand ohne Berücksichtigung des Handgelenks sollte daher 21 Freiheitsgrade [LWH00] haben. Aus regelungstechnischer Sicht ist die Regelung von 21 Freiheitsgraden sicher eine Herausforderung. Anderseits ist nur bedingt die Nachahmung aller Freiheitsgrade sinnvoll, um ein menschliches Aussehen und ein menschliches Greifverhalten zu erreichen. Auch ist es nicht sinnvoll und teilweise für den Menschen anatomisch einfach nicht möglich, alle Freiheitsgrade unabhängig voneinander bewegen zu können. Viel mehr sind die Bewegungen der Gelenke teilweise abhängig, so dass man Freiheitsgrade auch kombinieren kann, um die Komplexität zu reduzieren. Man spricht von *gekoppelten Freiheitsgraden*, wenn zwei oder mehr Gelenke über einen aktiven Freiheitsgrad angesprochen werden. Genauere Anforderungen an die Hand in Bezug auf Greifstabilität lässt sich den Arbeiten von Bicchi in [BK00] entnehmen.

2. **Anordnung der Finger und Art der Freiheitsgrade:** Ein weiteres Unterscheidungsmerkmal ist die Anordnung der Finger. So können die Finger menschenähnlich angeordnet sein und somit auch ein menschenähnliches Greifen und Abtasten ermöglichen. Eine pragmatische Variante ist die parallele Anordnung der Finger. Diese vereinfacht die Konstruktion der Hand und erlaubt die Erstellung eines einfachen Handmodells. Ein typischer Vertreter ist der Zweibackengreifer, bei dem die Finger parallel gegenüber angeordnet sind und beim dem sich die Finger beim Greifen parallel aufeinander zubewegen. Aber auch die Finger einer menschenähnlichen Hand können parallel angeordnet sein, um die Konstruktion der Hand und das Greifen mit der Hand zu vereinfachen.

13

3. **Aktuatoren:** Man unterscheidet in der Regel zwischen pneumatischen (Druckluft), hydraulischen (Öl) und elektrischen Aktuatoren. Die Wahl der Aktuatoren beeinflusst sowohl das Erscheinungsbild als auch insbesondere das Greifverhalten. Die Aktuatoren können direkt in dem Gelenk verankert sein oder über Seilzüge mit dem Gelenk verbunden sein. Die zweite Variante entspricht eher dem menschlichen Aufbau der Hand, wobei die Aktuatoren die Muskeln und die Seilzüge die Sehnen widerspiegeln.

4. **Gelenkwinkelsensoren:** Um die Stellung der Gelenke zu messen, werden Gelenkwinkelsensoren eingesetzt. Die einfachste Variante ist der Einsatz von Potentiometern, bei denen sich der Widerstand in Abhängigkeit des Rotationswinkels ändert und damit der aktuelle Drehwinkel des Gelenks bestimmbar ist. Der Nachteil dieser Variante ist, dass das Sensorprinzip mit Reibung verbunden ist. So genannte Hallsensoren erlauben es hingegen, reibungsfrei die Stellung eines Gelenks zu bestimmen. Dazu sind in der Regel zwei Komponenten notwendig: ein Magnet und ein elektronischen Bauteil, das die Ausrichtung des Magnetfeldes und damit die Stellung des Gelenks absolut oder inkrementell misst. Des Weiteren ist auch eine Umsetzung mit optischen Sensoren möglich. Dazu verfolgt ein optischer Sensor Markierungen oder ein Muster auf dem Fingergelenk und erlaubt so die Drehbewegung des Gelenks zu schätzen. Als schwierig erweist sich bei einer Zweikomponentenvariante in der Regel die Befestigung und die richtige Ausrichtung der zwei Komponenten zueinander. Die Stellung der Gelenke kann auch indirekt über Dehnmessstreifen bestimmt werden, indem der gemessene Zug in die Stellung des Gelenks umgerechnet wird. Bei einer Aktuatorik mit Seilzügen lässt sich auch die Gelenkstellung über die Stellung des Seilzuges schließen. Das Problem bei den Seilzügen ist, dass sie sich über die Zeit dehnen und somit die Genauigkeit der Positionsbestimmung

schwankt. Da die Hallsensoren relativ einfach in die Hand zu integrieren und zudem kostengünstig sind, werden sie gerne in neueren Generationen von Roboterhänden verbaut.

5. **Taktile Sensorik:** Ein einzelner taktiler Sensorpunkt misst den auf den Sensor angewendeten Druck. Dabei sind taktile Sensoren im Normalfall direkt an der Oberfläche angebracht. Sie verfügen teilweise noch über eine Deckschicht, mit der der ausgeübte Druck bei Kontaktaufnahme gleichmäßig auf die Sensoroberfläche verteilt wird. Ordnet man mehrere taktile Sensoren in einer Matrix an, so kann ein komplettes Druckbild aufgenommen werden. Die Sensormatrix kann auf einer Ebenen oder auf einer gekrümmten Fläche angeordnet sein. Eine gekrümmte taktile Oberfläche hat den Vorteil, dass damit Kontakte aus verschiedenen Richtungen gemessen werden können. Die taktilen Bilder sind in diesem Fall eher begrenzt auf Punktkontakte, da die Sensoren keinen vollen Abdruck der Objektoberfläche nehmen können. Eine planare Anordnung erlaubt hingegen, ein Druckbild von der Objektoberfläche zu entnehmen, auf dem Bildverarbeitungsmethoden angewendet und ggf. kleine Objektstrukturen erkannt werden können. Eine detailreiche Übersicht über die menschliche Wahrnehmung, taktile Sensoren und ihre Anwendungsgebiete gibt es in der Veröffentlichung von [How93]. Eine weitere Übersicht über taktile Sensoren gibt es in [NL89] und in [LN99].

Bei einer Verwendung von Seilzügen, kann die Kraft in den Seilzügen gemessen werden und so Rückschlüsse auf Kontakte mit einem Objekt gewonnen werden. Auf ähnliche Weise kann der aufgewendete Druck in pneumatischen oder hydraulischen Ventilen oder über Dehnmessstreifen in den Gelenken gemessen und zur Kontaktbestimmung verwendet werden.

Handname	Jahr	Finger/ Gelenke[1]	Aktuatorik	Taxel	Positions- sensoren
Kinoshita Hand	1971	5 / 14	?	22 [2]	?
UTAH/MIT Hand	1984	4 / 16	Pneumatisch + Seilzüge	(32) [3]	16
Bologna Hand II	1988	3 / 11	Elektrisch + Seilzüge	9[4]	(11)[5]
Belgrad/USC Hand	1990	5 / 4	Elektrisch	5	5
Robonaut Hand	1999	5 / 14	Elektrisch	/	14
HIT/DLR Hand	1997	4 / 17 (13)	Elektrisch	/	17
BabyBot Hand	2000	5/16 (6)	Elektrisch + Federn	20	16
GIFU Hand III	2002	5 / 20 (16)	Elektrisch	859	16
Shadow Hand	2003	5 / 22 (18)	Pneumatisch + Seilzüge	/	22
SFB588-IPR-I Hand	2004	5 / 10	Pneumatisch	392	/
Yokoi Hand III	2004	5 / 18 (13)	Elektrisch + Seilzüge	9[4]	13
LUCS Hand III	2005	5 / 12	Elektrisch + Seilzüge	/	11
SKKU Hand II	2006	4 / 13 (10)	Elektrisch	96	?
SFB588-IPR-II Hand	2009	5 / 8	Pneumatisch	208	8
SFB588-IAIM Hand	2009	5 / 11 (8)	Pneumatisch	156	11
TWENDY-ONE Hand	2009	4 / 13	Elektrisch	241	13

[1] Eine Zahl in Klammern gibt die Zahl der echten Freiheitsgrade an [2] Binäre Sensoren [3] Kraft über Seilzüge [4] Dehnmessstreifen [5] Position über Seilzüge

Tab. 2.1.: Eine Übersicht über verschiedene (teil-)anthropomorphe Roboterhände und den Einsatz taktiler Sensorik - sortiert nach dem Erscheinungsjahr der dazugehörigen Veröffentlichungen.

2.1.2. Anthropomorphe Roboterhände

Die Tab. 2.1 gibt eine Übersicht über eine Auswahl an anthropomorphen Roboterhände in der Literatur. Dabei wird insbesondere auf die im vorherigen Abschnitt gezeigten Unterscheidungsmerkmale und besonders auf

Hände, die zur haptischen Exploration verwendet wurden, eingegangen. Die Tabelle listet u.a. die Anzahl der Finger und der Gelenke auf. In Kombination mit der Art der Aktuatorik geben diese Hinweise, wie Objekte von der Roboterhand erfasst werden. Ein signifikantes Merkmal ist die Anzahl an Taxeln, also die Anzahl der taktilen Sensorpunkte auf der Roboterhand. Die Anzahl der Positionssensoren gibt an, wie viele Gelenke der Hand nicht nur bewegt sondern auch sensorisch erfasst werden können. Ohne taktile Sensoren oder ohne Positionssensoren lassen sich bestimmte Ansätze zur Objekterkennung nicht umsetzen.

Man spricht von *teilanthropomorph*, wenn die Roboterhand nur teilweise charakteristische Merkmale einer menschlichen Hand hat. So kann z.B. eine Roboterhand im Prinzip menschlich aussehen aber insgesamt nur vier Finger haben. Die Begriffe *anthropomorph* und *humanoid* werden gerne als Synonyme verwendet. Beide bedeuten *menschenähnlich*, wobei der Begriff humanoid vorwiegend in Zusammenhang mit Robotern benutzt wird. Die erste menschenähnliche Roboterhand in der wissenschaftlichen Literatur wird in den Arbeiten von [KAM72] aus dem Jahre 1972 erwähnt. Die Roboterhand hat fünf Finger und verfügt über 14 Freiheitsgrade. Des Weiteren sind in den Fingerspitzen, Fingerinnenflächen und in der Handinnenfläche Schalter eingebaut, die binär einen Kontakt registrieren. Die Aktuatorik der Hand wird leider nicht beschrieben. Die erste Anwendung ist interessanterweise die haptische Objekterkennung.

Roboterhände mit Seilzügen

Bei den ersten Roboterhänden wurde die Aktuatorik in den Unterarm ausgelagert und die Gelenke über Seilzüge angesprochen. Die *UTAH/MIT Dextrous Hand* [JWKB84, JIK⁺86, AM90] aus dem Jahre 1984 zählt zu den ersten anthropomorphen Roboterhänden. Sie hat vier Finger und 16 Freiheitsgrade, die über Seilzüge bewegt werden. Die Seilzüge werden pneumatisch betrieben, wobei die Kraft in den Seilzügen gemessen werden kann. Für jeden Freiheitsgrad stehen zwei pneumatische Aktuatoren zur Verfügung. Die Roboterhand verfügt des Weiteren über Hallsensoren, mit denen die Gelenkwinkel gemessen werden können.

Weitere Meilensteine in der Entwicklung von anthropomorphen Roboterhänden sind die *Bologna-Hand* und die *Robonaut-Hand*. Die Bologna-Hand [BCM88, BFV91] kann trotz ihrer nur drei Finger immer noch teilanthropomorph genannt werden. Die zweite Version dieser Hand verfügt über elf Freiheitsgrade. Sie wird über Seilzüge und Motoren angetrieben, die wiederum im Unterarm ausgelagert sind. Mit dieser Roboterhand wurde eine haptische Exploration [CFFR94] untersucht. Die Robonaut-Hand [LD99] wurde von der NASA als eine Roboterhand für einen Roboterkosmonauten entwickelt. Zu der Hand selbst gehört ein Unterarm, welcher die Motoren und die Leistungselektronik beherbergt. Die Hand hat fünf Finger und zwölf Freiheitsgrade, das Handgelenk hat zwei zusätzliche Freiheitsgrade. Seit dem Jahr 2010 gibt es einen Nachfolgeroboter - den Robonaut 2. Die neue Hand hat einen ähnlichen Aufbau, verfügt aber über Berührungssensoren in den Fingerspitzen. Die Hauptanwendung der Robonaut-Hand ist das Greifen und die Manipulation von Objekten in einer Raumstation.

Zwanzig Jahre nach der MIT-Hand wird ab 2003 in England die *Shadow-Hand* [Wal03] entwickelt. Sie wird ebenfalls über Seilzüge und Luftmuskeln betrieben. Sie verfügt aber über fünf Finger und 21 Gelenke mit 17 aktiven Freiheitsgraden. Sie ist somit die erste anthropomorphe Roboterhand, die alle 21 menschlichen Freiheitsgrade nachbildet, und sieht dem entsprechend sehr menschlich aus. Die Aktuatorik wird aber auch hier komplett ausgelagert, so dass die Shadow-Hand nicht nur eine Hand ist sondern zwangsweise auch einen Unterarm beinhaltet. Die Roboterhand ist kommerziell erhältlich. Nachdem bei den ersten Händen noch mit taktilen Sensoren experimentiert wurde, verfügen die neusten Hände über keine taktile Sensorik mehr.

In Schweden wurden gleich verschiedene Prototypen von Roboterhänden ausprobiert, die letztendlich in der anthropomorphen *LUCS Haptic
Hand III* [JPB05] resultieren. Die Roboterhand ist nicht unbedingt wegen
ihrer technischen Umsetzung erwähnenswert, sondern aufgrund der
Tatsache, dass sie eine der wenigen Roboterhände ist, die speziell für die
haptische Objekterkennung konzipiert wurde. Die Hand hat fünf Finger
und zwölf Gelenke, wobei elf davon mit Positionssensoren ausgestattet
sind. Die Gelenke werden über eine Kombination aus Seilzügen und
Elektromotoren bewegt.

Roboterhände mit integrierten Aktuatoren

Mit fortschreitender Miniaturisierung besteht auch die Möglichkeit, die Aktuatoren direkt in die Fingergelenke zu integrieren. Dadurch fällt der Unterarm als zwingender Bestandteil der Roboterhand weg. Dadurch können die
Hände flexibel auf beliebige Roboterarme montiert werden. Die erste anthropomorphe Roboterhand in Deutschland wurde am DLR entwickelt und
heißt dem entsprechend *DLR dexterous hand* [But00, GJJ+03, JJG+03].
Die Hand weist erstmals gekoppelte Freiheitsgrade auf, so dass zu den 17
Gelenken lediglich 13 Motoren gehören. Die Hand ist so aufgebaut, dass
alle drei Finger ohne Daumen identisch sind. Sie war kurzzeitig unter dem
Namen *Schunk Anthropomorphic Hand* kommerziell erhältlich.

In Italien wurde fast gleichzeitig der BabyBot und damit die *BabyBot
Hand* entwickelt. Diese Roboterhand besitzt fünf Finger und 15 Gelenke.
Es sind sehr viele der Gelenke gekoppelt, so dass die Hand lediglich über
sechs aktive Freiheitsgrade verfügt. Die Hand verfügt des Weiteren über 20
Kraftsensoren, die in der Innenseite der Hand verteilt sind. Die erste Roboterhand, die über eine größere Anzahl an taktilen Sensorelementen verfügt, ist die *GIFU Hand* [KKU02, MKY+02] aus Japan. Sie verfügt über
859 taktile Sensorpunkte. Die Roboterhand hat fünf Finger und verfügt des
Weiteren über 20 Gelenke mit 16 aktiven Freiheitsgraden. Neuere Genera-

19

tionen an Roboterhänden beinhalten u.a. die *SKKU Hand* [CLCK06] sowie die *TWENDY-ONE Hand* [IS09]. Beide Roboterhände werden elektrisch betrieben und haben vier Finger und 13 Gelenke, wobei die erstere nur zehn aktive Freiheitsgrade hat.

Roboterhände basierend auf Prothesen

Es liegt sehr nahe, eine für den Menschen gedachte Prothese für einen Roboter als Manipulator zu verwenden. Solche Prothesen sind in der Regel sehr leicht und dafür entwickelt, robust Alltagsgegenstände zu greifen. Die vermutlich erste Roboterhand, die auf einer Prothese basiert, ist die *Belgrad/USC-Hand* [BTZ90] aus dem Jahre 1990. Die Hand hat fünf Finger und vier Freiheitsgrade. Sie verfügt über einen Freiheitsgrad für jeweils ein Fingerpaar und zwei für den Daumen. Die erste anthropomorphe Roboterhand in Deutschland mit pneumatischen Aktuatoren wurde in Karlsruhe am damaligen Forschungszentrum Karlsruhe [Sch03, Mar04], und heute KIT Campus Nord, entwickelt. Die Roboterhand basiert auf einer Handprothese und verfügte in ihrer Originalversion über keine Positionssensorik und keine taktile Sensorik. Im Rahmen des SFB588 wurde die Roboterhand weiterentwickelt und zunächst eine Version der Roboterhand [WW04] mit taktiler Sensorik ausgestattet. Sie wird in der Tabelle als *SFB588-IPR-I Hand* referenziert. In der Nachfolgeversion verfügen diese Roboterhände über Positionssensoren in Form von Hallsensoren. In [GGW09] wurde diese Roboterhand mit Positionssensoren zusätzlich mit taktiler Sensorik ausgestattet. Diese Roboterhand ist Gegenstand dieser Arbeit und wird in der Tabelle als *SFB588-IPR-II* referenziert. Im Kap. 4 wird auf diese Roboterhand weiter eingegangen. Gleichzeitig wurde am Institut für Anthropomatik des KIT am gleichen Handtyp [BSAD08] weitergearbeitet. Die Roboterhand *SFB588-IAIM* ist zwar weniger anthropomorph, verfügt aber über Sensoren in den Druckventilen, mit denen sich der Druck besser

Verfahren	Jahr	Taxel	Merk-malsgröße	#Objekte	Erkennungsrate	Besonderheiten
Komplexe Momente + Entscheidungsbaum [LL87]	1987	160	3	4	-	Benutzer erzeugt Abdrücke
Lagenormierung + Statistische Merkmale [RPW89]	1989	640	7	9	80%	Objekt wird auf Sensormatrix gelegt
Neuronales Netz [MYC$^+$93]	1993	256	256	4	90%	Benutzer erzeugt Abdrücke. Keine Merkmalsextraktion

Tab. 2.2.: Eine Übersicht über verschiedene Verfahren in der Literatur zur taktilen Objekterkennung - sortiert nach dem Erscheinungsjahr der Veröffentlichungen.

bestimmen und regeln lässt. Mit dieser Hand wurden ebenfalls Arbeiten zur haptischen Exploration durchgeführt.

Von Yokoi aus Japan wurde eine weitere Fünffingerhand [YAK$^+$04] entwickelt, die ebenfalls von einer Prothese abstammt. Sie wurde in ihrer Ursprungsform pneumatisch betrieben und verfügt über 16 Freiheitsgrade. In einer weiteren Version der Hand [THA04, TFH08] verfügt sie über 18 Freiheitsgrade, die mit Seilzügen und 13 Elektromotoren angetrieben werden. Über Dehnmessstreifen und über eine PVDF-Folie können Kontakte auf der Roboterhand registriert werden. Diese Hand wurde in [TFH08] zur haptischen Objekterkennung untersucht.

2.2. Taktile Bildverarbeitung und -klassifikation

Im Folgenden sollen zunächst die Ansätze betrachtet werden, die eine taktile Sensormatrix unabhängig von der Roboterhand betrachten. Die Tab. 2.2 zeigt eine Übersicht über die referenzierten Verfahren. Hier fällt auf, dass die wenigen bestehenden Ansätze zur reinen taktilen Bildverarbeitung lediglich zwischen 1987 und 1993 veröffentlicht wurden. Der Fokus in den Arbeiten von [LL87] ist auf der Klassifikation von taktilen Bilddaten unter der Verwendung komplexer Momente. Es wird ein Entscheidungsbaum auf der Basis von drei Merkmalen aufgebaut, mit dem sich vier Objekte (Rechteck, Nuss, Kreis und Ring) unterscheiden lassen. In [RPW89] wird ein weiteres taktiles Bilderkennungssystem auf Basis einer 80×80 Sensormatrix vorgestellt. Hier werden vordefinierte Merkmale extrahiert: Fläche, Durchmesser, Radius, Fläche der konvexen Hülle, Hauptachsenlänge und Exzentrizität. Es wird außerdem eine Normierung des Schwerpunkts und der Orientierung des Abdrucks aber keine Ausdünnung der Merkmale vorgenommen.

In einer späteren Arbeit aus dem Jahre 1993 wird in [MYC+93] ein neuronales Netz zur Klassifikation taktiler Bilder verwendet. Dabei gehen die 256 taktilen Bildpunkte direkt ohne explizite Merkmalsextraktion in die Eingabeschicht des neuronalen Netzes ein. Es werden vier Buchstaben in vier unterschiedlichen Rotationen mit einer Erfolgsrate von 90% richtig erkannt werden. Es fällt auf, dass hier die Abdrücke nicht bzgl. Position und Orientierung normiert werden und somit der Erfolg der Klassifikation vermutlich stark davon abhängig ist, wie der Benutzer den Abdruck entnimmt.

2.3. Erkennung der Objektform im Dreidimensionalen

Betrachtet man zusätzlich zu den taktilen Bildern die Fingerstellungen der Hand, so lassen sich Kontaktpunkte auf den taktilen Sensoren über die kinematische Kette der Hand sowie über die Position und Lage der Roboterhand in dreidimensionale Koordinaten transformieren. Über eine Folge von Abtastungen kann somit ein Objekt rekonstruiert werden. Es gibt bei der Erstellung eines dreidimensionalen Modells in der Literatur zwei Ansätze: der erste Ansatz versucht das Objekt als Ganzes zu modellieren. Prinzipiell sollte dieser Ansatz eine sehr genaue Darstellung des Objektes erlauben, da hiermit auch die lokalen Besonderheiten von Objekten, wie z.B. ein Hen-

Verfahren	Jahr	#Ab-tast-punkte	Merk-mals-größe	#Obj-ekte	Erken-nungs-rate	Besonderheiten
2d Polygone + Modellregistrie-rung [Ell87]	1987	-	-	6	-	2d-Objekte; Simulation
Superquadrike [AR89]	1989	30-100	7	7	-	Indirekte Kontakt-punktbestimmung
Polyeder + Clus-tering [CFFR94]	1994	4-5[1]	-	10	90%	Benutzt Norma-leninformation; nur konvexe Ob-jekte; Simulation
„Taktiles Primi-tiv" + neuronales Netz [GM96]	1996	-	5	-	-	Fingerspitze
Superquadrike [BGD08]	2008	150	7	-	-	Benutzt Norma-leninformation; nur konvexe Ob-jekte; Simulation

[1] Anzahl Abtastungen

Tab. 2.3.: Eine Übersicht über verschiedene Verfahren in der Literatur zur hapti-schen Objekterkennung bzw. -modellierung auf der Basis von Punktwol-ken - sortiert nach dem Veröffentlichungsjahr.

kel, modelliert werden können. Die zweite Gruppe versucht das Objekt lo-kal zu rekonstruieren. Das Gebiet der Exploration ist dabei relativ klein im Vergleich zur Größe des verwendeten Sensors.

Die Tab. 2.3 gibt eine Übersicht über Verfahren in der Literatur zur globa-len Modellierung von Objekten basierend auf haptisch generierten Punkt-wolken. Erste globale Ansätze zur Erstellung einer Punktwolke finden sich in der Arbeit von [Ell87]. Diese Arbeit beschränkt sich auf die Exploration von sechs zweidimensionalen Objekten, die als Polygone auf einer Ebene modelliert werden können. Dabei wird iterativ das Objekt abgetastet und neue Abtastpunkte generiert. Es wird nach jeder Abtastung versucht, eine Translation und Rotation zu finden, die die momentane zweidimensionale Punktwolke mit einem der sechs Referenzpolygone in Einklang bringt. Mit der Exploration von Konturen zweidimensionaler Objekte beschäftigt sich auch die Arbeiten in [GM96]. Hier werden die Konturen verschiedener polygoner Objekte entlang einer Ebene mit einer Fingerspitze abgetastet und die Trajektorie als Beschreibung der Kontur verwendet. Dazu werden fünf „taktile Primitive" als vordefinierte statistische Merkmale definiert. Die Primitive werden mittels eines neuronalen Netzes klassifiziert.

Eine dreidimensionale Punktwolke wird schließlich zuerst in [AR89] durch sequentielles Umschließen des Objektes generiert. Die Punktwolke wird durch eine Superquadrike approximiert, wobei für die Approximation fünf Parameter für das Objektmodell und sechs Parameter für die Bewegungsfreiheitsgrade benötigt werden. Zur Bestimmung eines Kontaktes wurden keine taktilen Sensoren sondern die Positionssensoren und die Kraft an den Seilzügen verwendet. Das System ist in der Lage sechs Objektprimitive zu erkennen. Dazu mussten abhängig vom Objekt 30 bis 100 Abtastpunkte gesammelt werden. In einer aktuellen Arbeit [BGD08] wird die Idee der Objektmodellierung mit Superquadriken wieder aufgenommen. Es wird hier zusätzlich Normaleninformation zur Berechnung des Objektmodells verwendet und der Modellierungsfehler als Gütemaß evaluiert. Die Exploration selbst findet aber in einer Simulation statt und das Objekt wird als ortsfest angenommen.

Ein Folge von Arbeiten in [CMZ94] beschreibt ein haptisches Erkennungssystem zur Erkennung von dreidimensionalen Objekten. Die Exploration selbst wird in einer Simulationsumgebung durchgeführt. Zur Exploration der Objekte wird ein Modell der Bologna-Hand verwendet. Die aus einer Exploration resultierende Punktwolke wird durch einen Polyeder approximiert, der sowohl die Orts- als auch die Normaleninformation verwendet. Der Polyeder wird wiederum diskretisiert, um eine festdimensionale Darstellung der Punktwolke zu erhalten. Zur Klassifikation wird eine selbstorganisierende Karte verwendet. Das System kann zehn konvexe Objektprimitive mit einer Erkennungsrate von 90% unterscheiden. Dazu sind vier bis fünf Abtastungen mit durchschnittlich vier Kontaktpunkten pro Abtastung notwendig. Die Fortsetzungen der Arbeiten in [CMZ95] beschäftigen sich mit der Problematik fehlerbehafteter Normaleninformation. Dazu werden Ausreißer detektiert und Zusatzinformation zur Bestimmung der Normaleninformation verwendet. Des Weiteren werden Variationen im Polyedermodell und zur Klassifikation der Registrierungsfehler mit Referenzmodellen betrachtet.

Eine erste Arbeit zur Detektion von Makromerkmalen auf der Basis lokaler Punktwolken ist in [CGP97] zu finden. Hier wird eine B-Spline-Oberfläche in die gesammelte Punkt- und Normaleninformation eingepasst, um die lokale Objektform zu erkennen. Die Arbeiten in [OC99] zielen ebenfalls auf die Erkennung kleiner Oberflächenstrukturen, wie Kanten und Beulen. Zur Erkennung dient eine Definition der Oberflächengeometrie basierend auf lokaler Krümmung. In den Arbeiten wird ein einzelner, abgerundete Finger betrachtet, der über die Oberfläche rutscht oder streicht. Das Modell berücksichtigt, dass die Trajektorie des Fingers aufgrund der Krümmung der Fingeroberfläche im Normalfall nicht der eigentlichen Oberflächenstruktur entspricht. Daraus ergibt sich auch, dass es Regionen gibt, die mit einem Finger nicht explorierbar sind. In den nachfolgenden Arbeiten [OC01b] werden noch weitere lokale Merkmale, wie Spitze, Absatz, Vertiefung und Rinne, definiert. Die Arbeiten in [MH05] beschäftigen sich ebenfalls mit lokalen Merkmalen, konzentrieren sich aber auf die Wahrnehmung von Kanten. Dazu werden zwei Fingerspitzen mit weicher Oberfläche, in der eine Kraftmomentendose integriert ist, verwendet. Die Fingerspitzen können Kanten mit unterschiedlicher „Spitzheit" und unterschiedlicher Orientierung erkennen.

2.4. Objekterkennung im haptischen Merkmalsraum

Bei der Objekterkennung im haptischen Merkmalsraum kann wie bei der Erstellung von dreidimensionalen Punktwolken neben der taktilen Information noch die Fingerstellungen verwendet werden. Die Tab. 2.4 gibt eine

Verfahren	Jahr	#Abtastungen	Gelenke + Taxel	#Objekte	Erkennungsrate	Besonderheiten
Hyperebenen [KAM72]	1972	20	0 + 440	5 x 2	75%	Zylinder und Quader in 5 Größen; Griffsequenz
Hyperebenen [OT77]	1977	1	7 + 6	3 + 3	60%+95%	Dreifingerhand; binäre Kontakte; 3 Objektgrößen + 3 Objektklassen
„Taktiles Primitiv" [Sta86]	1986	-	0 + 160	13	-	benutzt Ortsinformation eines Endeffektors
„Taktiles Primitiv" [JWZL94]	1994	-	-	-	-	Zweibackengreifer
Clustering + lokale PCA + neuronale Netze [HS04]	2004	160	0 + 256	7	81%	Taktile Sensormatrix am Endeffektor
Clustering [NMS04]	2004	30	16 + 0	6	-	Fünffingerhand; Objektprimitive
Tensorprodukt + Clustering [JB07b]	2007	-	8 + 45	6	-	Dreifingerhand
Clustering [TFH08]	2008	1	0 + 9	4	-	Fünffingerhand; Dehnmessstreifen
Clustering + Bayes [SSS+09]	2009	10	1 + 84	21	84.6%	Zweibackengreifer; Griffsequenz; nicht rotationsinvariant
Clustering [JB10]	2010	-	12 + 0	6	-	Vierfingerhand

Tab. 2.4.: Eine Übersicht über verschiedene Verfahren in der Literatur zur Objekterkennung im haptischen Merkmalsraum.

Übersicht über die Verfahren. Die Ansätze sollen im Folgenden entsprechend des Anwendungsszenarios unterteilt werden: in Verfahren mit mehrfingrigen Roboterhänden und in Verfahren mit Zweibackengreifer oder auf der Basis einer taktilen Bildfolge.

2.4.1. Ansätze mit mehrfingrigen Roboterhänden

Eine Gruppe von Ansätzen versucht das Objekt anhand eines einzelnen Griffes zu klassifizieren. In [OT77] wird dazu ein einzelner Griff einer Dreifingerhand verwendet, um die Größe und die Objektklasse eines Objekte zu bestimmen. Zu den resultierenden Sensordaten gehören sieben Gelenkwinkel und sechs binäre Kontaktmuster. Die Objektgröße wird in drei Kategorien klein, mittel und groß unterteilt und konnte zu 60% richtig erkannt werden. Als Objektklassen standen die Attribute kreisförmig, dreieckig und viereckig zur Verfügung. Hier war die Erkennungsrate 95%. Zur Klassifikation wurde für jede Klasse eine Hyperebene auf den 13-dim. Sensordaten als Trennfunktion berechnet. Ebenfalls durch einmaliges Umfassen eines Objektes und anhand der Winkelstellungen versucht die Arbeit in [NMS04], das Objekt zu klassifizieren. Als Grundlage dient die BabyBot-Hand mit 16 Gelenkwinkeln. Zur Kategorisierung der Fingerstellungen wird eine selbstorganisierende Karte verwendet. Es können sechs Objekte unterschieden werden: drei Bälle, zwei zylindrische Objekte und ein Quader.

Ansätze neueren Datums versuchen ebenfalls eine Objekterkennung mittels Objektkategorisierung zu realisieren - immer noch auf der Basis eines einzelnen Griffes. Die Arbeiten in [JPB05] versuchen in ersten Experimenten, durch Haptik die Größe, Form und Härte des Objektes zu bestimmen. Zu den Sensorsignalen der sehr rudimentären Dreifingerhand gehört ein Gelenkwinkel und neun Druckwerte. Die Arbeit wird in [JB07b] mit einer Dreifingerhand mit acht Gelenkwinkel ohne Positionssensoren und 45 Berührungssensoren fortgeführt. Zur Verarbeitung der Sensorsignale werden verschiedene Varianten aus einem Tensorprodukt und einem Ballungsverfahren betrachtet. Das Tensorprodukt betrachtet verschiedene Kombinationen aus Sollgelenkwinkel und taktiler Information und trägt so zur Fusion der Sensordaten bei. Eine selbstorganisierende Karte führt eine Partitionierung der Kombinationen durch und erlaubt eine Klassifikation einer Abtastung. Das System ist in der Lage, Zylinder, Kugeln und Quader unterschiedlicher Größe zu unterscheiden. In [JB07a] wird die Arbeit mit einer Fünffingerhand mit zwölf Gelenken und elf Positionssensoren aber ohne taktile Sensoren fortgeführt. Es wurden unterschiedliche Objekte mit einem Griff abgetastet. Die Objekte lassen sich in vier Gruppen kategori-

27

sieren und dabei auf einen Zylinder oder einen Quader in jeweils zwei fünf unterschiedlichen Größen zurückführen. In [JB10] war eine Variante des Systems schließlich in der Lage, sechs neue Objekte zu generalisieren.

Eine Grifffolge im haptischen Raum anstatt eines einzelnen Griffes wird lediglich in einem der ersten Ansätze [KAM72] zur haptischen Objekterkennung betrachtet. Der Ansatz versucht Objekte mittels einer Griffsequenz und anhand der resultierenden taktilen Bildsequenz zu klassifizieren. Dazu werden die 22 binären Kontaktmuster einer Fünffingerhand verwendet und das Objekt zwanzigmal gegriffen. Die entstehenden Sensorsignale werden ohne Vorverarbeitung in einen Merkmalsvektor angereiht. Auf Basis des so entstehenden Merkmalsvektors der Größe 20×22 werden Hyperebenen berechnet, mit denen Zylinder und Quader in jeweils fünf unterschiedlichen Größen unterschieden werden.

Eine andere Art, sich eine Griffsequenz zu Nutze zu machen, zeigt eine neuere Arbeit in [TFH08]. Das Szenario beschäftigt sich ebenfalls mit der Erkennung von Objekten anhand der Fingerpositionen. Dazu wird die Fünffingerhand von Yokoi verwendet. Die Idee der Arbeit ist, dass, egal wie man das Objekt anfangs in die Hand liegt, es in einen stabilen Endzustand (Lage und Position) durch mehrfaches Auf- und Zumachen der Hand konvergieren wird. Das Ziel ist es also, die Varianz der Fingerstellungen, die eine Objektklasse repräsentieren, beim Umfassen zu verringern. Die Sensordaten solch eines stabilen Griffes sollen sich zur Bestimmung der Form und der Identität eines Objektes eignen. Es wurden Objektprimitive der Kategorien Prisma, Zylinder, Flasche und Ball untersucht.

2.4.2. Weitere Ansätze

Bei den Ansätzen mit mehrfingrigen Roboterhänden wurde nur bedingt Griffsequenzen betrachtet. Im Folgenden sollen daher noch Ansätze beleuchtet werden, die Objekte auf der Basis einer taktilen Bildsequenz oder mit einem Zweibackengreifer explorieren. In den Arbeiten von [Sta86] aus dem Jahre 1986 wird eine Sensormatrix mit 160 Taxeln und einem Sensorabstand von 1,8 mm verwendet. In der Arbeit wird eine weitere Definition des Begriffes „taktiles Primitiv" geprägt, bei der es sich um eine Menge sieben ausgewählter Merkmale handelt: Nachgiebigkeit, Elastizität, Oberflächennormale, Punktkontakt, Flächenkontakt, Kantenkontakt und Textur. Für die Bestimmung der Merkmale Nachgiebigkeit und Elastizität ist auch die Bewegung des Endeffektors in Richtung des Objektes notwendig. In den Experimenten wird mit bis zu 13 Objekten gezeigt, dass die gewählten Merkmale eine Diskriminanz aufweisen. Eine Angabe zur Erkennungsrate wird nicht gegeben.

Eine Folge von Bildern und Greiferabständen, die durch das Greifen mit einem Zweibackengreifer entstehen, wird in [JWZL94] betrachtet. Die Akquirierung der Daten beschränkt sich aber auf einen sehr lokalen Bereich eines Objektes. Die Idee ist, die Eindringtiefe des taktilen Sensors von 2 mm zu benutzten, um eine taktile Bildsequenz zu erstellen und aus dieser Sequenz einfache Merkmale zu extrahieren. Bei der Auswertung der Bildsequenz wird in die Attribute eben, konvex und symmetrisch unterschieden. Der in dieser Arbeit dazu verwendete Begriff des taktilen Primitives ähnelt der Definition im vorherigen Ansatz.

Ein weiterer Ansatz zur Fusion einer taktilen Bildsequenz wird in den Arbeiten von [HS04] vorgestellt. Dazu ist eine Sensormatrix der Größe 16×16 an den Endeffektor eines Roboters befestigt, der Objekte von oben exploriert. Die Bilder werden durch eine Rotationsbewegung um den ersten Kontaktpunkt erzeugt. Die Rotationsbewegung dauert 60 Sekunden und liefert 160 Bilder. Zur Klassifikation wird ein dreistufiger Ansatz verwendet: die erste Stufe partitioniert die Daten, die zweite Stufe führt für jede Partition eine Dimensionsreduzierung durch und die dritte Stufe trainiert für jede dimensionsreduzierte Partition ein neuronales Netz. Um ein Bildsequenz zu klassifizieren wird zunächst die nächstliegende Partition ausgesucht und die dazugehörige Dimensionsreduzierung sowie zugehöriges neuronales Netz ausgeführt. Das System kann sieben Objekte zu 81% richtig klassifizieren.

Ein neuerer Ansatz zur Fusion von einer Sequenz aus taktilen Bildern und Greifabständen wird in [SSS$^+$09] vorgestellt. Dazu werden einfache Objekte mit einem Zweibackengreifer abgetastet, wobei jede Backe mit einer taktilen Sensormatrix der Größe 6×14 ausgestattet ist. Es wird ein taktiles Vokabular erstellt, mit der es möglich ist, eine Abtastsequenz zu fusionieren und zu klassifizieren. Eine Abtastfolge besteht aus zwei Bildern und dem Greiferabstand. Die Distanz zwischen einer Abtastfolge ist eine gewichtete Distanz aus dem Greiferabstand und dem pixelweisen euklidischen Abstand der taktilen Bilder. Der Ansatz kann 21 Objekte aus dem Haushalt und dem Handwerksbedarf zu 84.6% richtig klassifizieren, dabei werden aber teilweise verschiedene Ansichten eines Objektes als eigenständige Klasse betrachtet.

2.5. Abtaststrategien und Explorationsvorgänge

Nachdem beleuchtet wurde, wie man eine Aussage über die Objektklasse auf Basis haptischer Daten machen kann, soll nun Strategien in der Literatur erörtert werden, mit denen sich solche Sensordaten akquirieren lassen. Zunächst sollen dazu das menschliche Abtasten beleuchtet werden. Bei Abtaststrategien mit Robotersystemen kann man in der Literatur grob zwischen lokalen und globalen Strategien unterscheiden. Bei lokalen Strategien geht es darum, wie man sich mit der Hand am besten dem Objekt nähert und wie man das Objekt umschließt. Diesen Strategien sind auf der Regelungs- und Steuerungsebene angesiedelt. Ein globale Strategie versucht das Objekt als Ganzes zu betrachten und eine Folge von Explorationspunkten zu generieren. Diese Strategien befinden sich eher auf der Planungsebene.

2.5.1. Menschliches Explorationsverhalten

In der Psychologie gibt es einige Untersuchungen zur haptischen Wahrnehmung und Exploration. Hier lassen sich interessante Rückschlüsse ziehen, wie der Mensch Objekte haptisch wahrnimmt, und was davon man auf den Roboter übertragen kann. Aus der Beobachtung menschlichen Explorationsverhaltens haben hierzu Lederman und Klatzky [KLR87, LK87] verschiedene Explorationsprozesse und die dazugehörigen Objekteigenschaften identifiziert.

1. **Laterale Bewegung:** Hierbei wird durch das Streichen über die Oberfläche die *Textur* des Objektes identifiziert. Damit lässt zwischen einer glatte oder rauen Oberfläche unterscheiden.

2. **Drücken:** Durch Drücken des Objektes, sei es mit einem oder mehreren Fingern, kann die *Härte* bestimmt werden – je nachdem ob die Oberfläche des Objektes nachgibt oder ob sie starr bleibt.

3. **Umfassen:** Durch das Umfassen des Objektes kann die *grobe Form* des Objektes erfasst werden.

4. **Konturverfolgung:** Durch eine Verfolgung der Objektkontur kann die *exakte Form* des Objektes bestimmt werden.

5. **Halten:** Durch das Halten des Objektes auf der Handinnenfläche oder zwischen den Fingern kann eine Aussage über das *Gewicht* des Objektes gemacht werden.

6. **Statischer Kontakt:** Durch einen statischen Kontakt kann die *Temperatur* des Objektes geschätzt werden.

Diese Arbeiten hatten sehr großen Einfluss auf die Robotik und die Untersuchung der künstlichen haptischen Wahrnehmung. Viele Arbeiten referenzieren die oben genannten Explorationsprozeduren und versuchen diese auf den Roboter zu übertragen. Für die Bestimmung der Objektform sind hier insbesondere das *Umfassen* und die *Konturverfolgung* von Interesse.

2.5.2. Lokale Strategien

Lokale Strategien, die sich mit der kompletten Roboterhand beschäftigen, sind eher spärlich vorhanden. So wird in den ersten erwähnten Experimenten zur haptischen Exploration in [KAM72] aus dem Jahre 1972 eine Art Zustandsautomat vorgestellt, mit dem sich primär der Vorgang des Umfassens des zu explorierenden Objektes mit einer Roboterhand realisieren lässt. Der Ablauf beinhaltet fünf Teilschritte, wobei jeder Teilschritt aus Teilbewegungen einzelner Finger und der Bewegung der Hand selbst besteht. Eine genaue Erklärung für diese Prozedur wird nicht gegeben. Eine lokale Explorationsstrategie mit einer ganzen Fünffingerhand basierend auf Potenzialfeldern wird in [BRAD08] in einer Simulation untersucht. Besuchte Regionen haben ein abstoßendes Potential und unbesuchte Regionen haben ein anziehendes Potential. Die Hand und die Finger der Hand folgen diesem Potentialfeld. Haben die Finger der Hand einen Kontakt mit dem Objekt aufgenommen, so wird ein rein abstoßendes Potentialfeld erzeugt, damit sich die Hand von dem Objekt löst. Die Arbeiten beruhen auf [PIET01], in dem Explorationstechniken für unbekannte Umgebungen unter Verwendung von Potenzialfeldern vorgestellt werden.

Anstatt die ganze Roboterhand zu betrachten, beschränkt sich eine Gruppe von Ansätzen auf Explorationsvorgänge auf der Regelungsebene mit einem einzelnen Finger. Die Arbeiten in [HBG88, Bay89, BH90] betrachten dazu das Erhalten eines Kontaktes mit einem stationären Objekt bei einem Abtastvorgang. Dazu wird zum einem eine gleitende Abtastbewegung als auch eine Rollbewegung betrachtet. Die Arbeit in [HS04] beschreibt ebenfalls eine Rollbewegung um einen fixen Kontaktpunkt. Die Bewegung wird dabei aber mit einer taktilen Sensormatrix, die an einem Endeffektor befestigt ist, durchgeführt. Das Ziel des Abtastvorganges ist es, eine taktile Bildfolge eines Objektes zu generieren, um das Objekt zu klassifizieren. Dabei sollte die Bildsequenz möglichst nach demselben Schema aufgenommen werden, um einen vergleichbaren Merkmalsvektor zu erhalten. Im ersten

Schritt wird das Objekt bis zum ersten Kontakt angefahren. Der erste Kontaktpunkt wird dann als Drehachse verwendet, um welche die taktile Sensormatrix das Objekt in einer rotatorischen Bewegung abtastet und somit eine geordnete Bildfolge erzeugt. Ein weiterer Ansatz in [CZR95] versucht auf der Regelungsebene Kanten basierend auf taktilen Bilddaten zu verfolgen. Die taktile Information wird direkt in die Regelschleife des Roboters eingebunden. Hier wird eine 16×16 große taktile Sensormatrix betrachtet.

Die Arbeit in [JE96] ist der Beginn einer Reihe von Arbeiten, bei denen das Objekt nicht als ortsfest angenommen wird sondern die Bewegung des Objektes explizit benutzt wird, um Objektinformation zu erhalten. In dieser Arbeit wird versucht, über das Stoßen des Objektes die Pose eines bekannten Objektes zu bestimmen. In den Experimenten werden dazu ein Fingerimitat und ein planares Objekt verwendet. Die Arbeiten in [Erd98] gehen in dieselbe Richtung. Sie versuchen die lokale Geometrie eines unbekannten Objektes aus der Bewegung des Objektes herzuleiten. Die Forminformation resultiert also aus einer Rutschbewegung des Objektes. Die Arbeiten werden in [ME01, Jia01] fortgeführt. Dazu wird das Objekt zwischen Daumen und Zeigefinger gehalten. Durch eine Bewegung beider Finger bewegt sich das Objekt und die Bewegung des Objektes wird sensorisch erfasst. Parallel dazu wurde in [OTC97] auf ähnliche Weise das haptische Explorieren von Objekten durch Rollen und Rutschen mit zwei Fingern betrachtet. Der Fokus ist dabei auf einen robusten Manipulationsprozess, mit dem die Finger der Hand das Objekt drehen können. Dazu ist ein Finger verantwortlich, das Objekt festzuhalten, während der andere Finger das Objekt abtastet. Das Ziel dieser Prozedur ist es, die Textur, Reibung und Makromerkmale zu bestimmen. Fortführend wird in [OC01a] ein merkmalsgeführtes Explorieren mit einem Finger untersucht. Die Idee ist, dass man Makromerkmale wie eine Einkerbung als Bezugspunkt für die lokale Exploration verwendet. Ausgehend von diesem Punkt und der dazugehörigen Oberflächennormalen sucht man die benachbarte Oberfläche auf weitere Merkmale ab und kehrt zum Bezugspunkt zurück, sobald kein neues Merkmal entdeckt wurde. Anhand der gefundenen Abtastpunkte wird eine Voronoizerlegung des Objektes durchgeführt, aus der letztendlich mit einer zunehmenden Anzahl an Punkt das Skelett des Objektes hergeleitet werden kann.

2.5.3. Globale Strategien

Ein hierarchisches Rahmenwerk mit drei Explorationsprozeduren wird in [AM90] vorgestellt: das Umfassen des Objektes, die Exploration planarer Oberflächen und die Exploration von Konturen. Als erstes wird ein grobes Model des Objektes geschätzt, indem das Objekt umfasst wird. Dann werden basierend auf diesem ersten Model verschiedene Strategien zur schrittweisen Verfolgung von Oberflächenkonturen ausgeführt. Ein weiteres Rahmenwerk für taktil gestütztes Explorieren und für die Wahrnehmung der Objektform befindet sich in den Arbeiten von [Ell87]. Dazu wird eine einfache Strategie zur Exploration polygonaler zweidimensionaler Objekte mit einem taktilen Sensor entwickelt. Im ersten Schritt wird eine initiale Punktmenge durch eine Startstrategie akquiriert. Dann wird ein iterativer Prozess ausgeführt, bei dem zunächst verschiedene Objektmodelle mit der Punktwolke registriert werden. Darauf folgen die Berechnung eines Explorationspfades und das Abfahren des entsprechenden Pfades bis zur ersten Kontaktaufnahme mit dem Objekt. Mit jeder Iteration wird die Anzahl der möglichen Objekte reduziert und der iterative Vorgang wird wiederholt bis das Objekt eindeutig erkannt werden kann. Verwandt dazu sind die Arbeiten in [SO03], bei denen versucht wird, einen Ansatz aus der visuellen Exploration auf die haptische Domäne zu übertragen: gleichzeitiges Selbstlokalisieren und Kartographieren (engl. Kurzform: SLAM). Das Ziel ist es, einen Finger so zu führen, dass die Wahrscheinlichkeit der richtigen Objekterkennung maximiert wird. In neueren Arbeiten [SSS+09, HKLP10] wird ein ähnliches Ziel mit einem entscheidungstheoretischen Ansatz verfolgt. Es wird eine Entscheidung gefällt, welche Aktion als nächstes ausgeführt werden soll, um einen möglichst großen Informationsgehalt zu erreichen.

2.6. Zusammenfassung

Die vorgestellten Forschungsarbeiten zeigen, dass haptische Robotersysteme das Potenzial zur Erkennung der Objektform haben aber noch weit davon entfernt sind, die menschliche Leistung beim Ertasten von Objekten zu erreichen. Ein Problem beim Vergleich verschiedener Verfahren zur Exploration und Erkennung von Objekten ist die zugrunde liegende Hardware. Jede Arbeit benutzt eine andere Roboterhand und der größte Teil der Roboterhände sind Prototypen. Es gibt im Vergleich zu Erkennungsmethoden basierend auf Bilddaten oder Audiodaten keine Referenzdatenbanken, um die entwickelten Methoden miteinander zu vergleichen.

Die Ansätze in der Literatur, die ein Objekt im haptischen Merkmalsraum modellieren, sind in der Lage sechs Objektprimitive grob zu unterschieden. Dazu benutzen die meisten Ansätze lediglich einen einzelnen Griff zur Modellierung des Objektes. Hier bietet es sich an, neue Verfahren zu untersuchen, die eine ganze Abtastfolge statt eines einzelnes Griff betrachten. Mit den bestehenden Verfahren in der Literatur zur haptischen Objekterkennung basierend auf einer Punktwolke lassen sich bestenfalls zehn konvexe Objekte zu 90% erkennen. Ein Problem bei den Verfahren ist, dass die Merkmalsgröße nicht beliebig gewählt werden kann und dass nur konvexe Objekte modelliert werden können. Eine detailreiche Modellierung der Objektform sowie das Problem der Objektverschiebung während der Exploration werden außer Acht gelassen. Hier bietet es sich an, einige neue robuste Ansätze für die haptische Exploration zu untersuchen. Die vorhandenen Verfahren in der Literatur zur Verwirklichung von Abtaststrategien lassen sich in zwei Kategorien unterteilen: lokale Abtaststrategien auf Regelungsebene und Ansätze auf übergeordneter Ebene, die eine Aktion wählen, mit der eine Objekthypothese verifiziert wird. Eine übergeordnete haptische Aufmerksamkeitssteuerung, die unterschiedliche Abtastbewegungen und Abtastabläufe dynamisch erzeugen kann, fehlt in der Literatur.

3. Ein aktives Klassifikationssystem zur haptischen Exploration

Die Mustererkennung ist der Versuch, die Wahrnehmungsleistungen des Menschen, wie Sehen, Hören und Tasten, zu imitieren. Das Ziel dabei ist aber im Normalfall nicht die kognitiv adäquate Modellierung sondern adäquate Ergebnisse. Wie schon in den vorherigen Kapiteln angedeutet, bedeutet der Begriff *Klassifikation*, dass einem zunächst unbekannten Muster eine Klasse zugeordnet wird. Ob diese Zuordnung richtig war, kann letztendlich nur der Lehrer, d.h. in der Regel ein Mensch, entscheiden. Man spricht dann vom *überwachten Lernen*. Findet die Klassifikation der Merkmale unüberwacht, d.h. ohne Lehrer, statt, so handelt es sich um eine *Kategorisierung von Merkmalen*, bei dem das System automatisch anhand statistischer Kriterien versucht, die vorhandene Stichprobe zu gruppieren. Man spricht von *unüberwachten Lernen*. In diesem Kapitel wird ein Grundgerüst für ein Klassifikationssystem vorgestellt, auf dem die folgenden Kapitel aufbauen werden. Schließlich wird gezeigt, wie sich ein Robotersystem mit dem Klassifikationssystem verbinden lässt, um eine für die haptische Exploration notwendige, aktive Klassifikation durchzuführen.

3.1. Ein Klassifikationssystem

Prinzipiell lässt sich ein Klassifikationssystem, wie es in Abb. 3.1 veranschaulicht wird, in vier Schritte unterteilen: Akquisition, Vorverarbeitung, Merkmalsextraktion und Klassifikation. Die Akquisition beinhaltet die Perzeption der Sensordaten als ein digitales Muster. Die Vorverarbeitung liefert ein für die Klassifikation verbessertes Muster. Die Merkmalsextraktion

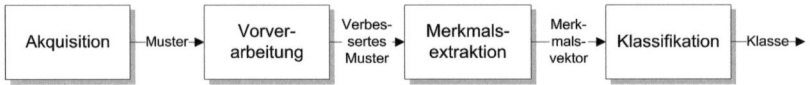

Abb. 3.1.: Ein vereinfachtes Klassifikationssystem bestehend aus vier Teilschritten

bestimmt einen festdimensionierten Merkmalsvektor, der die wesentliche Information des Musters enthält. Bei der Klassifikation wird dem Merkmal über einen Klassifikator schließlich eine Klasse zugeordnet. Dieses Schema lässt sich auch auf die haptische Objektklassifikation anwenden:

1. **Akquisition:** Die Akquisition ist der erste Schritt in der Verarbeitungskette und beinhaltet die Aufnahme, die Digitalisierung und die Quantisierung des Musters. Bei der Roboterhand müssen die taktilen Bilder und die Winkelstellungen der Hand erfasst werden.

2. **Vorverarbeitung:** Dieser Verarbeitungsschritt beinhaltet das Entfernen von Rauschen und unerwünschten Signalbestandteilen. Dazu eignen sich Schwellwert- und Normierungsverfahren, so dass die Muster auf einen einheitlichen Wertebereich abgebildet werden. Hier ist insbesondere bei den resultierenden taktilen Bildern der Roboterhand eine Vorverarbeitung notwendig.

3. **Merkmalsextraktion:** Die Merkmalsextraktion dient zur Verringerung der Redundanz und zur Stabilisierung der Diskriminanz. Das Ziel dabei ist, Merkmale zu extrahieren und gleichzeitig die Anzahl der für die Klassifikation notwendigen Merkmale zu reduzieren. Um Objekte genau zu erkennen, müssen deren Merkmale einmalig sein. Anderseits müssen die Merkmale eine gewisse Generalisierungsfähigkeit aufweisen, um möglichst viele Objekte unterscheiden zu können. Dabei müssen die Merkmale stabil aus einem Signal ableitbar sein und dürfen sich über die Zeit nicht ändern. Die Merkmalsextraktion bei taktilen Bildern scheint aufgrund der höheren Dimensionalität gegenüber den Fingerstellungen größeres Potenzial zu haben.

4a. **Klassifikation:** Bei der Musterklassifikation wird ein Muster als Gesamtheit betrachtet und einer von endlich vielen Klassen zugeordnet. Die Anzahl k der Klassen ist vom Menschen vorgeben und jede Klasse ist durch eine Anzahl an Trainingsmustern der Dimension d repräsentiert. Man spricht von einer klassifizierten Stichprobe. Es handelt sich um ein überwachtes Lernverfahren, bei dem zunächst auf Basis dieser Trainingsdaten eine Entscheidungsfunktion $c : \mathbb{R}^d \to \mathbb{R}^k$ gelernt wird. Diese kann später in der eigentlichen Klassifikationsphase ein beliebiges Muster $\vec{x} \in \mathbb{R}^d$ auf einen Klassenvektor $\vec{y} \in \mathbb{R}^k$ abbilden. Eine unabdingbare Anforderung an die vorherige Merkmalsextraktion ist daher, dass die Anzahl der Merkmale d bei unterschiedlichen Mustern immer gleich ist. Ein Klassifikator muss den Merkmalsraum ggf. fein unterteilen aber auch generalisieren. Er approximiert dazu die Funktionen der Klassengrenzen auf der Basis von Trainingsstichproben. Die Auswahl des Klassifikators bestimmt die Art der Approximation und damit Form der Grenzen zwischen den Klassen. Ein Reduzierung der Merkmalsanzahl im vorherigen Verarbeitungsschritt reduziert die Komplexität der Approximation der Klassengrenzen. Eine Übersicht über die in dieser Arbeit verwendeten Verfahren der Musterklassifikation werden in [HA68] und [KLV98] gegeben. Die in dieser Arbeit verwendeten Verfahren zum überwachten Lernen finden sich im Anhang A wieder.

4b. **Kategorisierung:** Die Merkmalskategorisierung wird gerne auch unter den Begriffen Clustering, unüberwachtes Lernen oder Ballungsverfahren referenziert. Im Gegensatz zum Überwachten Lernen ist beim unüberwachtem Lernen die vorherige Klassenzugehörigkeit nicht bekannt. So wird lediglich die Anzahl der Klassen oder ein Qualitätskriterium zum Finden der geeigneten Anzahl an Klassen vorgeben. Beim Trainingsvorgang werden dann die Klassengrenzen zwischen den noch unbekannten Klassen in der Regel iterativ bestimmt und unter Qualitätskriterien verfeinert. Wie bei der Merkmalsklassifikation kann ein Muster später einer Klasse zugeordnet werden – nur mit dem Unterschied, dass die Klassen nicht vom Menschen vorgegeben sondern automatisch bestimmt werden. Das heißt, ein Ballungsverfahren kann auch als Klassifikationsverfahren anstelle des überwachten Lernens verwendet werden. Eine Übersicht über die in dieser Arbeit verwendeten Ballungsverfahren ist im Anhang B gegeben.

Bei einem Klassifikationssystem ist zwischen Trainingsphase und Klassifikationsphase zu unterscheiden. Die Bestimmung der Klassengrenzen und Teile der Merkmalsextraktion finden nur in der Trainingsphase statt. Die Klassifikationsphase nutzt die in der Trainingsphase vorberechneten Klassengrenzen, um später bei der Anwendung des Klassifikators einem noch unbekannten Objekt eine Klasse zuzuordnen. Für die Trainingsphase ist in der Regel kein Zeitrahmen gesteckt, so dass die Trainingsphase so genutzt werden kann, dass das System in der Klassifikationsphase in möglichst kurzer Zeit ein Ergebnis liefert.

Eine ungeklärte Frage ist, wann man überwachtes und wann man unüberwachtes Lernen benutzt. Das hängt stark von der Aufgabenstellung ab. Sind genau die Zielklassen definiert, so bietet sich ein überwachtes Lernen an, bei dem eine Abbildung der extrahierten Merkmale auf die Zielklassen gelernt wird. Ein Beispiel hierfür ist die Aufgabe, die klassischen 26 Buchstaben des Alphabets zu erkennen. Für diese Aufgabe lässt sich die Leistung des Klassifikationssystems eindeutig bewerten.

Will man einen komplett autonomen Roboter, der seine eigene Kategorien bildet, so kann man das Clustering als Klassifikator verwenden. Ein Muster wird dann einer der Kategorien zugeordnet. Für folgende weitere Aufgaben wird das unüberwachte Lernen in dieser Arbeit verwendet:

1. **Visualisierung eines hochdimensionalen Merkmalsraums:** Eine Anwendung für das Clustering ist die Visualisierung eines hochdi-

mensionalen Merkmalsraum. Dazu werden hochdimensionale Daten auf einen deutlich niedrigdimensionaleren Raum abgebildet, bei dem aber die Nachbarschaftsbeziehungen erhalten bleiben. Jeder Partition des niedrigdimensionalen Raums wird dann durch ein einziges, für die Partition repräsentatives, Muster dargestellt. Nach dem Clustering begutachtet der Lehrer die Kategorien und führt eine manuelle oder (halb-)automatische Beschriftung der Kategorien durch. Das ist hilfreich, um durch große Datenmenge zu navigieren oder die grobe Diskriminanz von gegebenen Merkmalen bei bekannter Klassenzugehörigkeit zu überprüfen.

2. **Vektorquantisierung:** Anhand von Ballungsverfahren kann die Beschreibung einer Datenmenge von dynamischer Größe durch einen einzelnen festdimensionierten Merkmalsvektor erreicht werden. Liegt eine Trainingsdatenmenge mit M Daten vor, so können K mit $K < M$ charakteristische Kategorien der Datenmenge durch ein Ballungsverfahren identifiziert werden. Jedes beliebige Muster kann einem der K Kategorien zugeordnet werden. Für eine beliebig große Datenmenge mit M' Daten zählt man nun, wie oft jede der K Kategorien aufgetreten ist und erhält so einen K-dimensionalen Vektor, der die Teildatenmenge repräsentiert. Statt einer harten Entscheidung, kann auch jedes Muster entsprechend des Abstandes zu den Partitionen anteilig jeder Partition zugeordnet werden.

3.2. Evaluation der Klassifikation

Um verschiedene Ansätze auf derselben Datenbasis vergleichen zu können, ist eine Evaluation der einzelnen Ansätze notwendig. Neben einer einzelnen Zahl, welche die Performanz kompakt beschreibt, sind Werkzeuge notwendig, mit denen die Problemfälle erkannt werden können.

3.2.1. Konfusionsmatrix

Die Konfusionsmatrix ist ein Werkzeug, mit der das Ergebnis der Klassifikation präsentiert und die Leistung des Klassifikators bewertet werden kann. Sie zeigt die Fähigkeit des Klassifikators, zwischen verschiedenen Klassen zu unterscheiden, und weist auf die Klassen hin, die schwierig für den Klassifikator zu unterscheiden sind. Die quadratische Konfusionsmatrix C ist von der Größe $N \times N$, wobei N die Anzahl der zu diskriminierenden Klassen entspricht. Jede Reihe der Konfusionsmatrix entspricht der vorhergesagten Klasse durch den Klassifikator, während auf der Spalte die eigentliche Klassenzugehörigkeit aufgetragen ist. Auf der Diagonalen stehen dem entsprechend die korrekt klassifizierten Elemente.

Die *Klassifikationsrate* CR_i einer Klasse kann über die Konfusionsmatrix wie folgt berechnet werden:

$$CR_i = \frac{c_{i,i}}{\sum\limits_{j=1}^{N} c_{i,j}}, \quad i \in [1,N] \tag{3.1}$$

Das entspricht der Anzahl der richtig klassifizierten Stichproben einer Klasse geteilt durch die Gesamtanzahl der Klassenstichprobe.

Die *Gesamterkennungsrate* des Klassifikators ist demnach:

$$OF_N = \frac{\sum\limits_{i=1}^{N} c_{i,i}}{\sum\limits_{i=1}^{N} \sum\limits_{j=1}^{N} c_{i,j}} \tag{3.2}$$

Diese bildet sich aus der Summe der Matrixdiagonalen geteilt durch die Gesamtsumme der Matrix und entspricht der Anzahl der richtig klassifizierten Stichproben geteilt durch die Gesamtanzahl der Stichprobe.

3.2.2. Verhältnis von Erkennungsrate zu Objektanzahl

Eine der häufigsten gestellten Frage ist die nach der Gesamterkennungsrate des Systems. Dabei wird gerne die Anzahl der zu diskriminierenden Objekte außer Acht gelassen. Es wäre hilfreich, die Leistung des Systems in Abhängigkeit der Objektanzahl überschaubar zu evaluieren. Dazu wird in dieser Arbeit folgender iterativer Ansatz verwendet:

1. Nehme die maximal verfügbare Klassenanzahl N.

2. Bestimme die Gesamterkennungsrate OF_N für N Klassen.

3. Wie oft zwei Klassen miteinander verwechselt werden, gibt folgender Wert an:

$$V_{i,j} = \frac{c_{i,j} + c_{j,i}}{\sum\limits_{k=1}^{N} (c_{i,k} + c_{j,k})} \tag{3.3}$$

Das entspricht der Summe gegenseitiger Falschzuweisungen geteilt durch die Gesamtzahl beider Klassenstichproben. Das ist ein Indikator dafür, dass zwei Klassen einen großen Überlappungsbereich im Merkmalsraum haben.

4. Fusioniere die zwei Klassen (a,b), die am häufigsten miteinander verwechselt werden.

$$(a,b) = \underset{(i,j)}{\operatorname{argmax}} V_{ij} \quad \forall\, i,j \in [1,N] \wedge i < j \tag{3.4}$$

5. Es müssen lediglich die Trennfunktionen der Klassen und die dazugehörigen Zeilen und Spalten der Konfusionsmatrix fusioniert werden:

$$c_{a,a} = c_{a,a} + c_{b,b} + c_{a,b} + c_{b,a} \tag{3.5}$$

$$c_{a,i} = c_{a,i} + c_{b,i} \quad \forall\, i \in [1,N] \wedge i \neq b \wedge i \neq a \tag{3.6}$$

$$c_{i,a} = c_{i,a} + c_{i,b} \quad \forall\, i \in [1,N] \wedge i \neq b \wedge i \neq a \tag{3.7}$$

43

$j \backslash^{i}$	1	2	3	4	5
1	**10**	0	0	0	0
2	0	**5**	5	0	0
3	1	5	**4**	0	0
4	1	0	0	**6**	3
5	0	1	0	6	**3**

$j \backslash^{i}$	1	2+3	4	5
1	**10**	0	0	0
2+3	1	**19**	0	0
4	1	0	**6**	3
5	0	1	6	**3**

Tab. 3.1.: Links ein Beispiel für eine Konfusionsmatrix mit fünf Klassen; rechts die gleiche Konfusionsmatrix nach der Fusion der Klassen zwei und drei.

Eine fusionierte Klasse kann somit über mehrere Trennfunktionen gegenüber einer dritten Klasse verfügen.

6. Eliminiere Spalte b und Zeile b. Dekrementiere die Klassenanzahl: $N = N - 1$

7. Gehe zu Schritt 2, solange die Abbruchbedingung nicht erfüllt ist.

Dieser Vorgang kann solange wiederholt werden bis nur noch zwei Objektklassen ($N = 2$) übrig bleiben oder so lange der Wert $V_{ab} > 0$ bzw. $OF_N < 1$ ist. Man erhält so mit jedem Schritt eine bessere Gesamterkennungsrate bei abnehmender Objektanzahl. Man kann zur Visualisierung eine Kurve mit OF_N über N auftragen. Dies entspricht der Objektanzahl auf der X-Achse und der Erkennungsrate auf der Y-Achse.

3.2.3. Ein Beispiel einer Konfusionsmatrix

Für das Beispiel einer Konfusionsmatrix mit fünf Klassen in Tab. 3.1 ist nach der Formel 3.2 die Gesamterkennungsrate:

$$OF_5 = 28/50 = 0,56.$$

Die jeweiligen Klassifikationsraten für die Objekte sind entsprechend Formel 3.1:

$$CR_1 = 1,0; \ CR_2 = 0,5; \ CR_3 = 0,4; \ CR_4 = 0,6; \ CR_5 = 0,3.$$

Für das Beispiel in Tab. 3.1 links ergibt sich nach der Formel 3.3:

$$V_{1,3} = 0,05; \ V_{1,4} = 0,05; \ V_{2,3} = 0,5; \ V_{2,5} = 0,05; V_{4,5} = 0,45.$$

Die restlichen Werte sind null. Daraus resultiert aus Formel 3.4, dass die Klassen $(a,b) = (2,3)$ fusioniert werden sollten, um eine bessere Erkennungsrate zu erhalten. Durch die Fusion in eine Klasse $(2,3)$ erhält man im Beispiel somit eine Klassifikationsrate von

$$CR_{2,3} = \frac{5+4+5+5}{10+10} = 0,95$$

und eine Gesamterkennungsrate von

$$OF_4 = 38/50 = 0.76.$$

Die resultierende Konfusionsmatrix mit vier Klassen ist in der Tab. 3.1 rechts dargestellt.

3.3. Sensorfusion

Die in dieser Arbeit betrachtete Roboterhand verfügt über zwei unterschiedliche Sensortypen: zum einen über taktile Bildsensoren an den Fingerinnenflächen und zum anderen über absolute Winkelsensoren an den Fingergelenken. Eine Sensorfusion kann auf jeder der vier Verarbeitungsebenen, die zuvor in Kap. 3.1 vorgestellt wurden, stattfinden. Die Abb. 3.2 visualisiert die vier Möglichkeiten der Sensorfusion für die Roboterhand. Man unterscheidet drei Arten von Sensorfusionen [SJV10]:

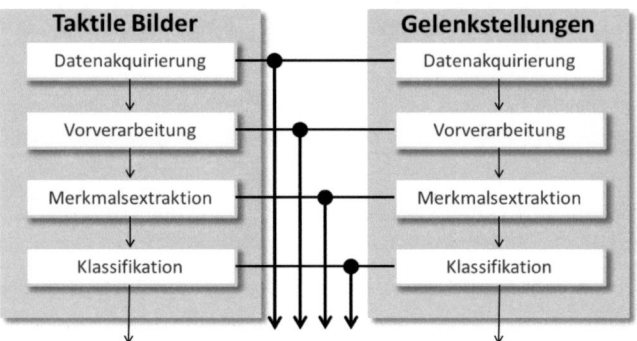

Abb. 3.2.: Möglichkeiten der Sensorfusion bei der Roboterhand auf jeder der vier Verarbeitungsebenen.

- **Redundante oder kompetitive Fusion:** dieses beinhaltet mehrere Sensoren mit demselben Erfassungsbereich. Durch die Kombination der Daten erreicht man eine Erhöhung der Genauigkeit und der Ausfallsicherheit.

- **Komplementäre Fusion:** die Sensoren haben keinen Überlappungsbereich. Die Fusion der Sensoren erweitert den Merkmalsraum der Beobachtung.

- **Kooperative Fusion:** durch die Kombination zweier Sensormodalitäten ergibt sich ein neues Merkmal.

Für die Fusion der Sensordaten der Hand zu einem Zeitpunkt, kommen die letzten beiden Fusionsarten in Frage, da Gelenksensoren und taktile Bildsensoren einen unterschiedlichen Erfassungsbereich haben. Die Erstellung einer Punktwolke auf Basis der Handkinematik, den Fingerpositionen und den Kontaktmustern über einen gewissen Zeitraum entspricht einer kooperativen Fusion. Es wird ein neuer Merkmalsvektor der Dimension sechs erstellt, welcher aus der Position und der Normalen eines dreidimensionalen Kontaktpunktes besteht. Auch können die Sensormodalitäten unabhängig

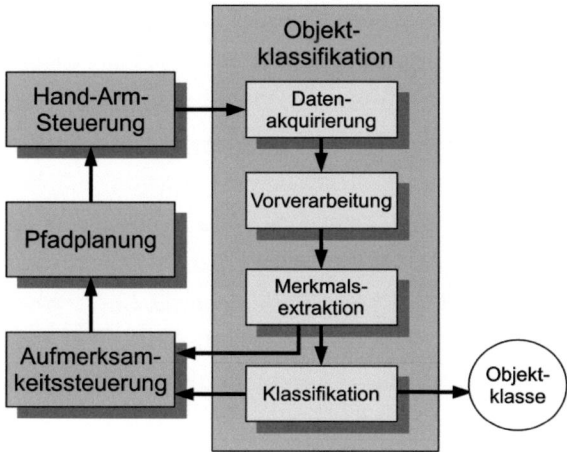

Abb. 3.3.: Eine Kombination aus Explorations- und Klassifikationssystem.

voneinander ohne Fusion betrachtet werden und für jede Modalität ein eigenes Klassifikationssystem aufgebaut werden.

3.4. Kombination aus Musterklassifikations- und Explorationssystem

Wie in der Einleitung erwähnt, braucht ein Roboter nicht nur eine haptische Wahrnehmung sondern auch eine Bewegungskomponente und eine Strategie, welche die Sensoren zum nächsten Abtastpunkt leitet. Es fehlen also zusätzlich zum Klassifikationssystem noch Komponenten, die die haptische Sensorik an den richtigen Ort bringen. Dazu muss der Roboterarm und seine Steuerung berücksichtigt werden. Die Abb. 3.3 zeigt, wie sich ein Robotersystem über zusätzliche Komponenten mit dem zuvor vorgestellten Klassifikationssystem zu einem Explorationssystem kombinieren lässt. Die drei zusätzlichen Komponenten sind:

- **Aufmerksamkeitssteuerung:** diese Komponente bestimmt den nächsten Explorationspunkt von Interesse. Die zugrunde liegende

Explorationsstrategie kann gerichtet, systematisch oder zufällig sein. Eine zufällige Exploration folgt keiner Regel und wählt zufällig den nächsten Punkt von Interesse. Dies kann sinnvoll sein, wenn die genaue Position des Objektes unbekannt ist und ein erster Kontakt gesucht wird. Ein systematisches Explorationsverhalten beinhaltet ein gleichmäßiges Erfassen des Objektes, indem sich die Hand z.B. kreisförmig um das Objekt bewegt und das Objekt von allen Seiten exploriert. Wenn eine grobe Position bekannt ist, können so die Objektproportionen systematisch eingegrenzt werden. Eine gerichtete Exploration folgt lokalen Objektmerkmalen oder benutzt eine globale Schätzung der Objektform.

- **Bahnplanung:** Diese Bahnplanung, auch Pfadplanung genannt, ist verantwortlich, eine kollisionsfreie Bahn von einem Punkt des Interesses zum nächsten zu finden. Sie sorgt dafür, dass ein Konfigurationsübergang des Roboters und der Roboterhand berechnet wird, mit dem die nächste Abtastregion erreicht werden kann.

- **Hand-Arm-Steuerung:** Diese Komponente steuert reaktiv die Bewegungen von Arm und Hand. Insbesondere wenn die Hand ein Objekt berührt, muss die Roboterhand und ihre Fingerpositionen der Objektoberfläche angepasst werden, um eine möglichst große Kontaktfläche zu erreichen. Dies beinhaltet die Anrück- und Abrückbewegungen der Roboterhand, die Ausrichtung der Hand an die Objektoberfläche und die Ausführung von Fingerbewegungen.

Die resultierende Schleife führt mit jeder Iteration einen neuen Abtastvorgang aus und klassifiziert in jeder Iteration das Objekt basierend auf den resultierenden haptischen Sensordaten. Die Schleife terminiert und das System gibt die Objektklasse zurück, sobald eine maximale Anzahl an Abtastschritten erreicht ist oder das Objekt eindeutig identifiziert werden kann.

3.5. Zusammenfassung

In diesem Kapitel wurden grundlegende Konzepte für die haptische Objekterkennung erörtert. Dazu wurde zunächst ein klassisches Objekterkennungssystem vorgestellt, das in vier Verarbeitungsschritten aus Sensordaten eine Klassenzugehörigkeit ableitet. Dieser Aufbau eines Klassifikationssystems dient als Grundlage für alle Klassifikationssysteme, die in den folgenden Kapiteln vorgestellt werden. In jedem der vier Verarbeitungsschritte des Klassifikationssystems ist eine Fusion der Sensormodalitäten möglich. Je nach Überlappungsbereich der Sensordaten kann eine von drei möglichen Sensorfusionsarten durchgeführt werden. Um einen für die haptische Exploration notwendigen aktiven Explorationszyklus zu ermöglichen, wurden die vier Verarbeitungsschritte in ein Explorationssystem konzeptionell eingebettet. Des Weiteren wurden Methoden zur Evaluation eines Klassifikators vorgestellt, die für die Bewertung der Erkennungssysteme in den folgenden Kapiteln herangezogen werden. Mit diesen Werkzeugen lässt sich insbesondere die Beziehung zwischen der Erkennungsleistung und der Anzahl der zu klassifizierenden Objekte ableiten.

4. Eine humanoide Roboterhand mit künstlichem Tastsinn

In diesem Kapitel wird eine künstliche Fünffingerhand und das dazugehörige taktile Sensorsystem vorgestellt. Beide dienen als ein Evaluationswerkzeug für diese Arbeit. Als weitere Evaluationsplattformen werden ein Zweibackengreifer und ein taktiles Sensorbrett vorgestellt. Ein weiterer Bestandteil dieses Kapitels ist die Bestimmung der Handkinematik und die Vorstellung einer Simulationsumgebung, welche die Hand und das zugehörige Sensorsystem bei der haptischen Exploration nachempfindet. Damit ist es möglich, viele Abtastungen in kürzester Zeit zu generieren und grundlegende Algorithmen zu testen und zu evaluieren, um sie später auf das echte Robotersystem zu übertragen.

4.1. Die Roboterhand

Die in dieser Arbeit verwendete Grundvariante der anthropomorphen Roboterhand [SPK$^+$04] wurde am Campus Nord des Karlsruher Institutes für Technologie (KIT), ehemals Forschungszentrum Karlsruhe, entwickelt und am Institut für Prozessrechentechnik, Automation und Robotik (IPR) um ein taktiles Sensorsystem erweitert. Als eine mögliche Anwendung zielt die Hand in ihrer Grundform auf die Prothetik. Eines der herausragenden Merkmale ist daher die Leichtgewichtigkeit, die sich daraus ergibt sich, dass die Aktuatoren auf Fluidtechnik basieren und die Hand aus einer Skelettstruktur besteht. Die Größe der Roboterhand entspricht der Hand eines Erwachsenen. Ein weiteres Merkmal ist die Kompaktheit, da die Aktuatoren komplett in die Gelenke integriert sind. Daher eignet sich die künstliche

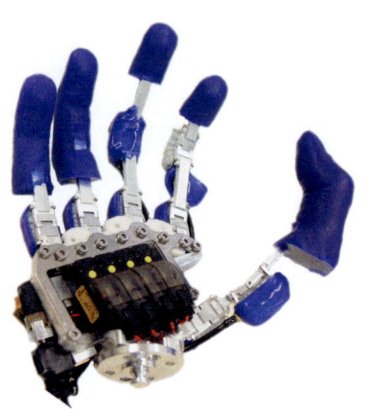
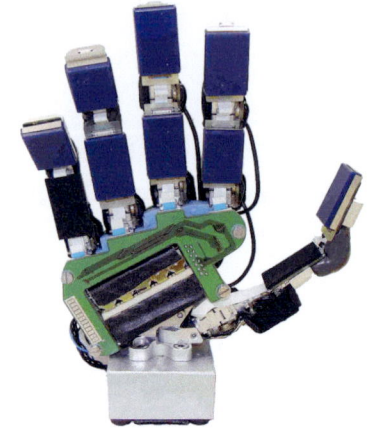

(a) Die Originalhand mit Aktuatoren und Ventilbank aber ohne Modifikationen, Sensorik und Steuerungseinheit.

(b) Dieselbe Roboterhand nach dem Umbau – mit taktilen Sensoren und Positionssensoren.

Abb. 4.1.: Die Roboterhand vor und nach dem Umbau

Hand als Prothese und benötigt beim Einsatz als Roboterhand einen weniger starken Roboterarm.

4.1.1. Aufbau

Die Abb. 4.1(a) zeigt die Hand in ihrer ursprünglichen Form mit Aktuatoren aber ohne Sensorik und ohne Steuerungselektronik. Die Fingerspitzen wurden dem Menschen nachempfunden, in Silikon nachgegossen und in die Handstruktur integriert. Die Silikonfinger wurden später, wie der Abb. 4.1(b) zu entnehmen ist, für die Erweiterungen entfernt und durch taktile Sensoren ersetzt. Die Hand wird als Roboterhand pneumatisch und als Prothetikvariante hydraulisch betrieben. Die Roboterhand besitzt acht aktive Freiheitsgerade. Davon haben der Daumen, der Zeige- und Mittelfinger jeweils zwei Freiheitsgrade, der Ringfinger und der kleine Finger haben jeweils einen Freiheitsgrad am Proximalgelenk. Man unterscheidet bei den Fingergelenken zwischen Proximal- und Distalgelenk: ein Proximalgelenk eines Fingers ist als das Basisgelenk am Handteller definiert, während das Distalgelenk in der kinematischen Kette dem Proximalgelenk folgt. Der Daumen verfügt über zwei Freiheitsgrade am Proximalgelenk. Die Roboterhand kann mit einem Freiheitsgrad den Daumen ein- und ausklappen und somit eine flache Hand oder eine Pose zum Greifen einnehmen. Mit dem zweiten Freiheitsgrad kann der Daumen geschlossen werden und Objekte umfasst bzw. gegriffen werden. Die restlichen Finger lassen sich mindestens über das Basisgelenk in Richtung Handfläche um etwa 90° beugen. Das zweite Gelenk am Zeige- und Mittelfinger führt dazu, dass sich die Hand beim Greifen dem Objekt besser anpasst und somit Objekte stabiler gegriffen werden können.

4.1.2. Handelektronik

Die Elektronik der Roboterhand umfasst Fluidaktuatoren, Gelenkwinkel-sensoren, eine Ventilbank und eine Steuerungseinheit. Diese Komponenten sind komplett in die Hand integriert, d.h. die Hand benötigt drei Anschlüsse: Druckluft, Stromversorgung und Kommunikation. Die Steuerungseinheit liest die Winkel der Fingergelenke aus und steuert die Ventilbank an. Als Schnittstelle zu einem Steuerrechner verfügt die Steuerungseinheit über eine serielle Schnittstelle. Als künstliche Propriozeptoren sind an den Gelenken der Hand Hallsensoren [Aus] angebracht, die mit dem Analogeingang der Steuerungseinheit verbunden sind. Die aktuelle Stellung eines einzelnen Gelenks wird auf einen Bereich von $0 - 90°$ mit einer Winkelauflösung von ca. $0.0879°$ durch die Firmware abgebildet.

4.1.3. Aktuatoren

Die in der Roboterhand verwendeten Fludidaktuatoren [PSB00] bestehen aus einem Steuerkanal und einer Kammer. Die Aktuatoren sind auf der Rückseite des Gelenks an den beiden Gliedern befestigt, so dass sich ein Gelenk beugt, sobald die Kammer des Aktuators mit einem Fluid gefüllt wird. Die elastischen Bänder an den Aktuatoren sorgen dafür, dass sich die Finger bei der Zufuhr eines Fluids langsam schließen, und dass die Gelenke beim Ablassen des Fluids in die Nullstellung zurückkehren. In [SPK$^+$04] wurde nachgewiesen, dass die Aktuatoren trotz der Leichtigkeit eine Kraft von zehn Newton bei zehn Bar erzeugen können.

Die Bewegungen der Finger werden durch die Fluidaktuatoren, durch eine Ventilbank und durch eine geregelte Druckluftzufuhr realisiert. Die Ventilbank besteht aus zehn Ventilen, wobei für jeden der acht Aktuatoren ein Ventil bereitgestellt wird, welches binär geöffnet oder geschlossen und damit aktiviert oder deaktiviert werden kann. Über ein Einlass- und ein Auslassventil kann der Druck in den aktivierten Ventilen verändert und damit eine Bewegung der Finger realisiert werden. Der eigentliche Druck in den Ventilen kann nicht erfasst und damit nicht geregelt werden. Über die Gelenkwinkelsensoren können die Fingerstellungen gemessen und die Stellungen der Gelenke positionsgeregelt werden. In einem Inkrementierungs- bzw. Dekrementierungsschritt können beliebig viele Ventile und damit beliebig viele Gelenke angesprochen werden.

4.2. Das taktile Sensorsystem

Ein taktiles Sensorsystem ermöglicht der Roboterhand, mit den Fingern Druckprofile von einem Objekt zu entnehmen und damit Kontaktpunkte zu bestimmen oder lokale Strukturen zu klassifizieren. Eine sensitive Handoberfläche ermöglicht zudem bei der Annäherung an ein Objekt, einen Kontakt zu registrieren bevor es zu einer Kollision kommt. Das Sensorprinzip und die resultierende Sensoren wurden über Jahre am IPR in verschiedenen Arbeiten [WW05, GW07] untersucht und für Anwendungen in der Robotik eingesetzt. Im Folgenden soll kurz auf das Arbeitsprinzip und den Aufbau der taktilen Sensoren eingegangen werden, um die Bedeutung der resultierenden taktilen Sensorsignale zu verdeutlichen.

4.2.1. Arbeitsprinzip des resistiven Sensors

Ein taktiles Sensormodul (DSA 9330/9335, [Weib]) bildet die Kernkomponente des taktilen Sensorsystems. Es basiert auf einem resistiven Messprinzip und ist in der Lage, ein Druckprofil aufzunehmen. Die Hauptkomponenten des resistiven taktilen Sensors sind eine allgemeine Referenzelektrode und verschiedene Empfängerelektroden, welche in einer Matrix angeordnet sind. Das Arbeitsprinzip des Sensors hängt von dem Oberflächeneffekt zwischen den Metallelektroden und dem strukturierten Sensormaterial ab. Der Widerstand zwischen der allgemeinen Referenzelektrode und einer Empfängerelektrode ist eine Funktion über den aufgewendeten Druck und Zeit. Jede Sensorzelle benötigt einen Anschluss, so dass die Sensormatrix über einen Multiplexer schrittweise angesprochen wird. Diese Technik führt zu sehr akkuraten Bildern des aufgebrachten Druckprofiles. Sobald eine Sensorzelle belastet wird, tritt eine Deformierung des Schaumstoffes ein. Als Konsequenz nimmt die Kontaktfläche zu und der Widerstand der Zelle verringert sich. Der Messschaltkreis bestimmt den Widerstand jeder Sensorzelle. Daher ist die festgestellte Widerstandsverteilung verbunden mit dem angewendeten Druckprofil, und ein Bild der Druckverteilung kann aufgenommen werden.

Ein Pixel bzw. Element solch eines taktilen Bildes wird im Folgenden *Taxel* genannt. Da sich die Veränderung der Kontaktfläche zwischen einer Elektrode und dem Schaumstoff bei jeder Sensorzelle unterschiedlich verhält, ist dem entsprechend die zugehörige Funktion für jede Sensorzelle auch verschieden. Des Weiteren weist das Sensorsignal einen zeitliches Verhalten [GW07] auf und ist abhängig von der Dauer der Belastung und der Historie vorheriger Belastungen. Daher ist eine genaue Bestimmung einer Kennlinie von dem taktilen Sensorsignal auf eine resultierende Kraft bzw. Eindringtiefe nur bedingt möglich. Ein nicht unwesentlicher Aspekt für die Anwendung der taktilen Sensoren ist, dass dieses Messprinzip in seiner Grundform nur Normalkräfte registrieren kann.

55

4.2.2. Integration in die Roboterhand

Das taktile Sensorsystem der Roboterhand besteht aus einem Bau-kastensystem aus den taktilen Sensormodulen, einem Sensorcontroller (DSACON32-M [Weib]) und ein Kommunikationssystem. Der Steuerungs-einheit des taktilen Sensorsystems kann über eine serielle Schnittstelle kommunizieren. Das Baukastensystem wurde von Göger entwickelt und wird in [GGW09] im Detail beschrieben. Um die Innenflächen der Finger zu bedecken, wurden zwei verschiedene Sensormodule verwendet. Diese haben eine unterschiedliche Länge aber dieselbe Breite; die Bildauflösun-gen sind 4x7 und 4x6 Taxel. Der Zeige-, Mittel- und Ringfinger haben je-weils zwei taktile Sensormodule. Der Daumen und der kleine Finger haben jeweils ein einzelnes Sensormodul am Distalgelenk.

4.3. Handkinematik

Ähnlich wie bei der Kalibrierung eines Kamerasystems gibt es bei einem haptischen System intrinsische und extrinsische Parameter. Die intrinsi-schen Parameter beschreiben den internen Zustand des Sensors und bein-halten den Abstand zwischen den Sensorzellen, die Tiefe der Schaumstoff-schicht und bestenfalls die individuelle Kalibrierung für jede Sensorzelle. Sie werden benötigt, um einen zweidimensionalen Kontaktpunkt im takti-len Bild in das dreidimensionale Sensorkoordinatensystem zu transformie-ren: $O_{Bild} \to O_{Sensor}$. Die extrinsischen Parameter in Form der Handkine-matik beschreiben die Lage eines Sensors in der Hand. Dazu wird zunächst eine rigide Transformation $O_{Sensor} \to O_{Gelenk}$ von Sensorkoordinaten zum Referenzgelenk benötigt, wobei jeder taktiler Sensor genau ein Gelenk als Bezugssystem hat. Die Transformation von einem Gelenk zur Handwur-zel $O_{Gelenk} \to O_{Hand}$ ist in der Regel abhängig von den aktuellen Gelenk-stellungen eines Fingers. Im Folgenden wird die Notation $T_{(a,\,b)}$ für die Transformation von dem Koordinatensystem O_a nach O_b bzw. für die Be-schreibung des Koordinatensystem O_b in den Koordinaten von O_a verwendet. Dabei ist T in der Regel eine 4×4-Matrix und stellt eine homogene Transformationsmatrix dar. Es gilt des Weiteren:

$$T_{(b,\,a)} = T_{(a,\,b)}^{-1}. \tag{4.1}$$

Die Vorwärtskinematik K der Hand besteht aus fünf einzelnen Fingerkinematiken und bildet jeweils die Winkel $\vec{\theta} \in \mathbb{R}^k$ für das k-te Gelenk des Fingers f auf eine Position $\vec{p}$ im Raum ab:

$$K_k : \ \vec{\theta} \in \mathbb{R}^k \to \vec{p} \in \mathbb{R}^3. \tag{4.2}$$

Die Abb. 4.2 zeigt die Gelenke und die taktilen Sensoren der vorgestellten Roboterhand, die in der Handkinematik abgebildet werden müssen. Die Entwicklung des kinematischen Modells unterteilt sich in vier Stufen:

1. **Identifikation des Handmodells:** Die Lage der Gelenke und der Achsen zueinander muss als eine Kette von Translationen und Rotationen bestimmt werden.

2. **Kalibrierung der taktilen Sensoren:** Zum einen muss die Lage eines taktilen Sensors zum nächsten Gelenk bestimmt werden, zum anderen muss der taktile Sensor als bildgebendes Verfahren vermessen werden.

3. **Kalibrierung der Winkelsensoren:** Es muss eine Abbildung bestimmt werden, die die Ausgabe eines einzelnen Winkelsensors auf die eigentliche Orientierung des Gelenks abbildet.

4. **Verifikation der kinematischen Kette:** Das Zusammenspiel von Handkinematik, Kalibrierung der taktilen Sensoren sowie der Winkelsensoren muss evaluiert werden. Daraus resultiert die Messgenauigkeit einzelner taktilen Sensorflächen.

Diese vier Stufen werden im Folgenden näher erörtert. Dabei wird die kinematische Kette eines einzelnen Finger betrachtet.

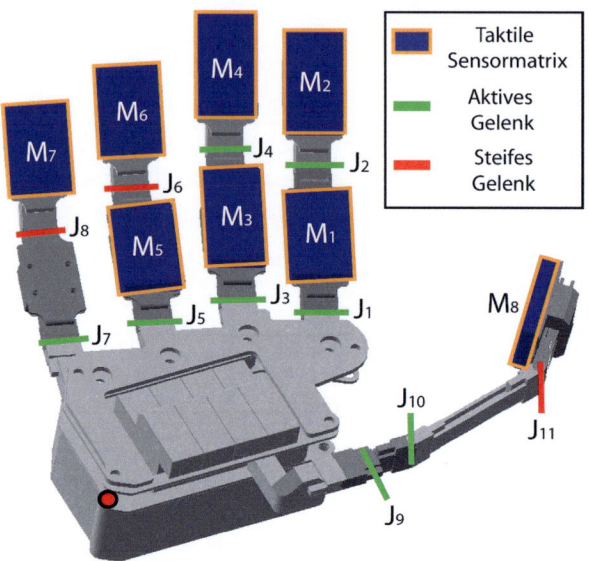

Abb. 4.2.: Die Freiheitsgrade und taktilen Sensoren der Hand: die blauen Flächen kennzeichnen die acht taktilen Sensoren M_i. Die Gelenke sind mit J_i beschriftet. Rot markiert sind dabei die drei steifen Gelenke, die nur mechanisch geändert werden können; grün gekennzeichnet sind die acht aktiven Gelenke, die über die Aktuatoren aktiv bewegt werden.

4.3.1. Identifikation des Handmodells

Das kinematische Modell kann aber über die Definition einer Menge an Referenzkoordinatensystemen, die jeweils an einen Freiheitsgrad gebunden sind, hergeleitet werden. Die Koordinatensysteme werden auf Basis der Denavit-Hartenberg-Konvention [DH55] definiert. Dazu müssen folgende Bedingungen erfüllt sein:

1. Die Z-Achse des Koordinatensystems entspricht der Rotationsachse.

2. Die X-Achse ergibt sich aus dem Kreuzprodukt der Z-Achse mit der Z-Achse des Vorgängergelenks. Da die Z-Achsen der Gelenke bei

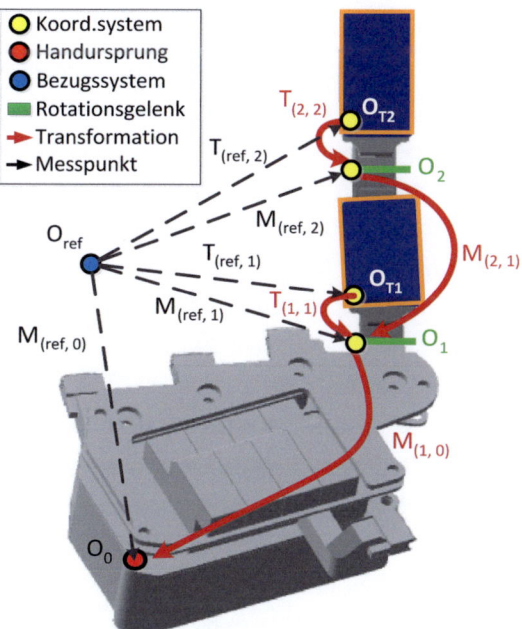

Abb. 4.3.: Von Messpunkten zur Handkinematik: die roten Pfeile visualisieren die für die Handkinematik notwendigen Transformationen während ein schwarz gestrichelter Pfeil einen Messpunkt kennzeichnet. Die Transformation $T_{(k, i)}$ beschreibt eine Transformation von einem taktilen Sensor k zum nächsten Gelenk i. Die Transformation $M_{(i,j)}$ bezeichnet eine Transformation zwischen zwei Gelenken i und j. Die Achsenkoordinatensysteme O_i, an denen die Gelenke rotiert werden können, sind in der Grafik grün gekennzeichnet.

der Roboterhand in der Regel parallel zueinander liegen, zeigt die X-Achse in die Richtung des nächsten Gelenks.

3. Die Y-Achse ist so definiert, dass diese zusammen mit beiden anderen Koordinatenachsen ein rechtshändiges System ergeben.

Idealerweise lässt sich die Handkinematik aus den Konstruktionszeichnungen der Hand ableiten. Insbesondere bei Unikaten entspricht die zusammengebaute Hand aber nicht mehr der Konstruktionszeichnung. Auch werden die taktilen Sensoren oft nachträglich montiert oder später modifiziert. Um die Kinematik der Hand zu bestimmen, müssen alternativ Messpunkte zur Berechnung der Transformationen in Bezug zu einem gemeinsamen Referenzkoordinatensystem erfasst werden. Das Referenzsystem als Bezugspunkt wird im Folgenden O_{ref} genannt. Aus diesen Messpunkten lassen sich die notwendigen Koordinatensysteme und die Transformationen zwischen den kinematischen Knoten der Hand berechnen. Die Abb. 4.3 stellt einige Transformationen exemplarisch für einen Finger dar. Bei einigen Roboterhänden ist nur eine Seite des Gelenks offen, da die andere Seite durch den Winkelgeber verdeckt ist. In diesem Fall wird der Ursprung an der offenen Seite des Gelenks definiert. In der Abbildung ist der Ursprung der Fingergelenke auf der linken Seite in Vorderansicht definiert.

Über die drei Messpunkte $\vec{p}_o$, $\vec{p}_x$ und $\vec{p}_z$ lässt sich ein Koordinatensystem aufspannen: der Punkt $\vec{p}_o$ beschreibt den Ursprung des Koordinatensystems, der zweite Punkt $\vec{p}_x$ beschreibt die X-Achse und der dritte $\vec{p}_z$ beschreibt die Z-Achse. Die Koordinatenachsen $\tilde{x}, \tilde{y}$ und $\tilde{z}$ ergeben sich durch die Gramm-Schmidt-Orthogonalisierung [KS88]:

$$\tilde{x} = \frac{\vec{p}_x - \vec{p}_o}{||\vec{p}_x - \vec{p}_o||} \tag{4.3}$$

$$\vec{z}' = (\vec{p}_z - \vec{p}_o) - \langle \tilde{x}, \vec{p}_z - \vec{p}_o \rangle \cdot \tilde{x} \tag{4.4}$$

$$\tilde{z} = \frac{\vec{z}'}{||\vec{z}'||} \tag{4.5}$$

$$\tilde{y} = \tilde{z} \times \tilde{x} \tag{4.6}$$

Auf diese Weise kann die Transformation $M_{(ref,\,0)}$ als das Koordinatensystem der Hand in Bezug zum Referenzkoordinatensystem bestimmt werden:

$$M_{(ref,\,0)} = \begin{bmatrix} \tilde{x} & \tilde{y} & \tilde{z} & P_o \\ 0 & 0 & 0 & 1 \end{bmatrix} \tag{4.7}$$

Gleichermaßen lässt sich das Koordinatensystem $M_{(ref,\,n)}$ des n-ten Gelenks in Koordinaten des Referenzsystems berechnen. Wenn die Drehachse der Gelenke sich ggf. aufgrund ihrer Bauweise nicht direkt erfassen lässt, da z.B. nur eine Seite des Gelenks zugänglich ist, kann über Hinzunahme eines vierten Punktes eine Drehachse parallel zur eigentlichen Drehachse beschrieben werden. Die Koordinatensysteme sind momentan noch bzgl. des Referenzkoordinatensystems der externen Messeinheit beschrieben. Deswegen muss noch die eigentlich gesuchte Transformation $M_{(n,\,n-1)}$ in Bezug zum nächsten Bezugskoordinatensystem über das externe Referenzkoordinatensystem bestimmt werden:

$$M_{(n,\,n-1)} = \prod_{i=0}^{n-1} M_{(i,\,i+1)} \cdot M_{(ref,\,0)} \cdot M_{(n,\,ref)} \tag{4.8}$$

4.3.2. Kalibrierung der taktilen Sensoren

Bei der Kalibrierung eines taktilen Sensor geht es letztendlich um die Bestimmung der Transformationen $T_{(Bild,\,Sensor)}$ und $T_{(Sensor,\,Gelenk)}$. Es muss also neben die Lage der taktilen Sensorebenen im Raum eine Umrechnung eines taktilen Signals in einen Tiefenwert bestimmt werden.

Bestimmung der Lage der Sensorebene

Um die Sensorebene des taktilen Sensors im Raum zu bestimmen, werden mehrere, mindestens drei, Messpunkte auf der Sensorfläche über ein externes Messgerät entnommen, die gleichzeitig auch durch die taktile Sensormatrix registriert werden. Dazu werden verschiedene Punkte mit unterschiedlichem Koordinaten aber mit gleichem Druck, d.h. gleicher Intensität abgenommen. Die Koordinaten der Kontaktpunkte können über eine Momentenanalyse (vgl. Kap. 5.4.1) bestimmt werden. Man erhält so N korrespondierende Punktepaare $(\vec{p},\vec{b})$, $\vec{p} \in \mathbb{R}^3, \vec{b} \in \mathbb{R}^3$, mit denen sich die Position und die Lage der Sensorebene bestimmen lassen. Der Punkt $\vec{p}$ beschreibt einen externen Meßpunkt, Punkt $\vec{b}$ beschreibt einen zweidimensionalen Punkt auf der Sensorebene in homogenen Koordinaten, so dass die Z-Koordinate von $\vec{b}$ als Eins angenommen wird.

Sei B eine $3 \times N$-Matrix mit homogenen Koordinaten auf der k-ten Sensorfläche eines Fingers und P eine $3 \times N$-Matrix mit korrespondierenden externen dreidimensionalen Messpunkten, dann ist die die 3×3-Registrierungsmatrix $T'_{(k,ref)}$ gesucht mit:

$$T'_{(k,ref)} \cdot B = P \tag{4.9}$$

Die Lösung für das überbestimmte Gleichungssystem [KS88] lässt sich z.B. über eine Singulärwertzerlegung oder über Verwendung der Pseudoinversen bestimmen. Die resultierende 3x3-Matrix $T'_{(k,ref)}$ beschreibt die Lage der taktilen Sensorebene in Bezug zum Referenzsystem. Die Spalten lässt sich als die beiden Hauptachsen $\widetilde{x}$ und $\widetilde{y}$ sowie als der Ursprung P_o der Ebenen interpretieren:

$$T'_{(k,\,ref)} = \begin{bmatrix} \widetilde{x} & \widetilde{y} & P_o \end{bmatrix} \tag{4.10}$$

Die Ebenennormalen $\widetilde{z}$ ergibt sich aus dem Kreuzprodukt der Hauptachsen. Die angepasste Transformation $T_{(k,\,ref)}$ wandelt einen 3-dim. Punkt von homogenen Sensorkoordinaten in einen Punkt im Referenzkoordinatensytem um:

$$T_{(k,\,ref)} = \begin{bmatrix} \widetilde{x} & \widetilde{y} & \widetilde{x} \times \widetilde{y} & P_o \\ 0 & 0 & 0 & 1 \end{bmatrix} \tag{4.11}$$

Der durchschnittliche Registrierungsfehler D_k für eine taktile Sensormatrix k eines Fingers berechnet sich zu:

$$D_k = \frac{1}{N} \sum_{i=1}^{N} ||T'_{(k,ref)} \cdot \vec{b}_i - \vec{p}_i|| \tag{4.12}$$

Die eigentlich gesuchte Transformation $T_{(k, n)}$ vom k-ten taktilen Sensor zum Bezugsgelenk, welches das n-te Gelenk des Fingers ist, ergibt sich dann unter Einbeziehung der Formel 4.8 zu:

$$T_{(k, n)} = M_{(ref, n)} \cdot T_{(k, ref)} \tag{4.13}$$

Eine weiterführende mathematische Beschreibung der Handkinematik ohne Berücksichtigung taktiler Sensormatrizen ist in [MLS94] zu finden.

Von taktilen Sensorwerten zur Eindringtiefe

Eine genaue Abbildung eines taktilen Sensorwertes auf einen Wert für die Eindringtiefe ist, wie im Kap. 4.2.1 erörtert wurde, aufgrund des Messprinzips nicht möglich. Diese Abbildung kann für jede Sensorzelle lediglich angenähert werden, indem eine Kennline über korrespondierende Werte von taktilen Sensorwerten zu einer Eindringtiefe unter Verwendung eines externen Messgeräts bestimmt wird. Ist einmal die Lage des k-ten Sensors zum Bezugssystem, also $T_{(k, ref)}$, bestimmt, so lassen sich für jede Sensorzelle (x, y) unter Berücksichtigung eines externen Messpunktes P_{ref} mehrere Korrespondenzen $(I_{x,y}, z)$ mit Eindringtiefe z und Intensität $I_{x,y}$ bestimmen zu:

$$z = ||T_{(ref, k)} \cdot P_{ref} - (x, y, 0, 1)^T||. \tag{4.14}$$

Auf Basis dieser Korrespondenztupel lässt sich eine Kennlinie $z = f(x, y, I_{x,y})$ bestimmen, die jeden taktilen Sensorwert auf einen Tiefenwert abbildet. Man kann auch eine einzige Abbildung $f(I_{x,y})$ für alle Zellen unter Tolerierung eines weiteren Approximationsfehlers bestimmen.

4.3.3. Kalibrierung der Winkelsensoren

Die Winkelsensoren an den Gelenken erfassen in der Regel linear die aktuellen Stellungen der Gelenke. Der Wertebereich entspricht aber in der Regel nicht ohne Weiteres denen der echten Gelenke. Damit die internen Werte des Winkelsensors auch denen des Gelenks entsprechen, kann über einen einfachen Winkelversatz die Winkelausgabe angepasst werden. Ähnlich der Kalibrierung der taktilen Sensoren wird der Versatz für jeden Winkelsensor über Zuhilfenahme eines externen Messgeräts bestimmt. Dazu werden die zuvor bestimmte kinematische Kette und die taktilen Sensoren verwendet. Es wird wieder ein Satz an korrespondierenden Punkten gesammelt, indem Kontaktpunkte auf dem taktilen Sensor und gleichzeitig von einem externen Messsystem erfasst werden. Auf Basis dieser Messpunkte wird für jedes aktive Gelenk ein Winkelversatz bestimmt, der den Registrierungsfehler minimiert. Diese Kalibrierung der Winkelsensoren kann auch dann immer angewendet werden, wenn Modifikationen an der Roboterhand vorgenommen wurden.

Dazu wird nun für jedes aktive Gelenk eine zusätzliche Rotation R_i eingeführt, die eine zusätzliche Drehung um die Z-Achse, also der Rotationsachse, ausführt. Die Konstante $\Delta\theta_i$ gibt dazu den Winkelversatz für ein einzelnen Gelenk in der temporär fixierten Stellung θ_i an. Die Transformation von der k-ten taktilen Sensorebene zum Handreferenzsystem ergibt sich dann zu:

$$T_{(k,\,0)}(\vec{\theta}) = \prod_{i=1}^{n} [\, R_i(\vec{\theta}_i + \vec{\Delta\theta}_i) \cdot M_{(i,\,i-1)} \,] \cdot T_{(k,\,n)} \qquad (4.15)$$

Der optimale Versatz für einen Finger ergibt sich entsprechend aus dem Minimum des angepassten Registrierungsfehler D_k aus der Formel 4.12. Die Formel 4.15 beschreibt die gesuchte Fingerkinematik, die einen Kontaktpunkt in das Referenzkoordinatensystem der Roboterhand transformieren kann. Ein einfacher Ansatz, einen Finger mit zwei Freiheitsgraden zu kalibrieren, beginnt mit dem Kalibrieren des Proximalgelenks. Mit dem kalibrierten Proximalgelenk wird dann der Winkelversatz des Distalgelenks eingestellt. Um einen Finger mit einem Freiheitsgrad aber mit zwei taktilen Sensoren zu kalibrieren, können Punkte auf beiden Sensoren bestimmt werden.

4.3.4. Verifikation der kinematischen Kette

Die Verifikation des Modells kann wieder unter Verwendung eines externen Messsystems durchgeführt werden. Man erhält letztendlich zwei Punktwolken, deren Registrierungsfehler der Güte des Modells und der Kalibrierung entspricht. Der Fehler für einen taktilen Sensor wird aus der mittleren Summe der Abstände entsprechend der Formel 4.12 berechnet. Zur Validierung sollten die Korrespondenzen in unterschiedlichen Fingerstellungen und an verschiedenen Positionen auf der taktilen Sensorfläche entnommen werden.

4.4. Simulationsumgebung

Der Ausgangspunkt zur Verwendung einer Simulationsumgebung ist die Beobachtung, dass ein echtes Robotersystem einen relativ hohen Zeitaufwand benötigt, Abtastungen durchzuführen und Sensordaten zu akquirieren. Ein Kamerasystem kann im Bruchteil einer Sekunde einen Szenenausschnitt erfassen, für ein haptisches System ist hingegen eine direkte physikalische Interaktion notwendig. Zudem wird in der Regel zum Schutz der Hand und des Roboters die Geschwindigkeit des Explorationsvorganges reduziert – gerade weil ein direkter physikalischer Kontakt notwendig ist. Deswegen wurde zusätzlich eine Simulationsumgebung entwickelt, welche die Roboterhand und das zugehörige Sensorsystem bei der haptischen Exploration nachempfindet. Damit ist es möglich, viele Abtastungen in kürzester Zeit zu generieren und grundlegende Algorithmen zu testen und zu evaluieren. Die Simulation soll so ausgelegt sein, dass für das übergeordnete Steuerungs- und Klassifikationssystem keinen Unterschied besteht, ob eine echte oder simulierte Roboterhand verwendet wird. Die Anforderungen an die Simulation beinhalten:

- Eine Visualisierung der Simulationsumgebung und eine Möglichkeit zur Interaktion mit der Simulation.

- Eine Kollisionserkennung zum Nachempfinden der physikalischen Interaktion zwischen Objekten und der Roboterhand.

- Ein Modell der Roboterhand und eine Nachahmung der taktilen Sensoren zu Generierung von Druckbildern.

Der Aufbau der Simulation und der eigentliche Nachbau der Hand innerhalb der Simulation sollen im Folgenden vorgestellt werden. Zum Zeitpunkt der Entwicklung dieser Simulation stand als Alternative die frei verfügbare Greifsimulation *graspIt!* [MA04] zur Auswahl. Jene Simulation fokussiert sich aber auf Greifvorgänge und unterstützt ohne große Modifikationen weder Explorationsvorgänge noch eine Simulation taktiler Sensormatrizen.

4.4.1. Aufbau

Die entwickelte Simulation benutzt „die Hochsprache und interaktive Umgebung" MATLAB [Mat] als Hauptkomponente und erlaubt so einen bequemen Zugang zu allen Komponenten – insbesondere zur Steuerung der Hand und zur Auswertung der Kontakte. Mit der simulierten Roboterhand kann über eine Kommandozeile, über Skripte oder über eine graphische Oberfläche kommuniziert und interagiert werden. Zur Visualisierung wird die 3D-Visualisierung von MATLAB verwendet, welche das VRML-Format unterstützt. Somit können bequem Referenzobjekte aus der Objektdatenbank des SFB588 [Kara] verwendet werden, die so auch in der realen Welt existieren und zur Evaluation des echten Roboters genutzt werden.

Zur Kollisionserkennung wird SWIFT++ [EL01] verwendet, welches in die Simulation eingebunden ist. Die Welt mit der Roboterhand und den zu explorierenden Objekten existiert somit doppelt: zum einen zur Visualisierung in MATLAB und zum anderen zur Kollisionserkennung in SWIFT++. Wird ein Objekt in MATLAB bewegt, so muss die Bewegung mit der Kollisionserkennung synchronisiert werden. Andererseits muss die Kollisionserkennung der Visualisierung mitteilen, dass eine Kollision vorliegt. Um

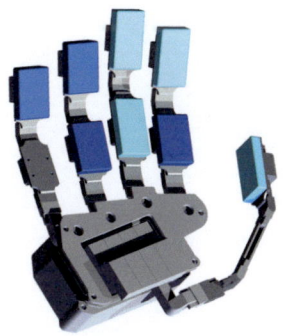

(a) Eine simulierte Roboterhand

(b) Explorieren in der Simulation

Abb. 4.4.: Die Roboterhand in der Simulation: (a) die blauen Flächen auf der Hand weisen auf Sensormatrizen mit einer Auflösung von 7x4 Taxeln hin, türkise Flächen stellen Sensormatrizen mit einer Auflösung von 6x4 dar; (b) es wird die Hand in der Simulation beim Explorieren einer Flasche dargestellt.

beliebige Objekte in die Simulationsumgebung laden zu können, werden konkave Objekte in mehrere konvexe Objekte zerlegt.

4.4.2. Roboterhand und taktile Sensoren

Das Modell der Roboterhand ist einer Konstruktionszeichnung der Roboterhand entnommen und wird im Bild 4.4(a) gezeigt. Die Simulation ist so ausgelegt, dass sie dieselben Schnittstellen, wie die echte Roboterhand und die echte Robotersteuerung anbietet. Somit kann die Simulation eins zu eins in ein bestehendes Klassifikations- und Steuerungssystem eingebaut werden. Eine Handkinematik beschreibt ausgehend von der Handwurzel eine Kette an Transformationen, welche die Roboterhand gelenkweise aufbaut. Eine Änderung in einem Basisgelenk hat somit direkten Einfluss auf die Folgegelenke. Die Kinematik der simulierten Hand wurde ebenfalls der Konstruktionszeichnung entnommen. Die Abb. 4.4(b) zeigt die Hand bei der Exploration in der Simulation.

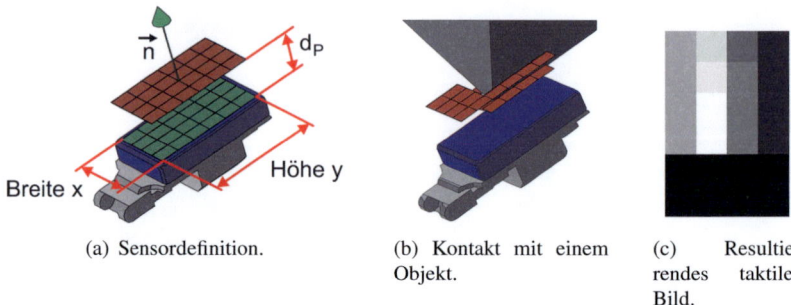

(a) Sensordefinition.

(b) Kontakt mit einem Objekt.

(c) Resultierendes taktiles Bild.

Abb. 4.5.: Ein simuliertes taktiles Sensormodell der Roboterhand: (a) visualisiert die Sensordefinition ohne den Zeilenabstand d_s, (b) der Kontakt eines taktilen Sensors mit einer Oberfläche und (c) das resultierende taktile Bild.

Die größte Herausforderung ist die Simulation der taktilen Sensoren, die es der Roboterhand in der Simulation erlauben, wie bei der echten Roboterhand, Kontakte nur an sensitiven Regionen zu detektieren. In der Simulation wird eine taktile Sensorfläche über die Anzahl an Taxeln in Höhe h und Breite b, den Abstand zwischen zwei Taxeln d_s und die maximale Eindringtiefe d_p definiert. Die Konfiguration der Haut (h, b, d_s, d_p) kann der echten Roboterhand nachempfunden werden, es können aber auch neue Hauttypen getestet werden, z.B. mit einer größeren Auflösung oder mit einer größeren Hauttiefe.

Das taktile Grauwertbild wird erstellt, indem dünne Plättchen inklusive eines translatorischen Gelenks für jedes Taxel in der Simulation hinzugefügt werden. Dann wird bei Kontakt jedes Plättchen, wie in der Abb. 4.5(a) gezeigt wird, entlang des Normalenvektors des Sensors um die maximale Hauttiefe d_P bewegt. Während dieser Bewegung ist die Kollisionserkennung aktiv, so dass ein Plättchen stoppt, sobald ein Kontakt vorliegt (vgl. Fig. 4.5(b)). Die entnommene Distanz spiegelt den zugehörigen Grauwert des Taxel (vgl. Fig. 4.5(c)) wider. Dieses entspricht der idealen Ausgabe als ein Tiefenprofil der lokalen Objektstruktur in Millimeter.

4.4.3. Einschränkungen

Es müssen verschiedene Einschränkungen in der Simulation im Gegensatz zum echten System in Kauf genommen werden. Als erstes schwebt das zu explorierende Objekt frei im Raum, da momentan keine Umgebung und keine Dynamik betrachtet werden. Die Hand ist außerdem nicht an einem Roboterarm fixiert und kann sich deswegen ohne räumliche Einschränkungen frei im Raum bewegen. Trotz dieser Einschränkungen erlaubt diese Simulation eine für die Aufgabenstellung dieser Arbeit ausreichende Abtastung von einem Objekt durchzuführen.

4.5. Weitere Evaluationsplattformen

Das taktile Sensorbrett DSAMOD-6 [Weia] bietet sich als erste Evaluationsplattform zur Auswertung von taktilen Bildern ohne Berücksichtigung von Gelenkwinkeln an. Die Sensormatrix hat eine räumliche Auflösung von 6 mm mit 12 x 6 Taxeln und somit eine aktive Messfläche von 72 x 96 mm. Das taktile Sensorbrett ist in Abb. 4.6(a) dargestellt. Die Ausmaße der Sensorfläche entsprechen ungefähr den Ausmaßen einer Handinnenfläche. Somit kann auch das Erkennen von Objekten in der Handinnenfläche über diesen Sensor untersucht werden.

Des Weiteren kommt ein Zweibackengreifer zum Einsatz, mit dem sich das Verhältnis von Freiheitsgraden und taktilen Bildpunkten evaluieren lässt. Der verwendete Zweibackengreifer ist in Abb. 4.6(b) abgebildet. Es handelt sich dabei um einen Schunk PG-70 Parallelgreifer mit taktilen Sensoren DSA-9205 und der Steuerungseinheit DSACON-32. Offensichtliche Unterschiede sind natürlich, dass der Greifer weniger Freiheitsgrade, weniger Finger und weniger taktile Sensorflächen hat. Zudem sind folgende Unterschiede zu bemerken:

1. **Bildauflösung:** Eine einzelne taktile Sensormatrix des Greifers hat eine Auflösung von 6 x 14 Messpunkten. Die Auflösung ist damit

 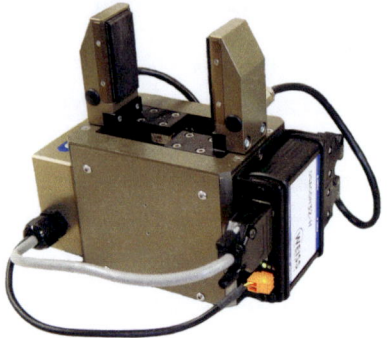

(a) Ein taktiles Sensorbrett   (b) Ein Zweibackengreifer ausgestattet mit zwei taktilen Sensormatrizen

Abb. 4.6.: Zwei weitere Evaluationsplattformen.

deutlich größer als die Auflösung eines einzelnen taktilen Handsensors mit einer Auflösung von 4 x 7. Die räumliche Auflösung ist wie bei der Hand 3,4 mm. Die Roboterhand verfügt aber über acht von diesen Sensoren und der Greifer nur zwei. Das macht insgesamt 208 taktile Sensorpunkte für die Hand und 168 für den Greifer. Die Hand kann also in einer Abtastung eine größere Fläche und einen größeren Bereich des Objektes abtasten. Der Greifer kann hingegen eine größere zusammenhängende Fläche erfassen.

2. **Freiheitsgrade:** Der Zweibackengreifer verfügt über zwei parallel angeordnete Backen und über einen translatorischen Freiheitsgrad, an den beide Backen gekoppelt sind. Der Vorteil ist, dass sich zwei gegenüberliegende parallele Abdrücke von einem Objekt nehmen lassen und auch ein sehr stabiles Greifen des Objektes ermöglicht wird. Die Hand hingegen verfügt über acht rotatorische Freiheitsgrade. Aus den Sensordaten kann nicht direkt auf die Ausmaße des Objektes geschlossen werden.

3. **Positionsgenauigkeit:** Der Greifer verfügt über eine Wiederholgenauigkeit von 0,05 mm und eine Positionsgenauigkeit im Millimeterbereich. Die Winkel der Finger der Roboterhand bewegen sich im Intervall $[0°, 90°]$ und werden mit einer Genauigkeit von $0.0879°$ erfasst. Da der Winkel aber als analoges Signal übertragen wird, ist der übertragene Winkel stark verrauscht.

4. **Handspanne:** Die Backen haben einen maximalen Abstand von 70 mm. Damit ist die Auswahl der zu greifenden Objekte sehr beschränkt. Im Vergleich zu der Roboterhand lassen sich nur kleine Objekte umfassen. Der Abstand von Daumen zu den Fingern ist bei der Roboterhand größer als 100 mm.

4.6. Evaluation

Im Folgenden wird die Bestimmung der Handkinematik anhand der vorgestellten Fünffingerhand evaluiert.

4.6.1. Evaluationsziel

Neben Fehlern in der Handkinematik selbst kommen ggf. durch die Kalibrierung zusätzliche Fehler hinzu. Wie genau ist die Handkinematik nach der Kalibrierung und unter Anwendung der vorgestellten Methoden? Dazu wird für jede taktile Sensormatrix die Genauigkeit der Transformation zum gemeinsamen Referenzkoordinatensystem untersucht. Die Genauigkeit der Handkinematik bestimmt letztendlich die Genauigkeit der darauf folgenden Verarbeitungsschritte, z.B. das Erstellen einer Punktwolke.

4.6.2. Genauigkeit der Handkinematik

Als Evaluationsplattform für die Kalibrierung der Handkinematik dient die in Kap. 4.1 vorgestellte Roboterhand. Die Kalibrierung folgt den Schritten in Kap. 4.3. Für die Kalibrierung werden zunächst über drei Messpunkte

Fingerposition	Sensorposition	Ø Fehler (mm)
Daumen	Distal	5,72
Zeigefinger	Proximal	3,33
	Distal	3,38
Mittelfinger	Proximal	3,53
	Distal	5,54
Ringfinger	Proximal	4,39
	Distal	3,26
kleiner Finger	Distal	4,18

Tab. 4.1.: Die Fehler der Positionsbestimmung für die taktilen Sensormatrix auf Basis der Handkinematik und der kalibrierten Sensoren. Zum Verständnis: das Distalgelenk kommt in der kinematischen Kette nach dem Proximalgelenk, das sich als Basisgelenk direkt am Handteller befindet.

das Referenzkoordinatensystem im Handteller und die Koordinatensysteme der acht aktiven Gelenke vermessen. Anschließend können die taktilen Sensormatrizen und die Winkelsensoren kalibriert werden. Als externes Messsystem wurde ein *Microscribe 2.0 Measure Arm* [Imm] von Immersion mit einer Mindestwiederholgenauigkeit von 0,38 mm verwendet. Zur Bestimmung der Koordinatensysteme muss die Hand und der zu kalibrierende Finger fixiert werden, damit beide sich nicht während der Kalibrierung bewegen.

Um die Genauigkeit der Kalibrierung zu bestimmen, werden Kontaktpunkte über die Messspitze des externen Messsystems und gleichzeitig mit den taktilen Sensoren registriert. Auf die Bestimmung der Kennlinie zur Umrechnung von Intensitätswerten zur Eindringtiefe wurde verzichtet. Stattdessen wird jeder Kontaktpunkt mit konstantem Tiefenwert betrach-

Bezeichnung	Finger/ Gelenke (aktive)	Taxel	Positions- sensoren
FZK-Hand	5/8 (8)	-	8
IPR-Hand	5/8 (8)	208	8
Simulierte Roboterhand	5/10 (10)	208	10
Zweibackengreifer	2/1 (1)	168	1
Sensormatrix	-	192	-

Tab. 4.2.: Eine Übersicht über die in dieser Arbeit verwendeten Evaluationsplattformen – aufgeschlüsselt nach der Anzahl der Finger sowie der Anzahl aktiver und passiver Gelenke. Zudem ist noch die Anzahl taktiler Sensorpunkte als auch die Anzahl der Positionssensoren dargestellt. Die originale FZK-Hand wurde nicht verwendet und ist nur zum Vergleich aufgelistet.

tet. Bei der Vermessung werden insbesondere auch die Stellungen der Fingergelenke variiert, um den Fehler unabhängig von den Gelenkstellungen zu bestimmen. Für jeden taktilen Sensor wurden daher Punktkorrespondenzen mit neun verschiedenen Kontaktpunkten und jeweils fünf verschiedenen Fingerstellungen erstellt. Der Registrierungsfehler spiegelt die Güte der Handkinematik wider und lässt sich für jeden taktilen Sensor durch die Formel 4.12 aus den Punktkorrespondenzen berechnen. Die Tab. 4.6.2 zeigt den durchschnittlichen Fehler für die acht taktilen Sensormatrizen der Roboterhand. Es zeigt, dass der Zeigefinger mit einer Abweichung von 3 mm am besten abschneidet, der Daumen weist mit fast 6 mm den größten durchschnittlichen Fehler in der Positionsbestimmung auf. Neben Ungenauigkeiten beim Vermessen der Hand wird eine Ursache die fehlende Abbildung eines taktilen Sensorwerts auf eine Eindringtiefe sein. Auch wird die Abduktion der leicht nachgiebigen Hand nicht sensorisch erfasst.

4.7. Zusammenfassung

In diesem Kapitel wurde eine humanoide Roboterhand, die über eine künstlichen Tastsinn verfügt, als Evaluationsplattform vorgestellt. Die Hand verfügt über 208 taktile Sensorpunkte, die in kleinen Sensorflächen über die Fingerinnenflächen verteilt sind. Sie repräsentieren die Oberflächenwahrnehmung der Roboterhand. Die Tiefenwahrnehmung der Roboterhand ist über Gelenkwinkelsensoren in den acht Fingergelenken gegeben. Die Kalibrierung der Roboterhand ergab mittlere Positionsabweichungen zwischen 3 mm am Zeigefinger und 5 mm am Daumen. Darauf aufbauende Arbeitsschritte müssen diese Positionsabweichungen berücksichtigen.

Die Tab. 4.2 zeigt eine Übersicht über die in dieser Arbeit verwendeten und in diesem Kapitel vorgestellten Evaluationsplattformen. Die Tabelle enthält die zwei Generationen der Roboterhand: die Originalversion ohne taktile Sensorik sowie dasselbe Modell mit taktiler Sensorik und mit Positionssensorik. Die Roboterhand in der Simulation ist der *IPR-Hand* nachempfunden – mit dem Unterschied, dass sie über jeweils einen zusätzlichen Freiheitsgrad im kleinen Finger und im Ringfinger verfügt. Als eine sehr einfache Version einer Roboterhand wurde ein Zweibackengreifer mit einem Freiheitsgrad und 168 taktilen Sensorpunkten vorgestellt, mit dem Ansätze zunächst mit niedrigdimensionalen Sensordaten getestet und mit der Roboterhand abgeglichen werden können. Da die Handinnenfläche der Fünffingerhand über keine taktile Sensorpunkte verfügt, kann das Ertasten von Objekten in der Handinnenfläche durch eine Sensormatrix mit ähnlichen Ausmaßen und 192 taktilen Sensorpunkten nachempfunden werden.

5. Verarbeitung und Klassifikation von taktilen Kontaktmustern

In diesem Kapitel werden zunächst taktile Bilder unabhängig von den Fingerstellungen der Hand betrachtet. Dabei sind insbesondere zwei Szenarien von Interesse: zum einen die Erkennung eines Objektes anhand eines großflächigen Abdrucks in der Handinnenfläche, zum anderen die Klassifikation eines Kontaktmusters auf einer kleinflächigen aber hochauflösenden Sensormatrix am Finger. In beiden Fällen kann eine Erkennung auf der Basis eines taktilen Bildes ohne Berücksichtigung der Lage des Sensors vorgenommen werden. In diesem Kapitel wird eine Verarbeitungskette vorgestellt, mit der ein Abdruck einer von mehreren vorher definierten Objektklassen zugeordnet werden kann. Als eine weitere Anwendung für eine taktile Bildverarbeitung wird die Bestimmung einer oder mehrerer Kontaktpunkte auf einer taktilen Sensormatrix durch eine Segmentierung des taktilen Bildes vorgestellt.

5.1. Konzept

Die Sensorsignale der Roboterhand beinhalten die Stellungen der Finger und die Abdrücke der taktilen Sensoren. Insbesondere bei den taktilen Bildern kann das Signal verbessert, normalisiert und entscheidende Merkmale extrahiert werden. Im Folgenden wird ein einfaches Klassifikationssystem vorgestellt, das auf dem in Kap. 3.1 beschriebenen Grundschema basiert. Der Ablauf des Erkennungssystems ist in Abb. 5.1 illustriert und beinhaltet vier Verarbeitungsschritte:

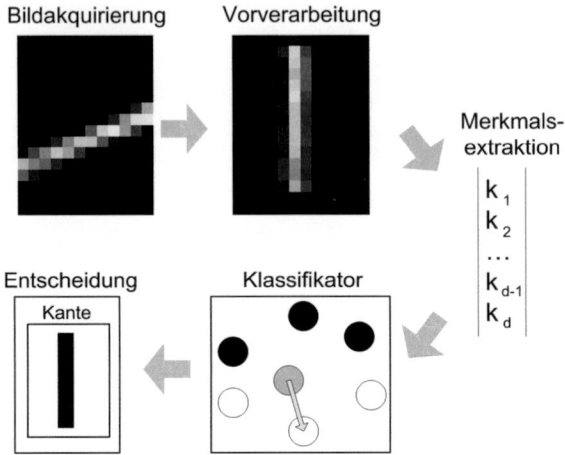

Abb. 5.1.: Die vier Komponenten eines taktilen Klassifikationssystems.

1. **Bildakquirierung:** Das Ziel ist, ein einzelnes taktiles Bild durch einen Objektabdruck aufzunehmen. Die analogen Signale von der taktilen Matrix werden über die Steuerungseinheit digitalisiert. Das Bild kann dann direkt auf der Steuerungseinheit ausgewertet werden oder aber an den Steuerrechner zur weiteren Auswertung weitergeleitet werden.

2. **Vorverarbeitung:** Der Abdruck wird bzgl. Position, Orientierung und Intensitätsverteilung normiert. Der Objektabdruck wird in die Bildmitte verschoben und die Orientierung des Abdruckes wird entsprechend des Bildkoordinatensystems ausgerichtet.

3. **Merkmalsextraktion:** Indem charakteristische Merkmale aus den vorverarbeiteten Bildern extrahiert werden, wird die Komplexität des Bildraumes auf einige wenige elementare Bildmerkmale reduziert.

4. **Klassifikation:** Das Ziel der taktilen Klassifikation ist es, die zuvor extrahierten Merkmale einer Klasse zuzuordnen. Auf der Basis einer klassifizierten Stichprobe, bestehend aus Merkmalen und deren

Klassenzugehörigkeit, kann ein Klassifikator trainiert werden, der nach dem Training jedem extrahierten taktilem Merkmalsvektor eine Klasse zuweisen kann.

5.2. Bildakquirierung

Da eine aktive Abtastung eine Folge an taktilen Bildern liefert, ist es die Aufgabe, das entscheidende Bild auszusuchen bzw. den Abtastvorgang rechtzeitig zu beenden. Eine Abbruchbedingung ist gegeben, wenn eine vorgebende maximale oder durchschnittliche Intensität erreicht wird, da die Intensität des taktilen Bildes mit dem ausgeübten Druck korreliert. So können auch Beschädigungen am Sensor oder am Objekt verhindert werden.

Bei einer automatischen Akquirierung der Daten ist es sinnvoll, die Auswertung der taktilen Daten direkt mit der Robotersteuerung zu koppeln. Die Kopplung taktiler Daten in die Robotersteuerung fand bereits erfolgreich in zwei Szenarien im Rahmen dieser Arbeit ihre Anwendung: zum einen bei der Verfolgung einer Kante mit einer taktilen Sensormatrix [GGW08] und zum anderen beim Öffnen von Türen mit einem Zweibackengreifer [SGGW08]. In beiden Fällen wurde ein Robotersystem benutzt, um aktiv eine Manipulation auf der Basis taktiler Daten durchzuführen.

5.3. Vorverarbeitung

Es können einige Vorverarbeitungsschritte angewendet werden, um die spätere Verarbeitung zu vereinfachen und zu verbessern. In erster Linie gehört dazu die Skalierung des Wertebereiches einer Bildvariablen auf einen bestimmten Bereich. Zu den Variablen gehören die Intensität, der Schwerpunkt, die Orientierung und die Größe eines Abdruckes. Die Normierung dieser Variablen soll im Folgenden betrachtet werden. Dabei sollen auch auf die Besonderheiten der verwendeten taktilen Sensoren eingegangen werden.

5.3.1. Normierung der Intensität

Eine Möglichkeit der Grauwertnormierung ist der Ausgleich der unterschiedlichen Druckstärken, mit denen ein Abdruck von einer Oberflächen genommen wird. Jeder Abdruck kann so z.b. auf den gleichen Durchschnittsdruck oder gleichen Maximaldruck abgebildet werden. Wie schon im Kapitel 4.2.1 erwähnt, misst der taktile Sensor in erster Linie eine Widerstandsänderung. Diese kann über eine Kennlinie einem Druck bzw. einer Kraft angenähert werden, wobei diese Transformation aufgrund der Sensoreigenschaften sehr ungenau und zudem abhängig von der Dauer und Historie der Belastung ist.

Alternativ kann die taktile Sensormatrix als bildgebendes Verfahren und nicht als Kraftmesssystem interpretiert werden. Damit lassen sich klassische Bildverarbeitungsmethoden [Jäh10] auf die taktilen Bilder anwenden. Interpretiert man den Grauwert ohne Anwendung einer Transformation direkt als einen Druckwert, ist die Normierung über das Bild auf eine Sollitensität durch die Faktoren s_{max} und s_μ gegeben:

$$s_{max} = \frac{I_{soll}}{\max\limits_{i,j} f(x_i, y_j)}, \quad s_\mu = \frac{\mu_{soll}}{E[f(x_i, y_j)]} \tag{5.1}$$

Das Bild kann bzgl. der maximalen Intensität durch den Faktor s_{max} oder bzgl. der durchschnittlichen Intensität durch den Faktor s_μ normiert werden:

$$g(x, y) = s \cdot f(x, y) \tag{5.2}$$

Eine weiterer Normierungsschritt kann über eine Binarisierung des Bildes auf der Basis eines Intensitätsschwellwertes δ erreicht werden:

$$g(x, y) = \begin{cases} 1, & f(x, y) > \delta \\ 0, & \text{ansonsten.} \end{cases} \tag{5.3}$$

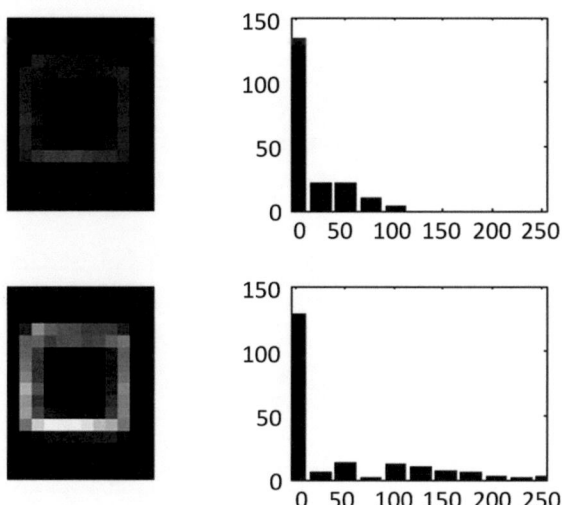

Abb. 5.2.: Histogrammspreizung bei einem taktilen Bild. Abgebildet ist oben das Ausgangsbild nebst Intensitätshistogramm und unten das intensitätsnormierte Bild sowie das dazugehörige Histogramm.

Dadurch vereinfacht sich die Interpretation des Bildes. Es kann zur Folge haben, dass es bei Abdrücken von sehr strukturieren Objekten zum Verlust von Strukturinformation kommt.

Eine Normierung kann des Weiteren so durchgeführt werden, dass möglichst der gesamte Intensitätswertebereich ausgenutzt und somit der Kontrast des Abdruckes erhöht wird. Eine Möglichkeit dazu ist die Histogrammspreizung, mit der das Bild auf das ganze Grauwertspektrum abgebildet wird:

$$g(x,y) = \frac{f(x,y) - f_{\min}}{f_{\max} - f_{\min}} \qquad f_{\max} > f_{\min} \qquad (5.4)$$

Im einfachsten Fall kann $f_{min} = \min f(x,y)$ und $f_{max} = \max f(x,y)$ gesetzt werden, wobei bei taktilen Bilder in der Regel $f_{min} = 0$ ist. Der Effekt dieses Verfahrens ist in Abb. 5.2 visualisiert. Das dargestellte Grauwerthistogramm $H(i)$ gibt die absolute Häufigkeit eines Grauwert i im Bild an. In dem Beispiel fällt auf, dass das Schwarz, gleichbedeutend mit „kein Abdruck", dominiert. Da sich das Schwarz am Anfang der Intensitätsskala befindet, wird es nach der Normierung unverändert bleiben. Der größte Wert im Ausgangsbild liegt bei 100 und wird über die Histogrammspreizung auf 255 transformiert.

Alternativ ist über die Bestimmung des kumulativen Grauwerthistogramms eine nicht-lineare Histogrammeinebnung möglich. Dazu wird auf Basis des Grauwerthistogramms $H(i)$ das normierte kumulative Histogramm $C(i)$ mit einem Wertebereich im Interval $[0,1]$ berechnet:

$$C(i) = \frac{1}{N} \sum_{j=0}^{i} H(i), \quad N = \sum_{j=0}^{f_{max}} H(j) \qquad (5.5)$$

mit f_{max} als den größtmöglichen Grauwert, in der Regel 255. Über das kumulative Histogramm wird jeder Intensitätswert des Bildes auf einen neuen Wert abgebildet. Umso häufiger ein Intensitätswert vorkommt, desto größer wird der Abstand zum nächsten Intensitätswert durch die Abbildung sein. Das normierte Bild ergibt sich dann zu:

$$g(x,y) = C(f(x,y)) \cdot f_{max} \qquad (5.6)$$

5.3.2. Normierung der Position, Lage und Größe

Die Bedeutung eines Abdruckes ist im Normalfall unabhängig von einer Translation, Rotation oder Skalierung. Um zwei taktile Abdrücke derselben Objektstruktur vergleichen zu können, werden die Bilder bzgl. der Position und der Orientierung und ggf. auch bzgl. der Größe normiert. Um Interpolationsungenauigkeiten bei der Normierung von Bildern mit sehr niedriger Auflösung zu vermeiden, ist eine vorherige Hochskalierung des Eingabebildes notwendig. Der Objektschwerpunkt (c_x, c_y), die Orientierung θ und die Größe (s_x, s_y) eines Objektes lässt sich über die im Abschnitt 5.4.1 behan-

Bildakquirierung

Positionsnormierung

Orientierungsnormierung

Abb. 5.3.: Der Prozess der Normierung des Bildes bzgl. Position und Orientierung.

delte Momentenanalyse bestimmen. Auf der Basis dieser Parameter lässt sich die Normierung durchführen. Die neuen Koordinaten (x', y') eines Pixels (x, y) ergeben sich aus:

$$
\begin{pmatrix} x' \\ y' \end{pmatrix} = \begin{pmatrix} cos(\theta) \cdot s_x & sin(\theta) \\ -sin(\theta) & cos(\theta) \cdot s_y \end{pmatrix} \cdot \begin{pmatrix} x - c_x \\ y - c_y \end{pmatrix} \tag{5.7}
$$

Diese Transformation entspricht einer Verschiebung des Objektes in den Bildmittelpunkt und der Ausrichtung der Hauptachse des Abdrucks auf eine der Bildachsen. Schließlich kann das Objekt noch entsprechend der Hauptachsenlänge oder entsprechend des minimal umgebenen Quaders auf eine einheitliche Größe skaliert werden. Der Prozess der Normierung des Objektes ist in Abb. 5.3 illustriert. Um die Seitenverhältnisse zu bewahren und um eine Verzerrung des Abdruckes zu vermeiden, wird bei der Größennormierung

$$
s_x = s_y = \min(s_x, s_y)
$$

gesetzt. Die Normierung der Objektorientierung ist bei Objekten, die zwei gleichgroße Hauptachsen haben, z.B. einem Kreis, nicht eindeutig.

5.3.3. Kontaktsegmentierung

Bei der Kontaktsegmentierung wird die Kontaktfläche in Regionen unterteilt. Diese Segmentierung des taktilen Bildes wird in dieser Arbeit nicht zur Klassifikation sondern zur Bestimmung von Kontaktpunkten und Kontaktregionen verwendet. Es gibt mehrere Möglichkeiten, einen Abdruck zur Kontaktpunktbestimmung zu interpretieren:

- **Einzelner Kontaktpunkt:** Der Abdruck wird als ein einzelner Kontaktpunkt interpretiert. Dazu wird das Maximum oder der Schwerpunkt des Druckprofils als Kontaktpunkt genommen. Mittels einer Momentenanalyse (vgl. Kap. 5.4.1) kann die Kontaktregion durch eine Ellipse approximiert werden.

- **Mehrere Kontaktpunkte:** Jeder aktivierter Taxel des Abdruckes wird als Kontaktpunkt interpretiert. Dadurch wird die Interpretation der Daten in einen späteren Verarbeitungsschritt verlagert.

- **Kontaktregionen:** Es gibt mehrere einzelne Kontaktpunkte. In diesem Fall definieren wir einen Kontaktpunkt als das lokale Maximum eines taktilen Druckprofils. Die Erkennung solch eines Kontaktpunktes und der umliegenden Kontaktregion beinhaltet drei Schritte:

  1. Detektion der lokalen Maxima: Eine morphologischer Operator mit einer 3×3-Matrix wird auf das taktile Bild angewendet. Wenn der Taxel im Zentrum der Maske den größten Wert seiner Achternachbarschaft hat, ist das Taxel ein lokales Maximum und wird als Kontaktpunkt gekennzeichnet.

  2. Eliminierung von Plateaus: Wenn zwei Nachbartaxel denselben Druckwert haben, besteht die Gefahr, dass beide als Kontaktpunkt erkannt werden. Dazu wird eine Erosion als morphologische Operator auf das taktile Bild angewendet, bis direkt benachbarte Kontaktpunkte auf einen einzigen Taxel zusammenschrumpft sind.

  3. Von den Kontaktpunkten zu den Kontaktregionen: Um Kontaktregionen zu identifizieren, wird das Prinzip des Watershed-Algorithmus [BC91] angewendet: „Wasser" läuft gleichzeitig

0	0	0	0	0	0	54
0	0	143	27	0	52	360
141	41	99	36	123	69	104
185	56	0	0	77	20	0

Abb. 5.4.: Von Kontaktpunkten zu Kontaktregionen: das Zentrum jeder farbig hervorgehobenen Kontaktregion wird durch einen Unterstrich markiert. Die Taxel mit grauem Hintergrund spiegeln Grenzen zwischen verschiedenen Kontaktregionen wider.

von allen Maxima runter – den Bergspitzen. Ein neuer Taxel wird mit Wasser gefüllt, wenn ein Taxel in seiner Achternachbarschaft existiert, der größer oder gleich ist und schon mit Wasser gefüllt ist. Wenn Wasser von verschiedenen Quellen an einem Taxel aufeinander trifft, wird ein symbolischer Damm gebaut, welche das weitere Ausbreiten verhindert. Die Ausbreitung stoppt komplett, wenn alle Kontaktregionen ein Tal erreicht oder eine andere Kontaktregion getroffen haben.

Das Bild 5.4 veranschaulicht die Bestimmung der Kontaktregionen und zeigt als Beispiel ein taktiles Bild mit vier Kontaktregionen, die durch verschiedene Farben hervorgehoben sind.

5.4. Merkmalsextraktion

Ausgehend von der Erkenntnis, dass es sich bei den taktilen Abdrücken um einfache Muster mit niedriger Auflösung handelt, werden im Folgenden drei Ansätze zur taktilen Merkmalsextraktion beleuchtet:

1. **Momentenanalyse:** Mit ihr können bestimmte Formparameter eines Abdruckes, wie z.B. Position, Fläche und Gestalt, bestimmt werden.

2. **Hauptkomponentenanalyse:** Das Ziel ist es, einen niedrigdimensionalen Unterraum für taktile Muster auf der Basis einer Hauptkompo-

nentenanalyse zu bestimmen und die Muster in diesem Unterraum zu beschreiben.

3. **Formhistogramme:** Formhistogramme approximieren einen Abdruck, indem das Bild von kartesischen in Kreiskoordinaten umgewandelt und in eine neue Darstellung überführt wird.

Das Ziel ist die Extraktion signifikanter Merkmale und die Reduzierung der Redundanz in den Bildern. Dies geht mit einer Dimensionsreduzierung einher.

5.4.1. Momentenanalyse

Die Momentenanalyse wird verwendet, um eine einfache Formanalyse von Bildern durchzuführen. Sie dient auch als Grundlage für die Normierung eines Abdruckes bzgl. Position, Orientierung und Skalierung. Da die Daten einer taktilen Sensormatrix mit einem zweidimensionalen Bild übereinstimmen, können diese Bilder mittels der Momente bis zur zweiten Ordnung [Hu62] analysiert werden.

Die zweidimensionalen Momente $m_{p,q}$ der Ordnung $(p+q)$ von einem Bild sind definiert über die folgende Doppelsumme über alle Bildpunkte (x,y) und den zugehörigen Bildwerten $f(x,y)$:

$$m_{p,q} = \sum_x \sum_y x^p y^q f(x,y) \qquad p,q \geq 0 \ . \qquad (5.8)$$

Das Moment $m_{0,0}$ beschreibt die Gesamtfläche des Objektes, wie es auf dem Sensor abgebildet wird. Als ein Ansatz von hoher Abstraktion ist eine binäre Darstellung für eine taktiles Bild denkbar: Kontakt oder nicht Kontakt. Eine taktiler Sensor hat Kontakt mit δ als vordefiniertem Druckschwellwert, wenn gilt: $m_{0,0} > \delta$. Das entspricht auch der Formel 5.3, die eine Binarisierung des Bildes beschreibt.

Der Mittelpunkt $\vec{x}_c = (x_c, y_c)^T$ dieser Fläche kann berechnet werden durch:

$$x_c = \frac{m_{1,0}}{m_{0,0}}, y_c = \frac{m_{0,1}}{m_{0,0}} \quad . \tag{5.9}$$

Der Mittelpunkt wird auch benötigt, um die Momente höherer Ordnung zu bestimmen, die sogenannten *Zentralmomente* $\mu_{p,q}$:

$$\mu_{p,q} = \sum_x \sum_y (x - x_c)^p (y - y_c)^q f(x,y) \quad p,q \geq 0 \quad . \tag{5.10}$$

Die Zentralmomente 2ter Ordnung

$$\mu_{2,0} = \sum_x \sum_y (x - x_c)^2 f(x,y) \tag{5.11}$$

$$\mu_{0,2} = \sum_x \sum_y (y - y_c)^2 f(x,y) \tag{5.12}$$

$$\mu_{1,1} = \sum_x \sum_y (x - x_c)(y - y_c) f(x,y) \tag{5.13}$$

werden verwendet, um die Hauptachsen des Objektes zu bestimmen, und um ein Abdruck durch eine Ellipse zu approximieren.

Um die Orientierung eines Objektes zu berechnen, ist der Winkel θ zwischen der Hauptachse und der X-Achse des Sensorkoordinatensystem (vgl. Fig. 5.5) relevant. Die Orientierung des Objektes kann einfach berechnet werden durch die Formel:

$$\theta = \frac{1}{2} \arctan \frac{2\mu_{1,1}}{\mu_{2,0} - \mu_{0,2}} \quad . \tag{5.14}$$

Die Ausmaße einen Kontaktes werden beschrieben durch die Eigenwerte λ_1 und λ_2, die sich ergeben aus:

$$\lambda_{1,2} = \frac{\mu_{2,0} + \mu_{0,2}}{2} \pm \frac{\sqrt{(\mu_{2,0} - \mu_{0,2})^2 + 4\,\mu_{1,1}^2}}{2} \qquad \lambda_1 > \lambda_2 \tag{5.15}$$

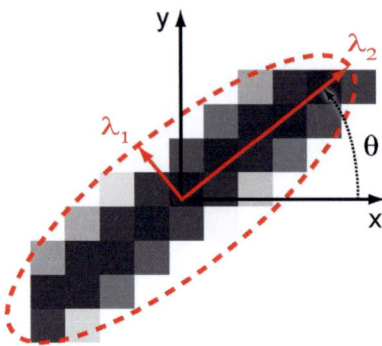

Abb. 5.5.: Ergebnis der Momentenanalyse in Form einer Ellipse: die Position (x,y) als Zentrum, die Eigenwerte λ_1, λ_2 als die Ausmaße und der Winkel θ als die Ausrichtung der Ellipse und der dazugehörigen Kontaktregion.

Die Exzentrizität, als das Verhältnis der Eigenwerte, berechnet sich mittels Momentenanalyse durch:

$$\varepsilon = \frac{(\mu_{2,0} - \mu_{0,2})^2 + 4\mu_{1,1}^2}{(\mu_{2,0} + \mu_{0,2})^2} \qquad \varepsilon \in [0,1] \ . \qquad (5.16)$$

Wenn beide Eigenwerte einen ähnlichen Wert aufweisen, tendiert die Kontaktregion zu einer runden bzw. quadratischen Form, und die Exzentrizität strebt gegen Null. Berührt man hingegen eine Kante, resultiert daraus eine langgezogene Ellipse mit einer Exzentrizität ε nahe bei eins. Jedes taktile Bild kann, wie die Abb. 5.5 zeigt, auf Basis der Momentenanalyse durch einen Vektor $(x, y, \varepsilon, \lambda_1, \theta)$ beschrieben werden.

Ein weiteres Formmerkmal, das noch zur Beschreibung eines Kontaktes hilfreich ist, ist die Dichte eines Kontaktes. Dieses Merkmale beschreibt den „Füllzustand" eines Kontaktes und berechnet sich aus dem Verhältnis der Fläche, also $m_{0,0}$, und der Fläche der konvexen Hülle h des Abdruckes:

$$\rho = \frac{m_{0,0}}{A(h)} \qquad (5.17)$$

Damit lässt sich z.B. eine nicht gefüllte Ellipse von einer gefüllten Ellipse unterscheiden.

5.4.2. Hauptkomponentenanalyse

Eine Hauptkomponentenanalyse (engl.: principal component analysis, kurz: PCA) wird angewendet, um die charakteristische Merkmale eines gegebenen Kontaktmusters zu identifizieren. Dabei geht die Merkmalsgewinnung mit einer reinen Dimensionsreduzierung einher. Im Folgenden werden zwei Verfahren vorgestellt, die auf einer Eigenwertzerlegung basieren. Eine Eigenwertzerlegung ist in ihrer Grundform nicht für ein Bild definiert, d.h. das Bild muss in ein eindimensionales Signal umgewandelt werden oder das Eigenwertproblem muss anders definiert werden. Ein Vergleich verschiedener PCA-Verfahren ist der Arbeit in [MPH09] zu entnehmen. Dieser Abschnitt beschränkt sich auf die ein- und die zweidimensionale PCA. Die alternativen PCA-Verfahren, wie z.B. Kernel-PCA, konnten in Versuchen bei den taktilen Datensätzen keine Verbesserungen gegenüber den Standardverfahren aufweisen.

Eindimensionale PCA

Das angewendete Verfahren beruht auf dem Prinzip der Eigengesichter [TP91], bei dem ein Unterraum an Gesichtsbildern identifiziert wird. Übertragen auf die haptische Ebene bedeutet das, dass der Bildraum der taktilen Muster nur ein Unterraum der Gesamtheit aller Bilder ausmacht. Ausgehend von einer Menge an taktilen Trainingsbildern von derselben Bildauflösung soll über die PCA der Unterraum bestimmt werden, der die taktilen Kontaktmuster repräsentiert. Der Unterraum der Kontakte wird dann durch die *Eigenkontakte* aufgespannt. Als Voraussetzung für den nächsten Arbeitsschritt wird eine Vorverarbeitung der Trainingsbilder angenommen, so dass n normierte Bilder gegeben sind. Mit $\underline{I}$ als eines dieser

Bilder mit der Größe $w \times h$, ist die Vektordarstellung durch den Vektor $\vec{v}$ mit der Größe $s = w \cdot h$ gegeben:

$$\underline{I} = \begin{pmatrix} \underline{I}_{1,1} & \cdots & \underline{I}_{w,1} \\ \underline{I}_{1,2} & \cdots & \underline{I}_{w,2} \\ \vdots & \ddots & \vdots \\ \underline{I}_{1,h} & \cdots & \underline{I}_{w,h} \end{pmatrix} \Rightarrow \vec{v} = \left(\underline{I}_{1,1} \cdots \underline{I}_{w,1}, \underline{I}_{1,2} \cdots \underline{I}_{w,2} \cdots \underline{I}_{1,h} \cdots \underline{I}_{w,h} \right)^T$$

(5.18)

Durch die Vektordarstellung geht dem Bild die Nachbarschaftsinformation verloren. Deswegen ist es wichtig, dass der Objektabdruck in einem vorherigen Schritt bzgl. Position und Lage normiert wurde. Zur Bestimmung der Hauptachsen der Bildvektoren muss zunächst eine Kovarianzmatrix über die gegebenen Bildvektoren bestimmt werden. Der Erwartungswert berechnet sich aus:

$$\vec{\mu} = E[\vec{v}_i] = \sum_{i=1}^{n} \frac{1}{n} \vec{v}_i. \tag{5.19}$$

Die Kovarianzmatrix der Größe $s \times s$ ist gegeben durch:

$$\underline{K} = E[(\vec{v}_i - \vec{\mu})(\vec{v}_i - \vec{\mu})^T]. \tag{5.20}$$

Die Eigenwertzerlegung der Matrix $\underline{K}$ resultiert in s Eigenwerte λ_i mit den dazugehörigen Eigenvektoren $\vec{\gamma}_i$, welche den orthonormalen Eigenraum $\underline{\Gamma} = (\vec{\gamma}_1, \cdots, \vec{\gamma}_s)$ aufspannen. Dieser Eigenraum beschreibt eine optimale Darstellung der Bilder bzgl. der Varianz. Die $s \times s$-Matrix, die sich aus den Eigenvektoren als Spaltenvektoren ergibt, wird reduziert zu einer $s \times d$-Matrix $\underline{E}$, indem nur die ersten d Eigenvektoren mit den größten Eigenwerten genommen werden. Ist ein Bild in Vektordarstellung $\vec{v}$ und die reduzierte Eigenvektormatrix $\underline{E}$ gegeben, so kann der Bildvektor zu einem $d \times 1$-Vektor $\vec{k}$ reduziert werden:

$$\vec{k} = \underline{E}^T \cdot (\vec{v} - \vec{\mu}) \tag{5.21}$$

Diese Darstellung wird als finale Repräsentation des Abdruckes benutzt. Diese Vektordarstellung kann über eine Rückprojektion wieder in die Originaldimension zurückgeführt werden:

$$\vec{v}_r = \vec{k} \cdot \underline{E} + \vec{\mu} = [\underline{E}^T \cdot (\vec{v} - \vec{\mu})] \cdot \underline{E} + \vec{\mu} \tag{5.22}$$

Der damit verbundene Rückprojektionsfehler e_r lässt sich berechnen über:

$$e_r = ||\vec{v}_r - \vec{v}||. \tag{5.23}$$

Die Vektordarstellung $\vec{v}_r$ lässt sich wieder in ein Bild $\underline{I}_r$ umwandeln, in dem die inverse Zerlegung des Bildes (vgl. Formel 5.18) durchgeführt wird.

Die Abb. 5.6 illustriert die Wirkung der PCA. Die erste Spalte zeigt die vier Beispielabdrücke, die um Faktor drei hochskaliert wurden. Daraus resultieren Bilder mit jeweils 576 Bildpunkten. Die bzgl. der Intensität, der Position sowie der Lage normierten Bilder sind in der zweiten Spalte abgebildet. Je nach Anzahl der verwendeten Eigenvektoren ändert sich die Qualität der Rückprojektion (vgl. Formel 5.22). In Spalte drei wurden fünf Eigenvektoren verwendet. Die Rückprojektionen unterscheiden sich stark vom Original. Im Vergleich dazu nähern sich die Rückprojektion mit 20 Eigenvektoren in Spalte vier dem Originalen in Spalte eins sehr stark an. Mit einer steigenden Anzahl an Eigenvektoren wird die Qualität nicht signifikant besser.

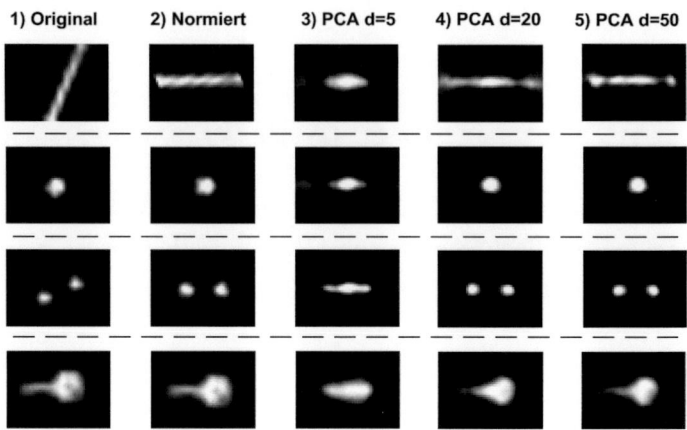

Abb. 5.6.: Der Effekt der Hauptkomponentenanalyse und der Dimensionsreduzierung bei taktilen Bildern. Jede Zeile zeigt die Verarbeitungskette für eins der vier taktilen Beispielbilder. In den ersten beiden Spalten sind das Originalbild und das normierte Bild dargestellt. Die letzten drei Spalten zeigt das normierte Bild in Abhängigkeit der verwendeten Hauptkomponentenzahl d.

Zweidimensionale PCA

Anders als bei der eindimensionalen PCA, bei der ein Bild in einen Vektor umgewandelt wird, berechnet die zweidimensionale PCA [YZF04] eine Kovarianzmatrix direkt auf den Bildern. Die eindimensionale PCA kann bei sehr vielen oder sehr großen Bildern sowohl von der Berechenbarkeit als auch vom Speicheraufkommen problematisch sein. Hat man z.B. Bilder der Größe 640x480 gegeben, so ergibt sich ein Bildvektor der Größe 307.200. Die zugehörige Kovarianzmatrix hat dann die Größe 307.200^2 mit entsprechend 94.372.000.000 Einträgen.

Die zweidimensionale PCA basiert auf der normalen PCA, versucht aber die Dimensionalität im Vorfeld zu reduzieren, indem die Berechnungen auf Bildern durchgeführt werden. Ausgangspunkt ist anstelle eines Durch-

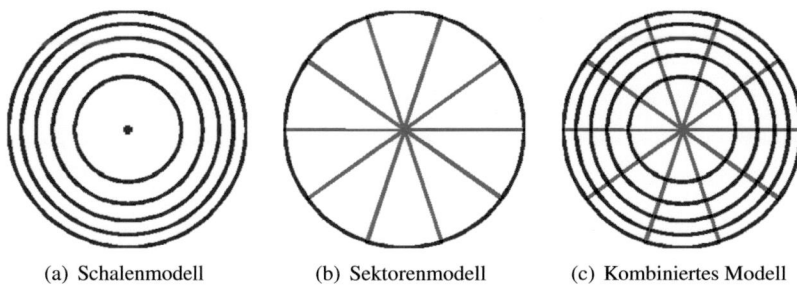

(a) Schalenmodell   (b) Sektorenmodell   (c) Kombiniertes Modell

Abb. 5.7.: Drei Typen von zweidimensionallen Formhistogrammen.

schnittsvektors das Durchschnittsbild $\widehat{\underline{I}}$, das sich wie folgt berechnet:

$$\widehat{\underline{I}} = \frac{1}{N} \sum_{k=1}^{N} \underline{I}_k$$

Die Kovarianzmatrix ergibt sich dann direkt aus den Bilder $\underline{I}_k$ zu:

$$\underline{A} = \frac{1}{N} \sum_{k=1}^{N} (\underline{I}_k - \widehat{\underline{I}})^T \cdot (\underline{I}_k - \widehat{\underline{I}})$$

Die Kovarianzmatrix hat dann bei Bildern der Größe NxM die Größe MxM. Für das Beispiel der Bilder der Größe 640x480 bedeutet das eine Kovarianzmatrix der Größe 480x480 mit nur 230.400 Einträgen. Auf dieser Kovarianzmatrix kann, wie bereits bekannt, eine Hauptkomponentenanalyse durchgeführt werden. Die Projektionsmatrix R hat dann die Größe Mxd, mit d als die Anzahl der zu verwendenden Hauptkomponenten. Die Koeffizienten ergeben sich dann aus der Projektion zu $k = \underline{I} \cdot R$, d.h. mit jedem verwendeten Eigenvektor erhält man gleich M zusätzliche Koeffizienten.

5.4.3. Formhistogramme

Als ein Alternativansatz werden die Formhistogramme vorgestellt. Die Visualisierung der Verfahren ist in Abb. 5.7 dargestellt. Der Ausgangspunkt für die Verfahren ist, sphärische statt kartesische Koordinaten zu verwenden und damit eine neue Darstellung des Bildes zu erhalten. Dazu wird zunächst ein minimal umgebender Kreis für den Objektabdruck bestimmt und die Objektpunkte werden in Bezug zum umgebenden Kreis in Kreiskoordinaten umgerechnet. Die Schritte dafür sehen folgendermaßen aus:

1. Binarisiere Bild $f(x,y)$ nach Formel 5.3 zu $g(x,y)$ und bestimmte Objektpunkte P:

$$P = \{ (x_i, y_i) \mid g(x_i, y_i) > 0 \}.$$

2. Bestimme minimal umgebenden Kreis für alle $\vec{p}_i \in P$ durch folgendes iteratives Verfahren:

   a) Wähle zufällig drei Punkte aus P.

   b) Berechne Kreis $(\vec{c}, r)$ mit Mittelpunkt $\vec{c} = (c_x, c_y)$ sowie Radius r aus dem Punktepaar mit dem größten Abstand. Befindet sich der dritte Punkt nicht innerhalb des Kreises, so bestimme den Kreis aus dem Dreieck, welches die drei Punkte aufspannen.

   c) Bestimme, ob sich alle Punkte innerhalb des Kreises befinden, indem sie die Bedingung

   $$\|\vec{p}_i - \vec{c}\| <= r \; \forall \; \vec{p}_i \in P$$

   erfüllen.

   d) Wenn nicht alle Punkte die Bedingung erfüllen, fahre mit Schritt a) fort.

   Das Verfahren kann noch beschleunigt werden, indem die Auswahl der Punkte auf die konvexe Hülle der Objektpunkte beschränkt wird.

3. Normiere Objektpunkte $\vec{p}_i$ auf einen Einheitskreis:

$$\vec{p}_i' = (x_i', y_i') = \frac{\vec{p}_i - \vec{c}}{r} \quad \forall r > 0. \tag{5.24}$$

4. Bestimme Kreiskoordinaten $\vec{k}_i = (d_i, \varphi_i)$ mit

$$d_i = ||\vec{p}_i'||, \quad \varphi_i = \tan^{-1}\left(\frac{y_i'}{x_i'}\right) \quad \forall x_i' > 0. \tag{5.25}$$

Zum Erstellen eines Formhistogramms wird eine Partitionierung des Bildes in Zellen durchgeführt. Je nach Art der Partitionierung können die Zellen unterschiedlich aussehen. Der Ausgangspunkt sind die taktilen Punktpunkte P' mit Punkten $\vec{k}_j$ in Kreiskoordinaten (d_j, φ_j), Es werden für die taktilen Bilder zwei Arten von einfachen Formhistogrammen betrachtet:

1. **Schalenmodell:** Die Sektoren werden über den Abstand d_i zum Mittelpunkt definiert. Punkte in einem gewissen Abstandsbereich werden zu einem Sektor zusammengefasst. Ein großer Vorteil des Schalenmodells ist, dass es rotationsinvariant ist und somit keine vorherige Normierung bzgl. der Orientierung notwendig ist. Will man einen Kreis in k Schalen mit gleichem Flächeninhalt oder mit gleichem Abstand zerlegen, so ergeben sich für die i-te Schale die entsprechende Radien r_i bzw. r_i' zu:

$$r_i = \sqrt{\frac{i}{k}} \quad \forall\, i \in [1, k], \qquad r_i' = \frac{i}{k} \quad \forall\, i \in [1, k].$$

Mit $A(1) = \pi$ als Flächeninhalt ergibt sich für den Einheitskreis entsprechend

$$A(r_i) = r_i^2 \pi = \frac{i}{k}\pi.$$

Das Formhistogramm H_d entsteht dann durch die Bestimmung aller Bildpunkte in einem gewissen Radius:

$$M_i' = \{\, (d_j, \varphi_j) \in P' \mid d_j > r_{i-1} \wedge d_j \leq r_i \} \quad \forall\, i \in [1, k] \tag{5.26}$$

und durch die Berechnung der Anzahl an Punkten in der dazugehörigen i-ten Schale:

$$H_d(i) = |M_i'|. \tag{5.27}$$

Zwei Schalenmodelle können über die Bestimmung des euklidischen Abstands miteinander verglichen werden.

2. **Sektorenmodell:** Die Sektoren werden über den Winkel φ_i zwischen der Geraden vom Objektmittelpunkt zum Objektpixel und einer Bildachse bestimmt. Punkte, die auf einem bestimmten Winkelbereich abgebildet werden, werden in einen Sektor zusammengefasst. Das Formhistogramm H_φ entsteht dann durch die Bestimmung aller Bildpunkte in einem gewissen Sektor:

$$\hat{M}_i = \{\, (d_j, \varphi_j) \in P' \mid \varphi_j > \varphi_{i-1} \wedge \varphi_j \le \varphi_i \} \quad \forall\, i \in [1, k]$$

und durch die Bestimmung der Anzahl an Punkten in dem entsprechendem i-ten Sektor:

$$H_\varphi(i) = |\hat{M}_i|.$$

Alternativ kann auch der gemittelte Abstand verwendet werden:

$$\tilde{H}_\varphi(i) = \frac{1}{H_\varphi(i)} \sum d_j \in \hat{M}_i$$

Um zwei Sektorenmodelle miteinander vergleichen zu können, müssen diese bzgl. der Orientierung normiert werden. Die Orientierung des Objektes kann entweder über das Maximum im Histogramm oder über eine Momentenanalyse bestimmt werden.

Eine Rotation entspricht bei Kreiskoordinaten einer einfachen Addition. Bei k Sektoren kann man $k - 1$ Rotationen auch durch eine einfache Umschichtung des Vektors realisieren. Eine Rotation um $\frac{2\pi}{k}$ wird dann durch eine Verschiebung des letzten Vektorelements

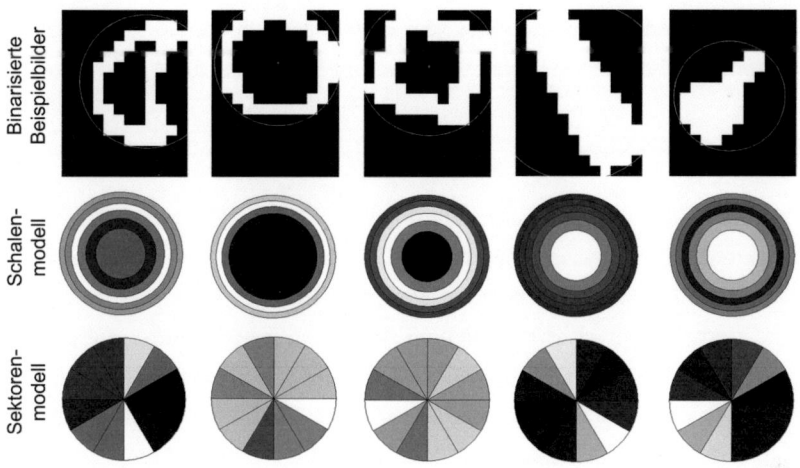

Abb. 5.8.: Beispiele für Formhistogramme: die obere Reihe zeigt binarisierte, um Faktor drei hochskalierte Objektabdrücke, die nicht bzgl. Position und Orientierung normiert wurden. In der mittleren Reihe sind die resultierenden Schalenmodelle mit sechs Schalen und in der unteren Reihe die Sektorenmodelle mit zwölf Sektoren abgebildet.

an den Vektoranfang erreicht. Ausgehend von einem Sektorenmodell $H_\varphi = (m_1 \cdots m_k)$ ergibt sich die Rotation dann zu:

$$R_\alpha(H_\varphi) = (m_{k-\alpha+1} \cdots m_k, m_1 \cdots m_{k-\alpha}) \quad \forall \alpha \in [1,k]$$
$$R_0(H_\varphi) = H_\varphi. \tag{5.28}$$

So kann der Abstand zweier Sektorenmodelle $H_{\varphi,1}$ und $H_{\varphi,2}$ mit k Sektoren berechnet werden zu:

$$d(H_{\varphi,1}, H_{\varphi,2}) = \min_{\alpha=0..k} ||H_{\varphi,1}, R_\alpha(H_{\varphi,2})|| \tag{5.29}$$

Einige Beispiele werden in Abb. 5.8 gezeigt. Die Sektorenmodelle eignen sich gut zur Darstellung von länglichen oder unsymmetrischen Objekten. Hohle Abdrücke scheinen besser von einem Schalenmodell abgebildet zu werden. Das dritte Formhistogramm ergibt sich aus der Kombination von Schalen- und Sektorenmodell, wird aber im Folgenden nicht betrachtet.

5.5. Klassifikation

Das Ziel der taktilen Musterklassifikation ist es, die zuvor extrahierten Merkmale einer Klasse zuzuordnen. Als Klassifikator wird ein *K-nächster Nachbar Klassifikator* verwendet, der im Abhang A.1 weiter beschrieben wird. Jede Klasse ist hier durch eine Anzahl an Beispielmustern repräsentiert. Ein unbekanntes Muster wird nach einer Mehrheitsentscheidung seiner k-nächsten Nachbarn zu der Klasse zugeordnet, die am häufigsten in den k-nächsten Nachbarn vorkommt. Aufgrund seiner Einfachheit kann er auf der Steuerungseinheit des taktilen Sensorsystems implementiert werden.

Der Klassifikator kann mit der zuvor vorgestellten Normalisierung und Merkmalsextraktion zudem im Abschnitt 5.1 vorgestellten Erkennungssystem kombiniert werden. Die Merkmalsextraktion wird durch die zuvor vorgestellte Hauptkomponenten- bzw. Momentenanalyse und durch die Formhistogramme repräsentiert. Für die Momentenanalyse ist vorher eine Binarisierung des Bildes notwendig. Die Formmerkmale werden dann direkt auf dem Bild berechnet. Dazu ist eine vorherige Normierung der Position, Lage und Größe nicht notwendig. Für die PCA wird der Abdruck bzgl. Position, Orientierung und Intensitätsverteilung normiert. Es hat sich herausgestellt, dass die Normierung der Größe nicht sinnvoll ist. Das normierte Bild wird in einen Vektor umgewandelt und auf Basis der PCA in den Unterraum projiziert. Für die Formhistogramme wird eine Binarisierung des Bildes durchgeführt. Für das Sektorenmodell ist zusätzlich noch eine Normierung der Orientierung notwendig.

5.6. Evaluation

Im Folgenden wird der vorgestellte Ansatz evaluiert, indem zunächst das Erkennungssystem auf der Basis von großflächigen Abdrücken umgesetzt wird. Anschließend wird die Evaluation des Erkennungssystems mit einer einzelnen taktilen Sensormatrix eines Roboterfingers vorgestellt.

5.6.1. Evaluationsziele

Die Aspekte, die in dieser Evaluation betrachtet werden, sind:

- **Erkennungsleistung:** Wie gut ist die Objekterkennung auf der Basis taktiler Abdrücke? Am interessantesten ist die Frage nach der Gesamtleistung des Klassifikationssystems. Die Erkennungsleistung wird auch in Abhängigkeit der Anzahl zu entscheidender Klassen betrachtet. Dabei werden auch Problemfälle und die Grenzen der taktilen Objektklassifikation aufgezeigt.

- **Merkmalsgüte:** Welches Verfahren eignet sich am besten zur taktilen Merkmalsextraktion? Dazu werden die Erkennungsleistungen jeweils mit der Momentenanalyse, der Hauptkomponentenanalyse und den Formhistogrammen als Merkmalsextraktionsverfahren betrachtet. Es wird untersucht, wie die Wahl des Merkmals Einfluss auf den Erkennungsprozess hat.

- **Sensorfläche und -auflösung:** Wie wichtig sind die Auflösung und die Größe der taktilen Messfläche? Dazu werden die Erkennung von großflächigen Abdrücken und die Erkennung kleiner Strukturen betrachtet, da diese eine unterschiedliche Auflösung und Sensorfläche haben. Interessant ist auch, wie viele Objekte sich in Abhängigkeit der Anzahl taktiler Bildpunkte klassifizieren lassen.

Zur Bestimmung der Leistungsfähigkeit der Verfahren werden die Evaluationsmethoden aus Kap. 3.2.1 angewendet. Hiermit lassen sich neben den Erkennungsraten auch die Problemfälle bestimmen.

5.6.2. Erkennung von großflächigen Objektabdrücken

Die verwendete taktile Sensorfläche wurde im Kapitel 4.5 vorgestellt. Sie hat eine aktive Messfläche von 72 x 96 mm^2 mit 12 x 16 Sensorpunkten und einer räumlichen Auflösung von 6 mm. Die Fläche entspricht ungefähr den Ausmaßen der menschlichen Handinnenflächen. Damit ist eine Akquirierung großflächiger Objektabdrücke möglich.

Versuchsaufbau

Der Versuchsaufbau ahmt die Erkennung mit einer Roboterhand nach, welche passiv Objekt in ihrer Hand hält oder selbst aktiv in ihrer Handinnenfläche durch Andrücken des Objektes Druckbilder entnimmt. Um den Fokus auf die Auswertung der taktilen Daten zu legen, übernimmt für die Generierung der Abtastungen der Mensch diesen Prozess. Dazu drückt er wiederholt in möglichst unterschiedlichen Positionen und Orientierungen ein Objekt auf die Sensorfläche und generiert so die taktilen Bilder. Ein Objekt wird jeweils durch einen einzelnen Abdruck des Objektes repräsentiert.

Die zu klassifizierenden 22 Objektklassen sind der Abb. 5.9 zu entnehmen. Es wurden 20 Abdrücke von 22 Objektklassen mit einer Auflösung von $12 \cdot 16$, also 192 Taxeln genommen. Die insgesamt 440 Bilder werden zur Hälfte in Trainings- und Testdaten geteilt. Dabei wurden für jede Objektklasse verschiedene Objektindividuen verwendet. So befinden sich z.B. kreisförmige Abdrücke mit unterschiedlichen Radien unter den Bilddaten. Die Verarbeitungsschritte folgen den Schritten des zuvor vorgestellten Klassifikationssystems. Dazu wurden die Bilder vor der Normierung um den Faktor drei hochskaliert, um Ungenauigkeiten bei der Interpolation innerhalb der Normierung der Abdrücke zu kompensieren. Zur Normierung

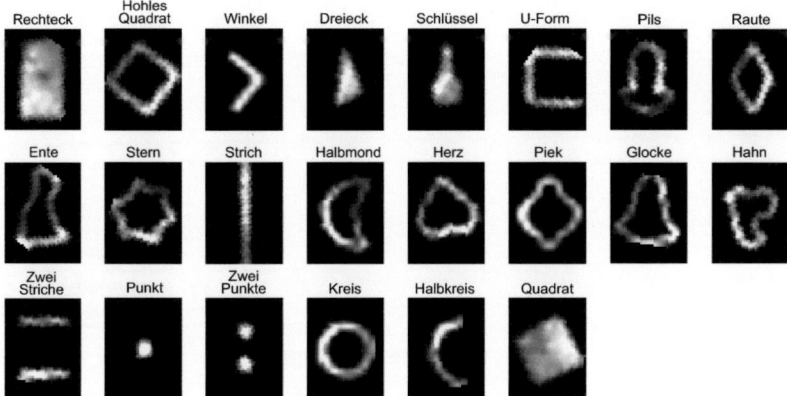

Abb. 5.9.: Testsatz 1 - großflächige Abdrücke: die 22 für die Klassifikation verwendeten Klassen. Die Abdrücke wurden mit einer 12x16-große Sensormatrix aufgenommen. Die Bilder wurden zur besseren Visualisierung um Faktor drei hochskaliert und normiert.

Verfahren	1D-PCA	MA	2D-PCA	SpM	SeM
Erkennungs-rate (%)	97.8	95	97.8	94.6	91.4

Tab. 5.1.: Beste Gesamterkennungsraten für großflächige Objektabdrücke in Abhängigkeit des verwendeten Merkmalsextraktionsverfahrens - die fünf Verfahren im Vergleich mit *MA* als Momentenanalyse, *SpM* als Sphärenmodell und *SeM* als Sektorenmodell

der Intensität wird das vorgestellte Binarisierungsverfahren verwendet, da es bei großflächigen Abdrücken bessere Ergebnisse als eine Grauwertspreizung liefert.

Vergleich der Merkmalsextraktionsverfahren

Die Tab. 5.1 zeigt die besten Erkennungsverfahren für die fünf verschiedenen Merkmalsextraktionsverfahren, die zur Unterscheidung von allen 22

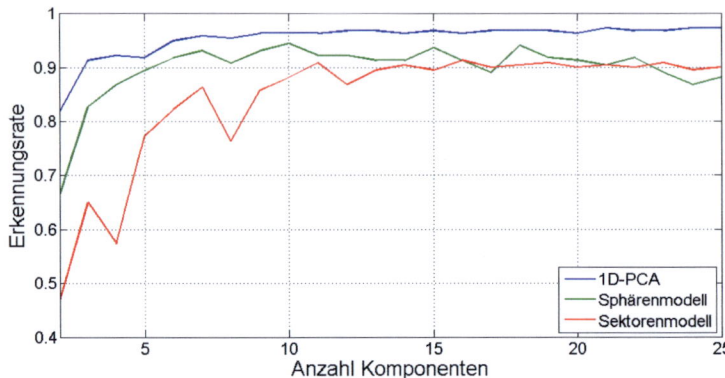

Abb. 5.10.: Erkennungsraten in Abhängigkeit der Merkmalsgröße: für die Verfahren wurde kontinuierlich die Merkmalsgröße erhöht und die Gesamterkennungsraten berechnet. Die Merkmalsgröße ist auf der X-Achse, die Erkennungsleistung auf der Y-Achse aufgetragen.

Abdrücken angewendet wurden. Am besten schneiden die ein- und zweidimensionale PCA mit einer Erkennungsrate von nahezu 98% ab. Die ähnlichen Erkennungsraten ergeben sich aus der Ähnlichkeit der Verfahren. Darauf folgen die Momentenanalyse und das Sphärenmodell mit einer Erkennungsrate von ca. 95%. Das Sektorenmodell ist abgeschlagen mit einer Erkennungsrate von über 91%.

Die Erkennungsleistung in Abhängigkeit der Anzahl an verwendeten Hauptkomponenten bei der PCA bzw. an Intervallen bei Formhistogrammen ist der Abb. 5.10 zu entnehmen. Dazu wurde iterativ die Größe des Merkmalsvektors erhöht und die Erkennungsleistung gemessen. Mit einer steigenden Anzahl an Merkmalen nimmt die Erkennungsleistung zu. Die PCA hat bereits mit drei Komponenten und das Sphärenmodell mit fünf Komponenten eine Erkennungsrate von über 90%. Mit einer zunehmenden Anzahl an Komponenten steigt die Erkennungsleistung nur noch leicht an. Bei neun Hauptkomponenten hat die PCA bereits nahezu den Zenit von 98% erreicht.

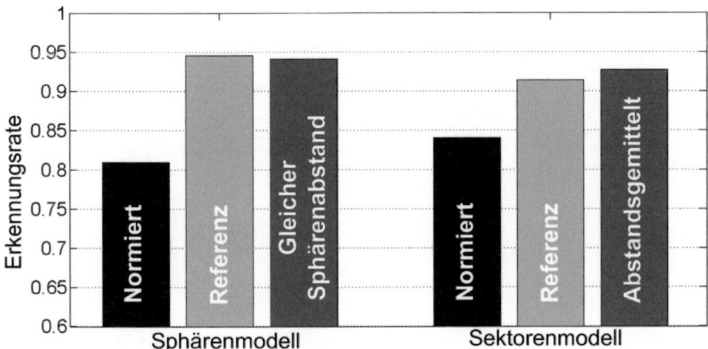

Abb. 5.11.: Erkennungsraten von Formhistogrammen in unterschiedlichen Konfigurationen: die Referenzkonfigurationen beinhalten zehn Sphären mit gleichem Flächeninhalt bzw. 16 Sektoren ohne Berücksichtigung des Abstandes zum Objektmittelpunkt.

Wie man der Abb. 5.10 entnehmen kann, nimmt auch mit einer zunehmenden Anzahl an Intervallen bei den Formhistogrammen die Erkennungsleistung zu, bis bei zehn Sphären bzw. bei 16 Sektoren ein Optimum erreicht wird. Diese Intervalleinteilungen werden im Folgenden als Referenzkonfigurationen betrachtet. Die Abb. 5.11 zeigt die Erkennungsraten von Formhistogrammen in unterschiedlichen Konfigurationen. Die Referenzkonfiguration bei dem Sphärenmodell beinhaltet so eine Einteilung in zehn Sphären mit gleichem Flächeninhalt. Die Erkennungsrate liegt bei 95%. Die Konfiguration „gleicher Sphärenabstand" schneidet nur unwesentlich schlechter ab. Die Sphären haben hier einen gleichen Abstand von 1/10 aber damit einen unterschiedlichen Flächeninhalt. Die Referenzkonfiguration bei dem Sektorenmodell beinhaltet die Einteilung in 16 Sektoren. Dabei wird der Abstand ignoriert und nur die absolute Häufigkeit betrachtet. Die Konfiguration „Abstandsgemittelt" berechnet stattdessen den durchschnittlichen Abstand und erreicht dadurch eine unwesentliche Verbesserung in der Erkennungsrate. Eine Normierung der Histogramme, also die Überführung in eine Prozentdarstellung, führt generell zu einer

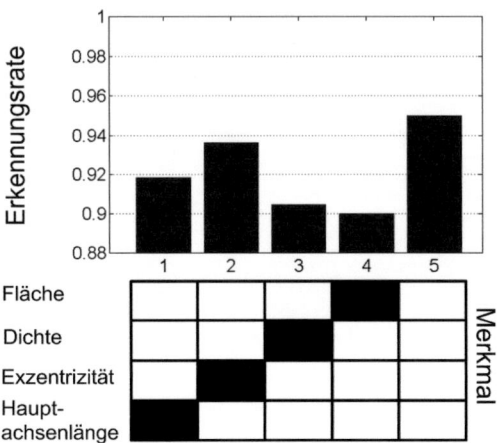

Abb. 5.12.: Erkennungsraten für ausgewählte Kombinationen an statistischen Merkmalen. Weiß bedeutet: Merkmal wurde in der entsprechenden Konfiguration verwendet. Die Erkennungsraten entsprechen der darunterliegenden Spalte in der Konfigurationsmatrix.

Verschlechterung der Erkennungsraten bei Formhistogrammen. Ein Grund hierfür ist, dass durch die Normierung Zusatzinformation verloren geht - die Summe über ein unnormiertes Histogramm entspricht der Größe des Abdruckes.

Für die Momentenanalyse sind unterschiedliche Kombinationen von Merkmalen möglich. Die Abb. 5.12 zeigt die fünf besten Kombinationen an. Die restlichen Kombinationen weisen eine schlechtere Erkennungsrate auf und wurden weggelassen. Die beste Erkennungsrate kann durch eine Kombination von Fläche, Dichte, Exzentrizität und Hauptachsenlänge erreicht werden. Die beste Erkennungsrate mit 95% ergibt sich aus der Verwendung aller vier Merkmale. Der Vorteil der PCA und der Formhistogramme gegenüber der Momentenanalyse ist, dass die Merkmalsgröße sich beliebig einstellen lässt. Die PCA kann sich entsprechend der Trainingsbasis auf die zu klassifizierenden Bilder anpassen. Mit einer veränderten Trainingsbasis ändern sich aber auch die resultierenden Merkmalsvektoren.

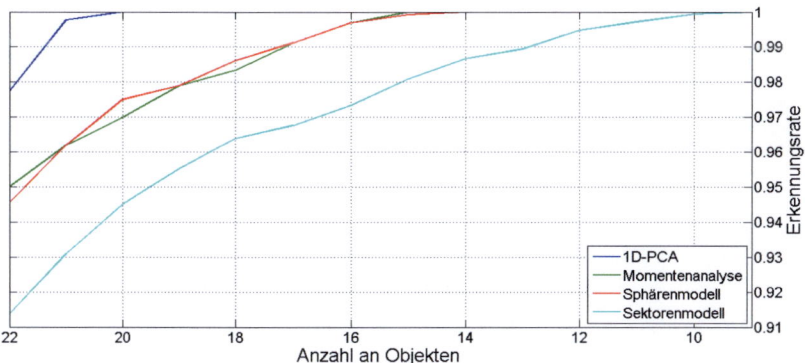

Abb. 5.13.: Vergleich der Hauptkomponentenanalyse mit der Momentenanalyse und Formhistogrammen: auf der Y-Achse ist die Erkennungsrate und auf die X-Achse die Anzahl zu unterscheidender Objekte aufgetragen.

Erkennungsrate in Abhängigkeit der Objektanzahl

Um das Verhältnis der Erkennungsrate und der Anzahl an zu klassifizierenden Objekte zu untersuchen, wird das iterative Verfahren aus Kap. 3.2.2 verwendet. Hierbei werden iterativ die zwei Klassen vereint, die am häufigsten verwechselt wurden. Die Abb. 5.13 zeigt die Erkennungsraten der Merkmalsextraktionsverfahren in Abhängigkeit der Anzahl der zu unterscheidenden Objekte. Durch eine sukzessive Fusion der Objektklassen nimmt die Erkennungsleistung deutlich zu, bis bei 20 Kontaktklassen eine Erkennungsrate von 100% mit der PCA erreicht wird. Die Erkennungsrate der PCA ist unabhängig von der Objektanzahl den anderen Verfahren überlegen. Die Erkennungsleistungen von Momentenanalyse und Sphärenmodell verhalten sich nahezu gleich bis sie bei 14 Kontaktklassen eine Erkennungsrate von 100% haben. Das Optimum erreicht das Sektorenmodell hingegen erst bei neun Objekten.

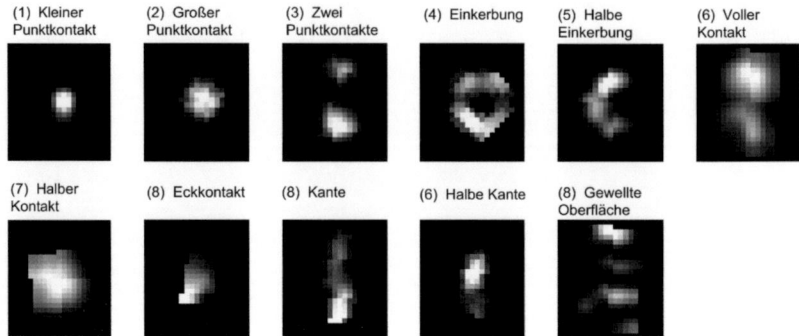

Abb. 5.14.: Testsatz 2 - kleinflächige Abdrücke: die elf für die Evaluation verwendeten Klassen. Die Beispielbilder wurden bzgl. Position, Orientierung und Intensität normiert.

5.6.3. Erkennung von kleinflächigen Objektabdrücken

Die Verwendung kleinflächiger Objektabdrücke evaluiert die Klassifikation taktiler Kontaktmuster auf der Basis einer taktilen Sensormatrix an der Fingerspitze oder an der Fingerinnenfläche einer Roboterhand. Die verwendete taktile Sensormatrix wird in der Form auch in der Roboterhand verbaut und wurde in Kap. 4.2.1 vorgestellt. Die Bilddaten wurden mit einer einzelnen taktilen Sensormatrix mit 4 x 7 Sensorpunkten, mit einer Sensorfläche von 18 x 29,6 mm^2 und einer räumlichen Auflösung von 3,8 mm aufgenommen. Durch die geringe Sensorfläche lassen sich nur sehr kleine Objektstrukturen aufnehmen. Die resultierenden Bilder unterscheiden sich in ihrer Form stark von den großflächigen Objektabdrücken. Die Kontaktbilder sind weniger strukturiert und eher grobflächig. Das Ziel der Evaluation ist herauszufinden, welche Kontaktklassen mit nur 28 Sensorpunkten erkannt werden können.

Versuchsaufbau

Die Evaluation für die kleinflächigen Objektabdrücke beinhaltet elf Oberflächenklassen, die der Abb. 5.14 zu entnehmen sind. Die Datenbasis beinhaltet möglichst viele, beim Greifen oft vorkommende Objektgeometrien, u.a. unterschiedliche Punkt- und Flächenkontakte. Aufgrund der geringen Auflösung von 4 x 7 Taxeln ist die Anzahl der zu klassifizierenden Oberflächenklassen begrenzt. Zur Akquirierung der Trainings- und Testdaten werden, wie bei der großflächigen Sensormatrix, verschiedene Teilobjekte vom Menschen auf die Sensormatrix gedrückt. Es wurden elf Objektklassen gewählt und für jede Objektklasse 20 Bilder akquiriert. Die 220 taktilen Bilder sind klassenabhängig zur Hälfte in Trainings- und Testdaten geteilt und mit dem zuvor vorgestellten Klassifikationssystem verarbeitet worden. Die Bilder wurden vor der Normierung wieder um den Faktor drei hochskaliert, um Interpolationsfehler bei der Normierung zu kompensieren. Bei diesen Bildern bringt im Gegensatz zu den großflächigen Abdrücken eine Grauwertspreizung bessere Ergebnisse als eine Binarisierung.

Vergleich der Merkmalsextraktionsverfahren

Die Abb. 5.15 zeigt die Erkennungsraten der einzelnen Verfahren in Abhängigkeit der Anzahl der Objektklassen. Im Gegensatz zu der Erkennung mit großflächigen Abdrücken ist die Erkennungsrate mit der Momentenanalyse besser als die Erkennungsrate mit der PCA. Die Erkennungsrate bei elf Abdrücken liegt mit Momentenanalyse bei 87% und mit PCA bei 82%. Ein Grund dafür ist, dass die zu klassifizierenden Abdrücke viel kompakter sind. So enthalten die Abdrücke bis auf die Klassen vier und acht nahezu keine Leerräume sondern sind stets gefüllt. Sie unterscheiden sich primär durch die Größe und Ausdehnung und lassen sich daher gut über eine Momentenanalyse beschreiben. Die PCA hat ihre Stärke bei sehr konturhaften Abdrücken. Fusioniert man schlecht zu unterscheidende Klassen, so liegt

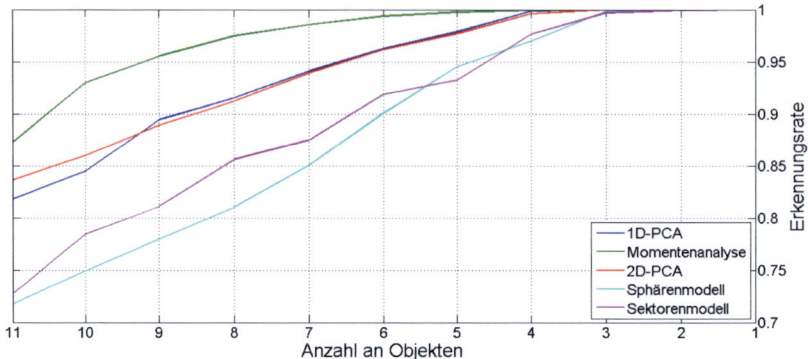

Abb. 5.15.: Vergleich der Merkmalsextraktionsverfahren unter Verwendung eines Fingersensors: auf der Y-Achse ist die Erkennungsrate, auf der X-Achse die Anzahl zu unterscheidender Objektklassen aufgetragen.

die Momentenanalyse bei rund 95% mit neun Objekten und bei 98% mit sieben Objekten.

Die Tab. 5.2 zeigt die Konfusionsmatrix für elf Objektklassen basierend auf einer Momentenanalyse. Die Konfusionsmatrix zeigt, dass insbesondere der Eckkontakt, der halbe Kontakt und der große Punktkontakt schlecht erkannt werden. Eine Fusion dieser Klassen zu einer Klasse steigert die Erkennungsleistung deutlich.

5.7. Zusammenfassung

Dieses Kapitel hat die Möglichkeiten beleuchtet, mit einer taktilen Sensorfläche ein Objekt anhand eines Abdruckes zu klassifizieren. Dazu wurde ein Rahmenwerk vorgestellt, das angefangen bei der Signalverbesserung über die Extraktion von Merkmalen bis zur eigentlichen Klassifikation ein taktiles Bild einer Klasse zuordnet. Zur Evaluation wurden zwei Szenarien betrachtet: zum einen das Klassifizieren von Objekten durch großflächige Abdrücke in der Handinnenfläche und zum anderen das Klassifizieren von kleinflächigen Abdrücken an einer Fingerinnenfläche. Bei letzterem besteht

	1	2	3	4	5	6	7	8	9	10	11
1	100	0	0	0	0	0	0	0	0	0	0
2	0	50	0	0	0	0	20	30	0	0	0
3	0	0	100	0	0	0	0	0	0	0	0
4	0	0	0	90	10	0	0	0	0	0	0
5	0	0	0	0	100	0	0	0	0	0	0
6	0	0	0	0	0	100	0	0	0	0	0
7	0	0	0	10	0	20	60	0	10	0	0
8	10	20	0	0	0	0	0	60	0	10	0
9	0	0	0	0	0	0	0	0	100	0	0
10	0	0	0	0	0	0	0	0	0	100	0
11	0	0	0	0	0	0	0	0	0	0	100

Tab. 5.2.: Konfusionsmatrix für elf taktile Objektklassen basierend auf einer Momentenanalyse. Die Bezeichnungen der Klassen sind: (1) kleiner Punktkontakt, (2) großer Punktkontakt, (3) Zeipunktkontakt, (4) Einkerbung, (5) halbe Einkerbung, (6) voller Kontakt, (7) halber Kontakt, (8) Eckkontakt, (9) Kontakte, (10) halbe Kontakte und (11) gewellte Oberfläche

das Problem, dass die Sensorfläche zu gering ist, um ein Objekt als Ganzes zu klassifizieren. Aber es ist möglich, den Abdruck einer lokalen Strukturklasse zuzuordnen. Ein Abdruck des Objektes auf der Handinnenfläche verfügt über eine größere Sensorfläche und kann so auch die Konturen von Objekten erkennen.

Entscheidend für die Erkennung von taktilen Mustern sind die Größe und die Ortsauflösung des taktilen Sensors. Verwendet man eine kleine taktile Sensormatrix mit guter Ortsauflösung, wie es bei Roboterhand der Fall ist, so hat sich die Momentenanalyse zur Merkmalsextraktion als bestes Verfahren herausgestellt. Es konnten elf Kontaktklassen zu 87% und neun Kontaktklassen zu 95% richtig erkannt werden. Bei einer großflächigen Kontaktfläche mit geringerer Auflösung wird eine Binarisierung des Abdruckes in Kombination mit einer Hauptkomponentenanalyse bevorzugt. Es wurde in der Evaluation gezeigt, dass sich so 22 Objektklassen zu 95% und 20 Objektklassen zu 100% unterscheiden lassen.

6. Haptische Objektklassifikation anhand von Punktwolken

In diesem Kapitel wird die Erstellung einer Punktwolke aus haptischen Sensordaten betrachtet. Da auf der Basis einer Punktwolke ein Objekt sehr genau beschrieben werden kann, ist somit auch eine feine Unterscheidung von Objekten möglich. Zu dem kann eine Punktwolke sehr gut mit anderen Modalitäten, z.B. visuellen dreidimensionalen Daten, abgeglichen und kombiniert werden. Einschränkungen bei der Exploration von Objekten sind durch die Größe der Finger bzw. Fingerspitze, wie schon in [OC99] gezeigt wurde, zu erwarten. Die Erkennung von Makromerkmalen, wie Einkerbungen oder Ausbuchtungen, wird nur eingeschränkt möglich sein. Die Form des Objektes kann also nicht beliebig genau bestimmt werden.

Es wird eine Verarbeitungskette vorgestellt, die eine Folge von Abtastungen in eine Punktwolke umwandelt und schließlich auf Basis dieser Punktwolke das Objekt klassifiziert. Dabei wird in diesem Kapitel nicht der iterative Abtastvorgang sondern die Auswertung der Punktwolke erörtert. In dieser Arbeit wird auf Probleme bei der Objektmodellierung und deren Lösungen eingegangen, die speziell bei der haptischen Exploration auftreten. Eines der größten Probleme und damit ein Schwerpunkt dieses Kapitels wird die Verschiebung des Objektes beim Abtastvorgang zu sein.

6.1. Konzept

Bei den Punktwolken, die durch eine haptische Exploration erstellt werden, sind folgende Eigenschaften zu erwarten:

- **Unvollständig und unausgewogen:** Die Punktwolke muss sukzessiv erstellt werden. Somit ist die Punktwolke zunächst erst nur sehr lokal exploriert und wird erst mit weiteren Abtastungen detailreicher.

- **Dünn besiedelt:** Eine einzelne Abtastung liefert nur eine begrenzte Anzahl an Kontaktpunkten. Da eine Roboterhand in der Regel nur an den sensitiven Flächen ortsauflösende Kontakte registrieren kann, werden z.B. bei acht sensitiven Flächen auch nur maximal acht lokale Regionen pro Abtastung registriert.

- **Verzerrt:** Verzerrungen ergeben sich aufgrund von Verschiebungen des Objektes während der Exploration, wenn das Objekt nicht ortsfest oder fixiert ist.

Die Abb. 6.1 fasst das Problem zusammen: (a) die durch Abtastungen generierte Punktwolke ist dünn besiedelt und die Punkte sind ungleichmäßig verteilt, (b) verschiebt sich das Objekt auch noch bei der Abtastung, weist die Punktwolke zusätzlich Verzerrungen auf.

Als viel versprechendes und für die haptische Objekterkennung neues Verfahren scheinen sich Formhistogramme zu eignen, die im Folgenden näher beleuchtet werden. Ein zu erwartender Vorteil dieser Verfahren ist neben der Robustheit auch die Bestimmung einer beliebigen Merkmalsgröße. Zum Vergleich wird eine merkmalsfreie Klassifikation basierend auf einer Registrierung zweier Punktwolken untersucht. Ein Klassifikationssystem auf Basis einer Punktwolke kann von dem in Kap. 3.1 vorgestelltem Klassifikationssystem abgeleitet werden. Ein Schema dafür ist Abb. 6.2 abgebildet. Es unterteilt sich in folgende Komponenten:

1. **Akquirierung der Punktwolke:** Die durch die taktilen Sensoren registrierten Kontakte lassen sich über die Handkinematik in dreidimensionale Punkte des Handkoordinatensystems umwandeln. Dieses entspricht einer frühen kooperativen Fusion der haptischen Daten (vgl. Kap. 3.3). Diese Punkte lassen sich dazu über die Roboterkine-

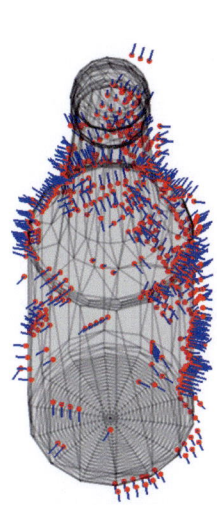

(a) Punktwolke einer Fla-
sche.

(b) Verzerrungen aufgrund
von Verschiebungen

Abb. 6.1.: Darstellung der Problematik der haptischen Exploration: Spärlich besie-
delte Punktwolken einer Flasche bestehend aus Abtastpunkten (rot) mit
Normalenvektoren (blau). Beide Punktwolken (a) und (b) wurden in 30
Abtastschritten generiert. In (b) hat sich das Objekt bei der Exploration
verschoben. Daraus resultiert eine verzerrte Punktwolke.

matik in das feste Roboterkoordinatensystem transferieren und mit
bereits bekannten Kontaktpunkten vereinen.

2. **Vorverarbeitung:** Zur Vorverarbeitung eignet sich die Normierung
der Punktwolke bzgl. ihrer Position, Orientierung und Größe. Des
Weiteren ist unter Umständen eine Ausdünnung der Punktwolke bzw.
eine Selektion signifikanter Punkte sinnvoll.

3. **Merkmalsextraktion:** Die Punktwolke wird über die Extraktion
charakteristischer Merkmale in eine festdimensionierte Darstellung

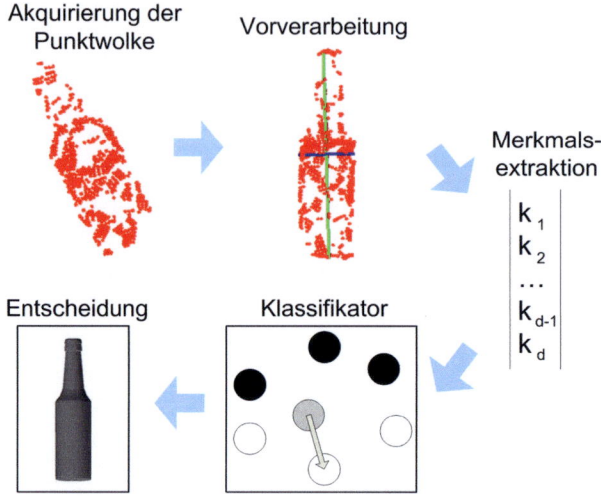

Abb. 6.2.: Ein Erkennungssystem für dreidimensionale Punktwolken bestehend aus vier Teilkomponenten.

überführt. Das Ziel ist es, die Komplexität der Punktwolke auf einige wenige elementare Objektmerkmale zu reduzieren.

4. **Klassifikation:** Anhand eines festdimensionierten Merkmalsvektors kann ein Objekt schließlich einer Klasse zugeordnet werden. Alternativ können zwei Punktwolken über eine Registrierung ohne vorherige Merkmalsextraktion und den damit verbundenen Registrierungsfehler verglichen werden.

Diese vier Komponenten werden in den folgenden Unterkapiteln näher erörtert. Zu Beschreibung der Transformationen wird die Notation aus Formel 4.1 aus Kap. 4.3 verwendet.

6.2. Akquirierung der Punktwolke

In diesem Abschnitt wird die Erstellung einer Punktwolke aus einer einzelnen Abtastung betrachtet. Die Sensorsignale einer einzelnen Abtastung beinhalten die Fingerstellungen der Hand und die Druckprofile der taktilen Sensoren. Für die Akquisition einer Punktwolke werden die Kontaktpunkte an den taktilen Sensormatrizen in ein Referenzkoordinatensystem der Hand transformiert –unter Berücksichtigung der Sensoreigenschaften, der Handkinematik und der aktuellen Fingerstellungen. Als Referenzkoordinatensystem der Hand bieten sich das Handgelenk oder der Handteller an. Um eine Sequenz an Kontaktpunkten zu fusionieren, werden die Kontaktpunkte von Handkoordinaten in Roboterkoordinaten transformiert. Dann besteht eine Punktwolke P aus N Punkten, die jeweils durch ein Tupel $(\vec{p}_i, \vec{n}_i)$ repräsentiert werden, wobei $\vec{p}_i$ die Position und $\vec{n}_i$ den Normalenvektor des Kontaktes darstellt.

Im Folgenden werden die notwendigen Verarbeitungsschritte aufgeführt, um eine einzelne Abtastung in eine Punktwolke zu integrieren. Der beschriebene Ablauf kann beliebig oft wiederholt werden, um eine Punktwolke iterativ aus einer Folge an Abtastungen zu erstellen. Der Ablauf betrachtet dabei zunächst die Verarbeitungsschritte nur in Bezug auf eine einzelne taktile Sensormatrix und den dazugehörigen Finger. Die folgenden Verarbeitungsschritte können für alle taktilen Sensoren einer Roboterhand gleichermaßen durchgeführt werden:

1. **Akquirierung einer einzelnen Abtastung:** Akquiriere eine einzelne Abtastung $(\underline{I}, \vec{\theta})$ bestehend aus einem taktilen Bild $\underline{I}$, den aktuellen Fingerstellungen $\vec{\theta}$ und der Lage der Hand im Raum $T_{(Roboter, Hand)}$, die z.B. durch die Position und Orientierung des Endeffektors des Roboters gegeben ist.

2. **Kontaktpunktbestimmung:** Bestimme die Kontaktpunkte mittels einer Segmentierungsfunktion s, die keinen, einen oder mehrere Kontaktpunkte zurückgeben kann:

$$\{\vec{p}_1 ... \vec{p}_k\} = s(\underline{I}), \quad p_i = (x_i, y_i)^T \qquad (6.1)$$

113

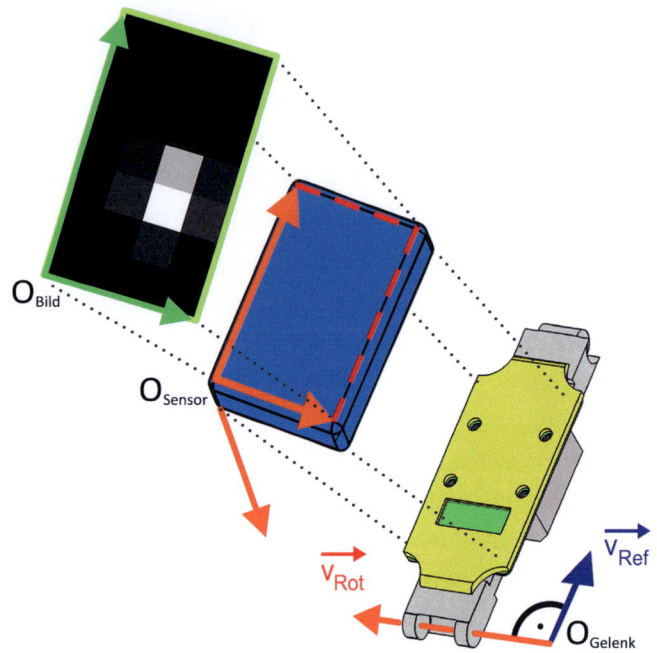

Abb. 6.3.: Von Bildkoordinaten zum Referenzgelenk: dargestellt ist oben links ein
Punktkontakt im Druckbild, der zunächst über die intrinsischen Parameter von zwei- in dreidimensionale Sensorkoordinaten und von dort aus
in Gelenkkoordinaten transformiert wird. Der Vektor $\vec{v}_{Rot}$ kennzeichnet
die Z-Achse und damit die Rotationsachse des Gelenks. Der Vektor $\vec{v}_{Ref}$
stellt die X-Achse dar und zeigt auf das nächste Gelenk.

Die Zahl $N_t = k$ entspricht der Anzahl an gefundenen Kontakten für
den aktuellen Abtastdurchgang t. Ortsauflösende Oberflächenkon-
takte können in der Regel nur an den taktilen Sensormatrizen auf
der Roboterhand erkannt werden. Die Verfahren zur Kontaktpunktbestimmung wurden in Kap. 5.3.3 erörtert.

3. **Transformation in Handkoordinaten:** In Kap.4.3.2 wurde die Kalibrierung der Handkinematik sowie die Kalibrierung der taktilen Sensorik beschrieben. Die Normale eines Kontaktpunktes wird, wenn

keine Scherkräfte erfasst werden können, als $(0,\ 0,\ 1)^T$ angeben werden – das entspricht der Normalen der taktilen Sensorebene. Die Kontaktpunkte und die Normalen der Kontakte werden in das Koordinatensystem des Bezugsgelenk des taktilen Sensors und von dort aus unter Berücksichtigung der aktuellen Fingergelenkstellungen $\vec{\theta}$ in das Handkoordinatensystem transformiert. Dieses lässt sich unter Anwendung der Transformation $T_{(k,\ 0)}$ aus Formel 4.15 zusammenfassen zu:

$$\vec{p_i}' = T_{(k,\ 0)}(\vec{\theta}) \cdot \vec{p_i} \quad \forall\, i \in [1, N_t]. \tag{6.2}$$

Die Abb. 6.3 fasst die ersten Schritte zusammen. Es wird gezeigt, dass ausgehend von einem Bildkoordinatensystem ein Kontaktpunkt in das dreidimensionale Sensorkoordinatensystem und von dort aus in Gelenkkoordinatensystem transformiert wird.

4. **Transformation in Weltkoordinaten:** Transformiere die Kontaktpunkte von Handkoordinaten in Roboterkoordinaten auf Basis der Transformation $T_{(Hand,\ Roboter)}$ und fusioniere die bestehende Punktwolke P mit den neuen Kontaktpunkten:

$$P(t) = P(t-1) \cup \{ T_{(Hand,\ Roboter)} \cdot \vec{p_i}' \} \quad \forall\, i \in [1, N_t]. \tag{6.3}$$

Bei einem stationären Roboter sind in der Regel $O_{Roboter}$ und O_{Welt}, also Roboter- und Weltkoordinatensystem, identisch.

6.3. Vorverarbeitung der Punktwolke

Eine Punktwolke kann bzgl. ihrer Position, Orientierung und Größe normiert werden. Die Normierung der dreidimensionale Punktwolke folgt der Normierung von Bildvektoren im Kap. 5.4.2. Der Schwerpunkt der Punktwolke mit Punkten $\vec{p_i} = (x_i,\ y_i,\ z_i)^T$ ist durch den Mittelwertsvektor $\vec{\mu}$ gegeben:

$$\vec{\mu} = E[\vec{p_i}]. \tag{6.4}$$

Die Orientierung des Objektes kann mittels einer Hauptkomponentenanalyse bestimmt werden. Als Grundlage dient die Kovarianzmatrix $\underline{K}$, welche gegeben ist durch

$$\underline{K} = E[(\vec{p}_i - \vec{\mu})(\vec{p}_i - \vec{\mu})^T]. \tag{6.5}$$

Sie ist von der Größe 3×3.

Die Translation über den Massenschwerpunkt transferiert den Schwerpunkt der Punktwolke in den Ursprung des Referenzkoordinatensystems. Die Punktwolke kann bzgl. der Orientierung und Größe normiert werden. Die Hauptkomponentenanalyse von $\underline{K}$ resultiert in die drei Eigenwerte λ_i und die dazugehörigen Eigenvektoren γ_i, welche den orthogonalen Eigenraum $\Gamma = (\gamma_1, \gamma_2, \gamma_3)$ aufspannen. Die Punktwolke kann nun bzgl. Position und Orientierung unter Anwendung der folgenden Transformation

$$\vec{p}_i' = (x_i', y_i', z_i')^T = \Gamma^{-1}(\vec{p}_i - \vec{\mu}) \tag{6.6}$$

normalisiert werden. Berücksichtigt man auch noch die Ausmaße der Punktwolke, so ergibt sich:

$$\vec{p}_i' = diag(\frac{1}{\lambda_1}, \frac{1}{\lambda_2}, \frac{1}{\lambda_3}) \; \Gamma^{-1} \; (\vec{p}_i - \vec{\mu}) \tag{6.7}$$

bzw.

$$\vec{p}_i' = \frac{1}{\lambda_1} \; \Gamma^{-1} \; (\vec{p}_i - \vec{\mu}), \tag{6.8}$$

wenn man die Größenverhältnisse des der Punktwolke bewahren will. Die Hauptachsen der Punktwolke entsprechen nach der Lagenormierung den Koordinatenachsen.

Bei einer unvollständigen und unausgewogenen Punktwolke werden die statistisch bestimmten Objekteigenschaften, insbesondere Position und Ausmaße, in der Regel von den realen stark abweichen. Alternativ kann die Position und die Ausmaße des Objektes über den umgebenen Quader (engl.:Bounding Box) geschätzt werden. Ausgehend von einer lagenormierten Punktwolke kann der lagenormierte, umgebene Quader einfach durch die minimalen und maximale Werte auf den jeweiligen Koordinatenachse bestimmt werden. Die Breite b, die Höhe h und die Tiefe t des Quaders ergibt sich dann mit Bezug zur Formel 6.6 zu:

$$b = \max_i x_i' - \min_i x_i'$$
$$h = \max_i y_i' - \min_i y_i' \qquad (6.9)$$
$$t = \max_i z_i' - \min_i z_i', \quad i = 1..N.$$

Die Position der Punktwolke kann bzgl. des Mittelpunktes des Quaders $\vec{\mu}'$ verschoben werden. Dieser ergibt sich zu:

$$\mu_x' = \frac{1}{2}(\max_i x_i' + \min_i x_i')$$
$$\mu_y' = \frac{1}{2}(\max_i y_i' + \min_i y_i') \qquad (6.10)$$
$$\mu_z' = \frac{1}{2}(\max_i z_i' + \min_i z_i'), \quad i = 1..N.$$

Um die Punktwolke bzgl. der Größe zu normieren, werden die Koordinaten anhand der zugehörigen Proportionen (b, h, t) auf eine Einheitsgröße skaliert.

6.4. Merkmalsextraktion

Das Ziel der Merkmalsextraktion ist die Beschreibung einer Punktwolke durch einen fest-dimensionierten Merkmalsvektor, welcher möglichst unabhängig von der Anzahl der Punkte in einer Punktwolke ist. Der fest-dimensionale Vektor ist zum Trainieren und Anwenden einer Klassifikationsfunktion geeignet. Im Folgenden werden die Objektproportionen als einfache Formparameter einer Punktwolke genutzt. Des Weiteren werden

Formhistogramme vorgestellt, die auf einer Diskretisierung der Punktwolke basieren.

6.4.1. Objektproportionen

Eines der signifikantesten Merkmale sind die Proportionen einer Punktwolke P, also Breite, Länge und Höhe des Objektes. Die Berechnung dieser Merkmale wurde in Abschnitt 6.3 erörtert. Dazu kann entweder die Eigenwerte λ_i der Objekthauptachsen oder die Ausmaße des umgebenes Quaders (b, h, t) entsprechend der Formel 6.9 betrachtet werden.

Ein weiteres einfaches Merkmal ist der Radius der minimal umgebenden Kugel der Punktwolke. Um eine Kugel eindeutig zu berechnen, werden vier Punkte benötigt. Die Schritte sehen dafür folgendermaßen aus:

1. Wähle zufällig vier Punkte aus P.

2. Berechne Kugel $(\vec{c}, r)$ mit den Mittelpunkt $\vec{c} = (c_x, c_y, c_z)$ sowie dem Radius r.

3. Bestimme, ob sich alle Punkte innerhalb der Kugel befinden, indem sie die Bedingung

$$\|\vec{p}_i - \vec{c}\| \leq r \quad \forall \vec{p}_i \in P$$

erfüllen.

4. Wenn nicht alle Punkte die Bedingung erfüllen, fahre mit dem ersten Schritt fort.

Als ein Vorverarbeitungsschritt kann die konvexe Hülle der Punkte berechnet und nur die Punkte der konvexen Hülle zur Berechnung der Kugel herangezogen werden.

Die umgebene Kugel wird auch genutzt, um die Punkte in sphärischen Koordinaten darzustellen. Dazu sind folgende Schritte notwendig:

1. Bestimme minimal umgebene Kugel $(\vec{c}, r)$ für P.

2. Normiere Objektpunkte $\vec{p}_i \in P$ auf eine Einheitskugel:

$$\vec{p}_i' = (x_i', y_i', z_i')^T = \frac{\vec{p}_i - \vec{c}}{r} \quad \forall\, r > 0 \qquad (6.11)$$

3. Bestimmte Kreiskoordinaten $\vec{k}_i = (a_i, b_i, d_i)^T$ zu:

$$d_i = ||\vec{p}_i'||, \quad a_i = \cos^{-1}\frac{z_i'}{d_i}, \quad b_i = \tan^{-1}\frac{y_i'}{x_i'} \quad \forall\, d_i > 0,\, x_i' \neq 0$$
$$(6.12)$$

6.4.2. Formhistogramme

Sogenannte Formhistogramme [YHY07] sind eine Möglichkeit zur Diskretisierung einer Punktwolke und eignen sich damit als Beschreibung der Punktwolke in Form eines Merkmalsvektors. Dabei wird die Punktwolke in Parzellen zerlegt und für jede dieser Parzellen wird eine Beschreibung generiert. Die Art der Zerlegung entscheidet über den resultierenden Merkmalsvektor. Die Formhistogramme im Dreidimensionalen verhalten sich analog zu denen in Zweidimensionalen, die in Kapitel 5.4.3 beschrieben wurden. Der Ausgangspunkt einiger Verfahren ist die Verwendung sphärischer statt kartesischer Koordinaten. Diese Verfahren nehmen eine Punktwolke P' mit Punkten $\vec{k}_j$ in Kugelkoordinaten (d_j, a_j, b_j) an.

Bei einer Punktwolke können sowohl die Orts- als auch die Normaleninformation einer Punktwolke betrachtet werden. Es werden für Punktwolken vier Varianten von Formhistogrammen betrachtet:

1. **Sphärenmodell:** Ausgehend von Kreiskoordinaten $\vec{k}_j$ wird die Punktwolke in Sphären zerlegt, indem ein Histogramm über die Distanzen der Punkte zu der Sphäre mit Radius r_i in Bezug zum Kugelmittelpunkt berechnet wird. Die umgebene Kugel wird sozusagen in Unterkugeln zerlegt und für jede Unterkugel wird bestimmt, wie

viele Punkte sich in der entsprechenden Sphäre befinden. Will man eine Kugel in k Sphären mit gleichem Volumen zerlegen, so ergibt sich der entsprechende Radius r_i für die i-te Sphäre zu:

$$r_i = \sqrt[3]{\frac{i}{k}} \quad \forall\, i \in [1,k].$$

Mit $V(1) = \frac{4}{3}\pi$ als das Volumen für die Einheitskugel ergibt sich für die Unterkugel mit Radius r_i entsprechend

$$V(r_i) = r_i^3 \cdot \frac{4}{3}\pi = \frac{i}{k} \cdot \frac{4}{3}\pi.$$

Eine Einteilung in Sphären mit gleichen Abstand ergibt dann die Wahl des Radius $r_i' = \frac{i}{k}$. Das Formhistogramm H_d entsteht durch die Bestimmung der Punkte in einer Sphäre:

$$M_i = \{\, (d_j, a_j, b_j)^T \in P' \mid d_j > r_{i-1} \wedge d_j \le r_i \} \quad \forall\, i \in [1,k] \quad (6.13)$$

und durch die Berechnung der Anzahl an Punkten in der dazugehörigen i-ten Sphäre:

$$H_d(i) = |M_i| \qquad (6.14)$$

Diese Darstellung ist rotationsinvariant. Zwei Schalenmodelle können über die Bestimmung des euklidischen Abstands miteinander verglichen werden. Damit das Histogramm unabhängig von der Anzahl der Punkte ist, wird das Histogramm durch die Anzahl der Punkte normiert. Die Abb. 6.4(a) und 6.4(b) zeigen Beispiele für die beiden Varianten des Schalenmodells.

2. **Sektorenmodell:** Ausgehend von einer Punktwolke in normierten Kugelkoordinaten wird die Diskretisierung über die Partitionierung der Winkel erreicht. Um die ungleichmäßigen Winkelauflösungen in den beiden Winkeln der Kugelkoordinaten zu umgehen,

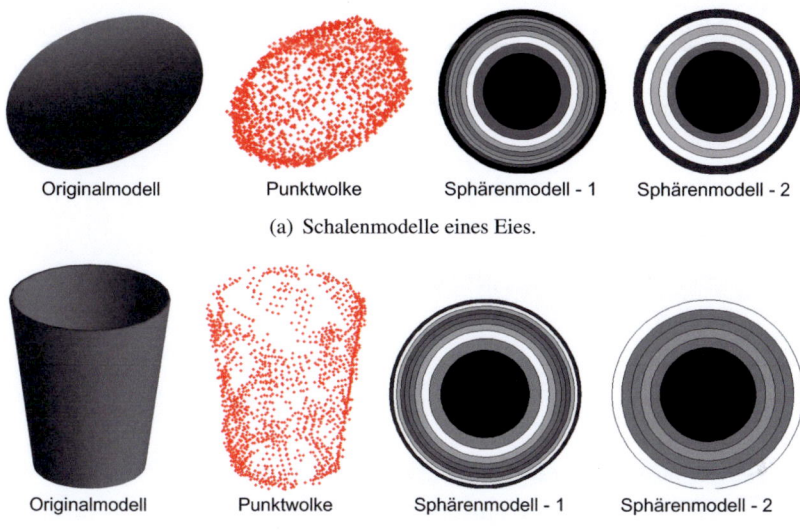

| Originalmodell | Punktwolke | Sphärenmodell - 1 | Sphärenmodell - 2 |

(a) Schalenmodelle eines Eies.

| Originalmodell | Punktwolke | Sphärenmodell - 1 | Sphärenmodell - 2 |

(b) Schalenmodelle eines Bechers.

Abb. 6.4.: Zwei Beispiele für Sphärenmodelle mit jeweils zwei Varianten: die Variante Sphärenmodell-1 besteht aus Sphären mit gleichen Volumen, während Sphärenmodell-2 einen gleichen Abstand zwischen den Sphären berücksichtigt.

können die Orientierungen über Richtungsvektoren in Bezug zum Kreismittelpunkt dargestellt werden. Ein Orientierungshistogramm $H_s = \{h_1, \ldots, h_k\}$ mit k Sektoren erhält man, indem man die Richtungsvektoren der Punkte auf eine Basismenge B mit Einheitsvektoren $\{\vec{b}_1, \ldots, \vec{b}_k\}$ mittels des *Skalarproduktes* projiziert und den Vektor dem Basisvektor mit dem größten Projektionswert und dem dazugehörigen Sektor $\hat{i}$ zugeordnet:

$$\hat{i} = \operatorname*{argmax}_{i} \langle \vec{n}, \vec{b}_i \rangle \quad \forall \, \vec{b}_i \in B, \ \vec{n} = \frac{\vec{p}'}{\|\vec{p}'\|}.$$

Die Basisvektoren sollten gleichmäßig auf der Einheitskugel verteilt sein. Zu jedem Basisvektor b_i korrespondiert ein Histogrammeintrag h_i in H.

Alternativ ist auch eine weiche Gewichtung möglich. Sind N Abtastpunkte als Normalenvektoren $\vec{n}_j$ gegeben, wird der Wert eines Histogrammseintrag h_i berechnet durch:

$$h_i = \sum_{j=1}^{N} proj(\vec{n}_j, \vec{b}_i) \quad \forall i \in [1, k] \tag{6.15}$$

wobei die Projektion definiert wird zu

$$proj(\vec{n}, \vec{b}) = \begin{cases} \langle \vec{n}, \vec{b} \rangle, & \text{wenn } \langle \vec{n}, \vec{b} \rangle > 0 \\ 0, & \text{ansonsten} \end{cases}$$

Um negative Werte in der Akkumulation des Histogramms zu vermeiden, werden nur positive Werte des Skalarproduktes berücksichtigt. Eine Möglichkeit eine Kugel in gleichmäßige Parzellen zu zerlegen und damit die Basisvektoren B zu erhalten, ist die Anwendung der Ikosaeder-Zerlegungsmethode. Die Abb. 6.5 zeigt einige Beispiele für Sektorenmodelle.

Diese Darstellung ist nicht rotationsinvariant. Dazu ist entweder eine vorherige Normierung der Punktwolke bzgl. der Orientierung notwendig oder man definiert eine neue Abstandsfunktion für zwei Sektorenmodelle H_s und H_s' zu:

$$d(H_s, H_s') = \min_{R_i} d(H_s, R_i * H_s').$$

D.h. es wird eine Rotation gesucht, welche den Abstand zwischen den beiden Kugel minimiert.

3. **Orientierungshistogramm:** Das Orientierungshistogramm ähnelt dem Sektorenmodell, nur dass hier die Normalenvektoren statt der Abtastpunkte in sphärische Koordinaten transformiert werden und somit keine Berechnung der umgebenen Kugel notwendig ist. Die-

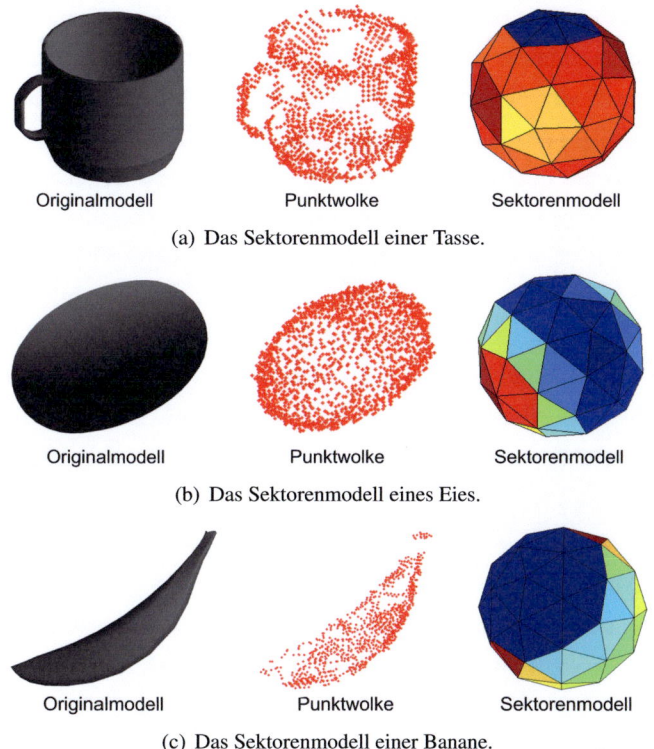

(a) Das Sektorenmodell einer Tasse.

(b) Das Sektorenmodell eines Eies.

(c) Das Sektorenmodell einer Banane.

Abb. 6.5.: Drei Beispiele für Sektorenmodelle

ser Ansatz ist translations- aber nicht rotationsinvariant. Da bei Normalenvektoren $\|\vec{n}\| = \|\vec{b}\| = 1$ gilt, evaluiert das Skalarprodukt den Kosinus des Winkels zwischen der Normalen $\vec{n}$ und dem Basisvektor $\vec{b}$ und keine weitere Skalierung ist notwendig.

4. **Voxelmodell:** Eine weitere Möglichkeit der Diskretisierung ist die Partitionierung der Punkte in gleichgroße Quader. Dazu wird die Punktwolke mit einem gleichmäßigen dreidimensionalen Gitter überlagert. Man erhält eine dreidimensionale Matrix, indem gezählt wird,

wie viele Punkte innerhalb eines gewissen Gitterabschnittes liegen. Die Normalenvektoren werden dabei nicht berücksichtigt. Da die Anzahl der Punkte einer Punktwolke für dasselbe Objekt bei dem iterativen Explorationsprozess sehr stark schwankt, wird die Matrix entweder in eine binäre Darstellung überführt oder jedes Gitterelement wird bzgl. der Gesamtanzahl der Punkte normiert. Dieses entspricht dann einer Aufenthaltswahrscheinlichkeit für einen Abtastpunkt in einem Gitterelement. In einem Vorverarbeitungsschritt wird die Punktwolke, wie zuvor im Kap. 6.3 beschrieben wurde, bzgl. Position, Orientierung und ggf. Größe normiert. Die Abb. 6.6 zeigt den Ablauf, bei dem die Punktwolke zunächst bzgl. der Hauptachsen normiert und anschließend in ein diskretes Voxelmodell umgewandelt wird.

Ein Voxelmodell kann in eine Vektordarstellung überführt werden, indem das Voxelmodell zunächst in Ebenen zerlegt wird und die Ebenen wiederum zeilenweise in Vektor angereiht werden. Eine Matrix der Größe $M \times N \times Q$ resultiert demnach in einen Vektor der Größe $F = M \cdot N \cdot Q$, dessen Größe mit wachsender Präzision des Voxelmodells aber stark ansteigen kann. Ein weiteres Problem ist Bestimmung der Ausmaße M, N, Q des Voxelgitters. Will man z.B. ein längliches Objekt mit einem runden Objekt vergleichen, müssen beide auf die gleichen Maße diskretisiert werden. Dazu bietet es sich an, die durchschnittlichen Ausmaße über alle Objekt zu berechnen. Sind N unterschiedliche Referenzpunktwolken P_i gegeben, so lassen sich auf Basis der Formel 6.9 die umgebenen Quader $q_i = (b_i, h_i, t_i)^T$ berechnen. Der durchschnittliche umgebene Quader ergibt sich dann aus dem Erwartungswert $E[\vec{q}_i]$. Dieser Ansatz ist weder rotations- noch translationsinvariant und damit abhängig von der vorherigen Normierung.

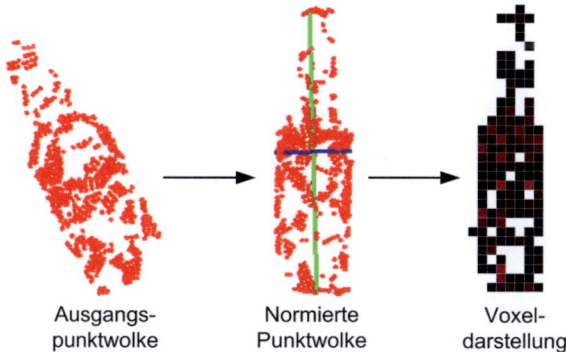

Ausgangs-   Normierte   Voxel-
punktwolke   Punktwolke   darstellung

Abb. 6.6.: Erstellung eines Voxelmodells: die Ausgangspunktwolke wird normiert und über ein Gitter diskretisiert. In der normierten Punktwolke wird in Grün die 1. Hauptachse und in blau die 2. Hauptachse angezeigt.

6.5. Registrierung von Punktwolken

Eine weitere Möglichkeit, eine Punktwolke zu klassifizieren, ist die Registrierung der zu klassifizierenden Punktwolke mit einer Referenzpunktwolke. Dazu eignet sich der Iterativer-Nächster-Punkt-Algorithmus [BM92] (engl.: Iterative-Closest-Point, kurz: ICP), der iterativ versucht, zwei Punktwolken zu überlagern und dabei die Distanz zwischen den überlagerten Punktwolken zu verringern. Für jeden explorierten Punkt der ersten Punktwolke wird der nächstliegende Punkt in der korrespondierenden Punktwolke gesucht. Die Punktpaare werden genutzt, um eine euklidische Transformation zu berechnen, die eine Rotation und Translation aber keine Skalierung beinhaltet. Der Registrierungsfehler ergibt sich aus der mittleren Euklidischen Distanz zwischen allen Punktepaaren und wird als Indikator für die Qualität der Registrierung verwendet. Diese Prozedur wird solange wiederholt, bis der Fehler konvergiert oder eine maximale Anzahl an Iterationen erreicht ist. Die Registrierung zweier Punktwolken ist nicht kommutativ.

Sind zwei Punktwolken P und P'_t mit N Punkten $\vec{p}_i$ bzw. N' Punkten $\vec{p}'_{j,\,t}$ zum Zeitpunkt $t = 0$ gegeben, so ist der Ablauf des iterativen Algorithmus zur Registrierung zweier Punktwolken wie folgt:

1. **Finde nächste Nachbarn:** Finde für jeden Punkt $\vec{p}_i$ einen korrespondierenden Punkt $\vec{p}'_{k,\,t}$ in P'_t zum Zeitpunkt t. Dazu wird der nächstliegende Punkt gewählt:

$$k_t = \arg\min_j \|\vec{p}_i - \vec{p}'_{j,\,t}\|$$

Daraus ergibt sich die Korrespondenz $\vec{c}_t = (i, k_t)$.

2. **Berechne Transformationsparameter:** Aus den Korrespondenzen $\vec{c}_t$ lässt sich über die Lösung eines überbestimmten Gleichungssystem eine Transformation T_t berechnen (vgl. Kap. 4.3.2).

3. **Wende Transformation an:** Transformiere die Punkte der Objektpunktwolke:

$$\vec{p}'_{j,\,t+1} = T_t \cdot \vec{p}'_{j,\,t} \quad \forall j = 1..N'.$$

4. **Berechne den Registrierungsfehler:** Dieser ergibt sich aus den mittleren euklidischen Abstand:

$$E_{t+1} = \frac{1}{N} \sum_{j=1}^{N} \|\vec{p}_i - \vec{p}'_{k,\,t+1}\|, \quad \vec{c}_{j,\,t} = (i, k_t).$$

5. **Prüfe Abbruchbedingung:** Wenn es eine Fehlerverbesserung $E_{t+1} - E_t > \varepsilon$ gegeben hat und die maximale Schrittanzahl $t < t_{max}$ nicht erreicht wurde, fahre mit Schritt 1 fort.

Bei der Korrespondenzfindung können weitere Informationen, wie der Winkelunterschied der Normalen zweier Punkte oder der Vergleich der Nachbarschaften, ausgenutzt werden. Um das Problem des lokalen Minimums zu entschärfen, wird die Registrierung mit verschiedenen zufällig ausgerichteten Punktwolken durchgeführt. Damit ist der Algorithmus nicht mehr deterministisch aber er nähert sich robust dem globalen Minimum an. Zur Verwendung der Registrierung als Klassifikationsverfahren wird angenommen, dass eine Menge an Beispielpunktwolken für jedes Objekt gegeben ist. Eine Punktwolke eines unbekannten Objektes wird dann der Klasse zugewiesen, der die Referenzpunktwolke mit dem kleinsten Registrierungsfehler E angehört.

6.6. Evaluation

Das Hauptaugenmerk liegt auf der Evaluation der Ansätze zur haptischen Objektklassifikation mit einer Fünffingerhand auf der Basis von Punktwolken. Dazu wird die im Kap. 4.4 vorgestellte Simulationsumgebung verwendet, die es ermöglicht, eine große Menge an Explorationsdaten zu sammeln, die man in der Fülle nicht mit der echten Roboterhand akquirieren kann. Die Punktwolken wurden durch zufälliges Abtasten der Objekte erzeugt. Auf die Architektur zur Exploration wird in Kap. 8.1 bzw. auf die Umsetzung wird in Kap. 8.6.2 eingegangen.

6.6.1. Evaluationsziele

Die Aspekte und Fragen, die in der Evaluation untersucht werden, sind:

- **Erkennungsleistung:** Neben der Frage, wie gut sich einzelne Objekte klassifizieren lassen, ist die Gesamterkennungsleistung des Systems von Bedeutung. Dabei wird die Erkennungsleistung der merkmalsbasierten Klassifikation in Abhängigkeit des gewählten Merkmals evaluiert. Zudem wird untersucht, wie die Klassifikation auf der Basis eines festdimensionierten Merkmalsvektors im Vergleich zu der Klassifikation basierend auf einem Registrierungsfehler abschneidet.

127

- **Anzahl an Abtastungen:** Mit jeder Abtastung wird die Punktwolke, die ein Objekt repräsentiert, ausgewogener und detailreicher. Wie viele Abtastungen sind notwendig, um ein Objekt sicher einer Klasse zuzuweisen?

- **Einfluss von Verschiebungen:** Das Objekt wird sich zwangsläufig beim Explorieren verschieben. Mit jeder weiteren Abtastung wird also die Punktwolke zum einem detailreicher, zu anderem wird sie sich durch Verschiebungen des Objektes deformieren. Es wird gezielt untersucht, wie stark sich ein Objekt verschieben darf, damit es noch erkannt werden kann.

- **Identifikation von Problemfällen:** Die Grenzen der Modellierung durch Abtastungen werden durch einzelne Problemfälle aufgezeigt.

- **Anzahl der Objekte:** Was ist der Zusammenhang zwischen der Erkennungsrate und der Anzahl an zu unterscheidenden Objekten? Wie verbessert sich die Gesamterkennungsrate, indem zwei schwer zu unterscheidende Objekte als eine Klasse betrachtet werden?

6.6.2. Exploration von Objektprimitiven

Die Proportionen eines Objektes (vgl. Kap. 6.4.1) eignen sich, um die Objekte grob zu unterteilen. Sobald man aber Objekte von ähnlicher Breite, Länge und Höhe vorliegen hat, werden weitere Objektmerkmale benötigt. Deswegen wird die Performanz der vorgestellten Formhistogramme aus Kap. 6.4.2 auf der Basis von Objektprimitiven getestet, die alle die gleichen Proportionen haben. Die Abb. 6.7 zeigt die fünf verwendeten Primitive. Gleichermaßen wird die Registrierung mit dem ICP-Algorithmus aus Kap. 6.5, der in seiner Grundform ohne Merkmalsextraktion auskommt, evaluiert. Es sind 20 Datensätze pro Objekt und pro Abtastanzahl geben. Bei fünf Primitiven ergeben sich 400 Punktwolken, die jeweils zur Hälfte für das Training und für die Evaluation verwendet wird. Als Klassifikator

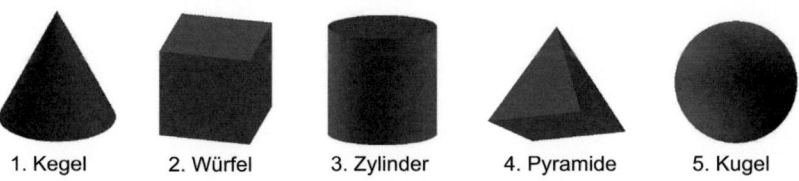

| 1. Kegel | 2. Würfel | 3. Zylinder | 4. Pyramide | 5. Kugel |

Abb. 6.7.: Die fünf Objektprimitive mit gleichen Ausmaßen als Testsatz zur ersten Evaluation.

wurde der KNN-Klassifikator mit $k = 1$ verwendet (vgl. Anhang A.1). Zu betonen ist, dass die Objekte beliebig orientiert im Raum liegen können und dass somit keine Einschränkungen im Suchraum gemacht werden.

Erkennungsraten in Abhängigkeit der Abtastanzahl

Um den Einfluss der Anzahl an Abtastungen auf den Erkennungsprozess zu evaluieren, werden die Objektprimitive mit einer steigenden Anzahl an Abtastungen exploriert. So werden Abtastsequenzen mit 5, 10, 15 und 20 Abtastungen durchgeführt. Als Vorverarbeitungsschritt wird bei allen Verfahren eine Normierung der Punktwolken bzgl. der Position und der Lage durchgeführt. Eine Normierung der Größe bzgl. der maximalen Ausdehnung oder eine Normierung auf eine Einheitsgröße führte zu schlechteren Ergebnissen.

Die Tab. 6.6.2 zeigt das Verhältnis der Erkennungsraten zu der Anzahl an Abtastungen. Das beste Ergebnis bei den Histogrammverfahren ergab das sphärische Modell, das bei allen Abtastsequenzen die besten Erkennungsraten aufweist und schon mit 10 Abtastungen gute Ergebnisse liefert. Generell lässt sich für Merkmalsextraktionsverfahren schließen, dass mit einer steigenden Anzahl an Abtastungen eine bessere Erkennungsleistung erreicht wird. Mit 5 Abtastungen kann noch keines der Merkmalextraktionsverfahren eine gute Klassifikationsrate aufweisen, da noch nicht genug statistisch verwertbare Objektinformation vorliegen zu sein scheint. Auffällig ist auch, dass das Orientierungshistogramm, das als einziges Verfahren

	Anzahl an Abtastungen			
Verfahren	5	10	15	20
Orientierungshistogramm	0.38	0.30	**0.48**	0.44
Sphärischen Model	0.48	0.80	0.90	**0.94**
Sektorenmodel	0.32	0.44	0.68	**0.78**
Voxelmodel	0.34	0.64	0.72	**0.80**
Registrierung	0.4	0.62	0.88	**0.9**

Tab. 6.1.: Die Erkennungsraten für die Objektprimitive in Abhängigkeit der Anzahl an Abtastungen: fett markiert sind die jeweils besten Erkennungsraten für die einzelnen Merkmalsextraktionsverfahren.

Normaleninformation verwendet, sehr schlecht abschneidet. Die Normaleninformation scheint daher sehr unzuverlässig zu sein. Ein Grund hierfür mag sein, dass die Normalen bei Kanten oder bei Ecken für die Roboterhand ambivalent sind. Es muss also entweder nachträglich oder beim Abtastvorgang selbst die Normaleninformation verifiziert werden. Die Registrierung über den ICP-Algorithmus schneidet im Vergleich schlechter ab als das Sphärenmodell, das von den Histogrammverfahren das beste Verfahren zu sein scheint. Aufgrund der Rotationsinvarianz des Sphärenmodells ist zum einem keine Lagenormierung notwendig, zum anderen können zwei Sphärenmodelle über einen einfachen euklidischen Abstand miteinander verglichen werden.

Identifikation von Problemfällen

Um Problemfälle zu identifizieren, bietet sich entsprechend des Kap. 3.2.1 die Darstellung der Klassifikationsergebnisse in einer Konfusionsmatrix an. Die Tab. 6.2 zeigt exemplarisch die Konfusionsmatrix für die Erkennung

	Zielobjekte				
	Kegel	Würfel	Zylinder	Pyramide	Kugel
Kegel	**0.8**	0	0.1	0.1	0
Würfel	0.2	**0.6**	0.2	0	0
Zylinder	0.1	0	**0.8**	0	0.1
Pyramide	0.4	0.1	0.1	**0.4**	0
Kugel	0	0	0	0	**1.0**

Tab. 6.2.: Eine Konfusionsmatrix für das Voxelmodell bei 20 Abtastungen: hervorgehoben sind die Klassenerkennungsraten entlang der Diagonalen.

basierend auf einem Voxelmodell und verdeutlicht die schlechte Performanz des Voxelmodells bei einer Pyramide. Die Form der Pyramide und die des Kegels sind ähnlich. Aufgrund der Diskretisierung in Voxel scheint diskriminierende Information verloren zu gehen. So werden einige der Pyramidendaten auf die Kegelklasse abgebildet. Das zeigt, dass Nuancen notwendig sind, um Objekte zu unterscheiden. Mit der sphärischen Darstellung sind runde von eckigen Objekten besser zu unterscheiden.

6.6.3. Exploration von Alltagsgegenständen

Die Exploration von Objektprimitiven ist sehr aufschlussreich aber nicht sehr praxisrelevant. Die Handhabung und Exploration von Alltagsgegenständen ist hingegen essentiell für einen Haushaltsroboter. Die Abb. 6.8 zeigt 15 Objekte, die in jedem Haushalt gefunden werden können und die zur Evaluation verwendet werden. Die Anzahl der Objekte hat sich im Vergleich zur ersten Evaluation erhöht und die Strukturiertheit der Gegenstände hat zugenommen. Es gibt nun im Gegensatz zu den Objektprimitiven auch unterschiedlich große Objekte, so dass es Sinn macht, die Ausmaße

Abb. 6.8.: 15 Haushaltsobjekte zur Evaluierung.

einer Punktwolke in Form des minimal umgebenden Quaders als Merkmal zu betrachten. Für die Evaluation der Alltagsgegenstände wurde jedes der 15 Objekte 50-mal in der Simulation mit bis zu 40 Abtastungen exploriert. Das macht zusammen 750 Punktwolken, die zur Hälfte in eine Trainings- und eine Evaluationsmenge geteilt werden. Um den Klassifikationsvorgang auf Basis der Registrierung zu beschleunigen, stehen der Registrierung pro Objektklasse lediglich 5 Referenzpunktwolken zur Verfügung. Wie zuvor bei den Objektprimitiven gehen die Verfahren davon aus, dass die Objekte beliebig orientiert im Raum liegen.

Referenzevaluation

Zunächst wird das generelle Abschneiden der vier Merkmalsextraktionsverfahren inklusive umgebenen Quader und der Registrierung auf der Basis von Alltagsgegenständen untersucht. Auf die Evaluation des Orientierungshistogramms wird verzichtet, da es in dem zuvor durchgeführten Experiment zu schlecht abgeschnitten hat. Als Vorverarbeitungsschritt wird wie-

Merkmalstyp	Merkmalsgröße	Erkennungsrate
	5	0.78
Sphärisches	10	0.93
Modell	15	0.94
	20	0.94
	$5 \cdot 5 \cdot 5$	0.79
Voxel-	$6 \cdot 6 \cdot 6$	0.87
modell	$7 \cdot 7 \cdot 6$	0.86
	$8 \cdot 8 \cdot 7$	0.86
Sektorenmodell	80	0.86
Umgebener Quader	3	0.81

Tab. 6.3.: Die Erkennungsraten nach 30 Abtastungen für Alltagsgegenstande entsprechend der Merkmalsextraktionsverfahren und der Merkmalsgröße.

der eine Normierung der Position und Orientierung vorgenommen. Das ist zum einem eine Voraussetzung für das Erstellen des Voxel- und des Sektorenmodells, zum anderen erreicht man damit, dass die rotationsabhängigen Verfahren, zu denen auch die Registrierung gehört, nicht durch eine optimale initiale Ausrichtung des Objektes begünstigt werden. Bei den Formhistogrammen werden weder der Radius der umgebenen Kugel noch die Ausmaße der Punktwolke für die Merkmalsextraktion berücksichtigt. Als Klassifikator wird wie bei der ersten Evaluation der KNN-Klassifikator mit $k = 1$ verwendet.

Die Tab. 6.3 zeigt das Abschneiden der einzelnen Verfahren mit 30 Abtastungen bei ortsfesten Objekten. Es wird auch der Einfluss der Merkmalsgröße auf die Erkennungsraten gezeigt. Eine Richtlinie für die Merkmalsgröße des Voxelmodells ergibt sich aus dem durchschnittlichen umgebenen Quader der Trainingspunktwolken. Bei Alltagsgegenständen schneidet von den Histogrammverfahren das sphärische Modell wie zuvor bei der Objektprimitiven am besten ab. Die Erkennungsraten des sphärischen Modells erreichen bis zu 94%. Das Voxelmodell wie auch das Sektorenmodell haben lediglich Erkennungsraten um die 86%. Das sphärische Modell kommt auch mit der geringsten Merkmalsgröße zu Recht. Bereits mit 10 Sphären ist das Optimum nahezu erreicht. Zusätzliche Sphären bringen keinen Leistungsgewinn. Beim Voxelmodell scheint eine quadratische Zerlegung in einen Voxelmodell der Größe 6^3 die besten Ergebnisse zu bringen. Es wird auch deutlich, dass die Größe als diskriminierendes Merkmal alleine nicht ausreichend ist. So schneiden alle Formhistogramme, die die Ausmaße außer Acht lassen und nur die Form modellieren, besser ab als der minimal umgebende Quader.

Einfluss von Verschiebungen auf die Exploration

Bei den vorherigen Auswertungen wurde angenommen, dass das Objekt ortsfest ist und sich bei der Exploration nicht verschiebt. Dieser Teil der Evaluierung widmet sich dem Einfluss der Objektverschiebung auf den Erkennungsprozess. Dabei wird die Zunahme der Diskriminanz der Objekte durch weitere Abtastungen mit der Zunahme an Verzerrungen aufgrund einer Folge von Objektverschiebungen abgeglichen. Zur Evaluation werden maximale Verschiebungen von bis 5, 10 bzw. 20 mm in einem einzelnem Abtastschritt zugelassen. Das Objekt wird sich entsprechend des Mittelwertvektors der Normalenkontakte in Bezug zum Schwerpunkt des Objektes verschieben. Die Verschiebungen werden sich erwartungsgemäß über eine steigende Anzahl an Abtastungen akkumulieren.

Die Abb. 6.9 zeigt den Einfluss von Verschiebungen auf den Erkennungsprozess nach 10, 20, 30 und 40 Abtastungen. Es scheint, dass die Erken-

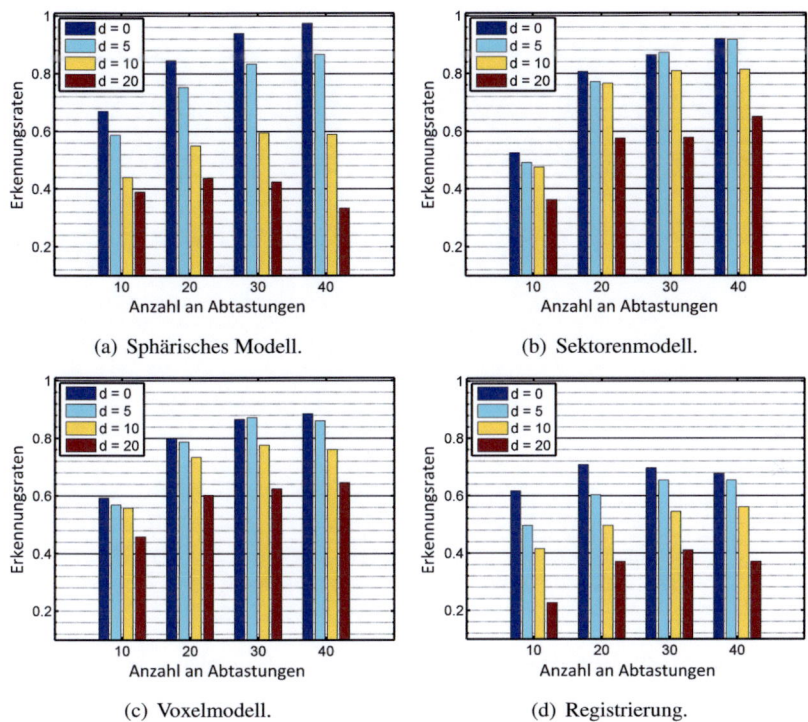

(a) Sphärisches Modell.

(b) Sektorenmodell.

(c) Voxelmodell.

(d) Registrierung.

Abb. 6.9.: Einfluss von Verschiebungen und der Anzahl an Abtastungen auf die Erkennungsraten. Die Abbildungen (a-d) zeigen den Einfluss von Verschiebungen und der Anzahl an Abtastungen für verschiedene Methoden. Auf den Y-Achsen werden jeweils die Erkennungsraten abhängig von der Stärke der Verschiebungen und auf den X-Achsen die Anzahl an Abtastungen aufgetragen. Die maximale Verschiebung pro Abtastung d variiert zwischen 0 und 20 mm, die Anzahl an Abtastungen reicht von 10 bis 40.

nungsraten im Allgemeinen mit einer steigenden Anzahl an Abtastungen und mit einer immer dichter werdenden Punktewolke steigen. Wenn überhaupt keine Verschiebungen vorhanden sind, sind die Erkennungsraten mit dem sphärischen Modell nahezu 96%. Unter diesen Bedingungen verhalten sich die Erkennungsraten von Sektoren- und Voxelmodell ähnlich, befinden sich aber immer unter den Werten des sphärischen Modells. Lässt man Ver-

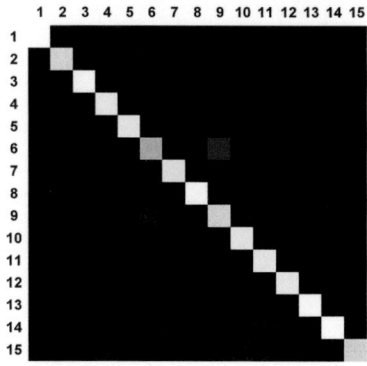 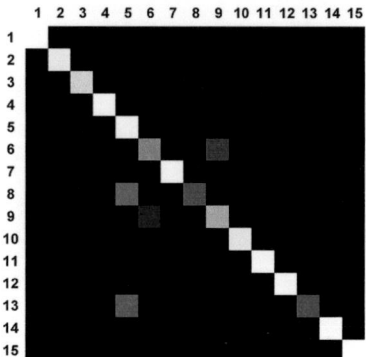

(a) Sphärisches Modell ohne Verschiebungen.

(b) Sektorenmodell bei Verschiebungen von 5 mm.

Abb. 6.10.: Konfusionsmatrizen für die 15 Haushaltsobjekte nach 30 Abtastungen: (1) Apfel, (2) Banane, (3) Becher, (4) Flasche, (5) Ei, (6) Gabel, (7) Behälter, (8) Dose, (9) Löffel, (10) Cocktailglas, (11) Schachtel, (12) Schüssel, (13) Tasse, (14) Teller und (15) Weinglas

schiebungen zu, so werden die Erkennungsraten allgemein schlechter. Aber mit einer steigenden Anzahl an Abtastungen werden die Verschiebungen kompensiert und die Erkennungsraten werden besser. Bei einer maximalen Verschiebung von 10 mm in einem Abtastschritt schneiden das Sektoren- und Voxelmodell schließlich sogar besser ab als das sphärische Modell. Auffällig ist, dass das Sphärenmodell bei Hinzunahme von Verschiebungen im Vergleich zum Sektorenmodell stark einbricht. Das Sektorenmodell scheint weniger sensitiv gegenüber Verschiebungen zu sein und eignet sich zur Exploration von nicht ortsfesten Objekten mit leichten Verschiebungen. Damit lassen sich zudem kleinere Ungenauigkeiten in der Handkinematik kompensieren.

Identifikation von Problemfällen

Die Abb. 6.10(a) zeigt eine Konfusionsmatrix für die 15 Haushaltsobjekte nach 30 Abtastungen unter Verwendung eines Sphärenmodell und ohne den

Einfluss von Verschiebungen. Schwer zu unterscheiden sind zum einem der Löffel und die Gabel als auch das Wein- und das Cocktailglas. Das ist nicht verwunderlich, da sich die Objekte jeweils in ihrer Größe und Form stark ähneln. Letztendlich sind es nur lokale Unterschiede die eine Diskriminanz ermöglichen. Es ist offensichtlich, dass man die Gesamterkennungsrate verbessern kann, indem diese Problemfälle jeweils als eine Klasse betrachtet werden.

Die Abb. 6.10(b) zeigt eine Konfusionsmatrix unter Verwendung eines Sektorenmodells und unter dem Einfluss von Verschiebungen bis 5 mm pro Abtastung. Als Problemfall lässt sich wieder die Unterscheidung von Gabel und Löffel ausmachen. Hinzukommen als Problemfälle die Unterscheidung von Dose und Ei sowie von Tasse und Ei. Das Cocktail- und das Weinglas lassen sich mit einem Sektorenmodell hingegen gut unterscheiden. Das Sphärenmodell ist zwar rotationsinvariant, so sind aber die Objekte zum großen Teil um eine Achse rotationssymmetrisch. Das kommt dem Sektorenmodell zugute.

Erkennungsraten in Abhängigkeit der Objektzahl

Wie bei der Identifikation von Problemfällen angedeutet, lässt sich die Gesamterkennungsrate durch die iterative Fusion von zwei Problemklassen verbessern. Die Abb. 6.11 zeigt den Einfluss einer reduzierten Objektanzahl auf die Gesamterkennungsrate. Es werden die Erkennungsraten für 10, 20, 30 und 40 Abtastungen aufgetragen, um zudem die Beziehung zwischen der Anzahl an Abtastungen und der Objektanzahl untersuchen. Die Abb. 6.11(a) evaluiert ein sphärisches Modell, das bei ortsfesten Objekten am besten abschneidet, während die Abb. 6.11(b) die Erkennungsraten eines Sektorenmodells aufträgt, welches die leichten Verschiebungen des Objektes beim Explorieren am besten kompensiert. Auffällig ist, dass das Sektorenmodell trotz des Einflusses von Verschiebungen ab 20 Abtastungen schneller an die 100% Erkennungsrate strebt als das Sphärenmodell.

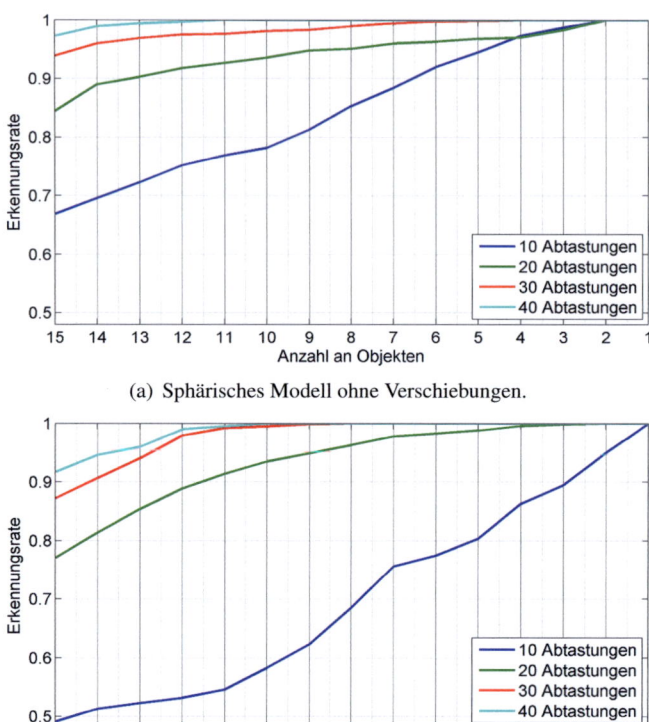

(a) Sphärisches Modell ohne Verschiebungen.

(b) Sektorenmodell bei Verschiebungen von 5 mm.

Abb. 6.11.: Einfluss der Objektanzahl auf die Erkennungsraten: auf der Y-Achse sind jeweils die Erkennungsrate und auf der X-Achse die Anzahl an Objekten aufgetragen.

So ist bei 30 Abtastungen das Sektorenmodell bei acht Objekten bei 100% Erkennungsrate und das Sphärenmodell erst bei vier Objekten. Das ergibt sich daraus, dass das Sphärenmodell eher kleinere Unterscheidungsfehler macht, die sich bei 15 Objekten aufsummieren.

6.7. Zusammenfassung

Dieses Kapitel hat eine komplette Verarbeitungskette vorgestellt, welche die Erstellung von dreidimensionalen Kontaktpunkten aus den Fingerpositionen und den taktilen Abdrücken einer Roboterhand ermöglicht. Über diese *kooperative Fusion* kann eine Abtastsequenz anhand der Handkinematik und der Handkalibrierung in eine Punktwolke fusioniert werden. Dieses Kapitel adressiert zudem die Auswertung und die Klassifikation dieser resultierenden Punktwolken, die sich dadurch auszeichnen, dass sie zunächst dünn besiedelt und unausgewogen sind. Eine Punktwolke lässt sich über Formhistogramme, ein für die haptische Exploration neues Verfahren, in einen festdimensionierten Merkmalsvektor überführen und somit klassifizieren. Bei den Formhistogrammen hat sich das rotationsinvariante Sphärenmodell bei ortsfesten Objekten hervorgehoben, das eine Punktwolke in gleichmäßige Kugeln einteilt und so diskretisiert. Die Ungenauigkeiten in der Handkinematik mit Positionsabweichungen zwischen 3 mm am Zeigefinger und 5 mm am Daumen lassen sich am besten über die Modellierung des zu explorierenden Objektes als ein Sektorenmodell kompensieren, das sich zudem für eine Exploration unter dem Auftreten geringer Verschiebungen eignet.

7. Objektklassifikation anhand haptischer Schlüsselmerkmale

In diesem Kapitel wird ein neues Verfahren vorgestellt, bei dem eine Roboterhand ein Objekt mehrfach umfasst und so das Objekt anhand der groben Form klassifiziert. Ein Objekt wird dazu im haptischen Merkmalsraum statt in der dreidimensionalen Welt modelliert und anstatt eines einzelnen Griffes wird eine ganze Grifffolge mit den resultierenden taktilen Bildern und Fingerstellungen berücksichtigt. Ein Anwendungsszenario ist neben der schrittweisen Exploration eines stationären Objektes die Erkennung der Objektform innerhalb der Roboterhand, bei der sich das Objekt in der stationären Roboterhand durch Fingerbewegungen bewegt. Auch lässt sich so eine Erkennung eines Objektes mit zwei Roboterhänden, die das Objekt hin- und her reichen, modellieren.

Zunächst werden das Konzept des Ansatzes und die Einzelkomponenten des Erkennungssystems vorgestellt. Die Schlüsselkomponenten sind die Merkmalskategorisierung, die Histogrammbildung und die Fusion der Sensormodalitäten. Um die Machbarkeit des vorgestellten Ansatzes nachzuweisen, wird dieser zunächst mit einem Zweibackengreifer ausgewertet. Anschließend wird unter Berücksichtigung der ersten Evaluation der Ansatz auf die Fünffingerhand übertragen und ausführlich evaluiert.

7.1. Konzept

Die Identität eines Objektes lässt sich im Normalfall nicht durch eine einzelne Abtastung feststellen. Der Ausgangspunkt ist daher die Integration mehrerer „haptischer Ansichten" eines Objektes in eine Objektbeschreibung. Die Annahme, dass sich Objekte bestimmte Erscheinungen aus haptischer Sicht teilen, führt zu der Idee, eine Partitionierung des haptischen Merkmalsraums durchzuführen. Ein Objekt lässt sich über das Auftreten bestimmter haptischer Ausprägungen in Form der Partitionen beschreiben und klassifizieren. Dabei wird das Objekt aus möglichst unterschiedlichen Richtungen abgetastet, um die Varianz haptischer Ausprägungen zu erfassen, und das Objekt wird möglichst mit der gesamten Hand umfasst, um die Diskriminanz einer einzelnen Abtastung zu erhöhen.

Der Ablauf der Objekterkennung lässt sich grob in fünf Teilkomponenten unterteilen:

1. **Datenakquirierung:** eine Abtastsequenz wird durch wiederholtes Umfassen eines Objektes erzeugt. Eine einzelne Abtastung besteht aus den Fingerstellungen und den resultierenden taktilen Mustern.

2. **Vorverarbeitung und Merkmalsextraktion:** insbesondere die taktilen Muster müssen vorverarbeitet werden, um die spätere Auswertung zu verbessern. Es werden charakteristische haptische Merkmale extrahiert und dabei die Dimension der haptischen Merkmale ohne wesentlichen Informationsverlust reduziert.

3. **Merkmalskategorisierung:** haptische Schlüsselmerkmale lassen sich durch eine Partitionierung des taktilen sowie des kinästhetischen Merkmalsraums bestimmen.

4. **Histogrammbildung:** eine Abtastsequenz wird auf die Schlüsselmerkmale projiziert und eine statistische Objektbeschreibung wird auf Basis der Projektionen erstellt.

5. **Klassifikation:** ein Objekt wird anhand der festdimensionierten statistischen Objektbeschreibung klassifiziert.

Die Abb. 7.1 fasst die Idee zusammen: eine begrenzte Anzahl an kinästhetischen Schlüsselmerkmalen (Fingerstellungen) und taktilen Schlüsselmerk-

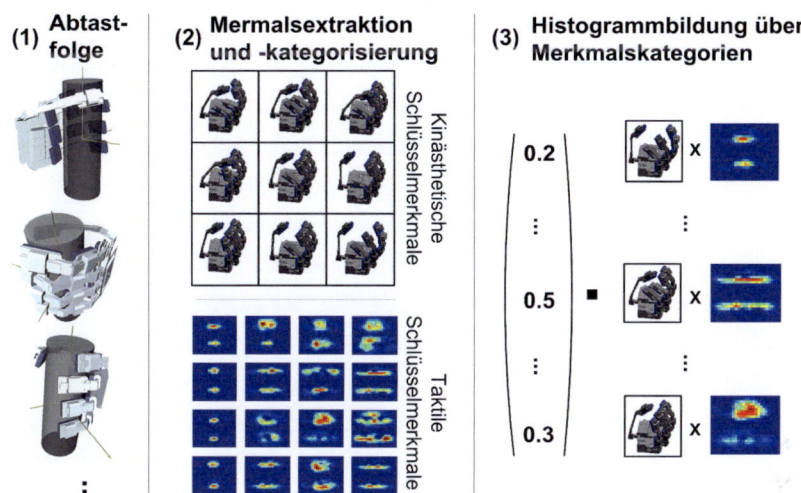

(1) Abtast-folge　　**(2) Mermalsextraktion und -kategorisierung**　　**(3) Histogrammbildung über Merkmalskategorien**

Abb. 7.1.: Von einer Abtastsequenz zu einer Objektbeschreibung auf der Basis haptischer Schlüsselmerkmale: (1) Ein Objekt wird mehrmals abgetastet. (2) Haptische Schlüsselmerkmale, repräsentiert durch Fingerstellungen und taktile Muster, werden durch die Partitionierung basierend auf einer Trainingsstichprobe extrahiert. (3) Jede einzelne Abtastung wird auf diese haptischen Schlüsselmerkmale abgebildet. Schließlich enthält jeder Eintrag des Objektvektors die Prozentzahl, wie oft das zugehörige haptische Schlüsselmerkmal während einer Abtastfolge auftrat.

malen (taktile Muster) werden identifiziert, die es erlauben die Teilgeometrien eines Objektes zu beschreiben. Wir nennen diese Kombination aus kinästhetischen und taktilen Schlüsselmerkmale *haptische Schlüsselmerkmale*. Die haptischen Schlüsselmerkmale werden automatisch mittels Methoden des maschinellen Lernens identifiziert. Jede einzelne Abtastung einer Abtastsequenz kann dann auf diese Schlüsselmerkmale abgebildet werden. Die vorgeschlagene Objektbeschreibung basiert auf dem normierten Histogramm dieser Schlüsselmerkmale und beinhaltet in ihrer normierten Darstellung die Prozentzahl, wie oft gewisse Schlüsselmerkmale während der Abtastfolge auftraten. Diese Objektbeschreibung erlaubt beliebig viele Abtastungen zu fusionieren. Diese festdimensionierte Darstellung wird im

Folgenden als *Objektvektor* oder als *Objektdeskriptor* bezeichnet. Das Resultat der Abbildung einer einzelnen Abtastung auf ein Schlüsselmerkmal wird *Klassenvektor* genannt.

Bei dem Ablauf ist zwischen der Trainings- und der Klassifikationsphase zu unterscheiden. Die Merkmalskategorisierung, das Erstellen des Klassifikators sowie Teile der Merkmalsextraktion finden nur in der Trainingsphase statt. Ist einmal der haptische Merkmalsraum partitioniert, werden die gefundenen Kategorien im Weiteren dazu verwendet, eine statistische Beschreibung des Objektes zu erstellen. Der beschriebene Ablauf ist im Wesentlichen eine Erweiterung des im Kap. 3.1 beschriebenen Klassifikationssystems. Die beschriebenen Verfahren zur taktilen Merkmalsextraktion in Kap. 5 können eins zu eins übernommen werden und werden daher im Folgenden nicht weiter erörtert. Im Folgenden werden die Merkmalskategorisierung, die Fusion der Sensormodalitäten sowie die Histogrammbildung näher erörtert bevor auf die Klassifikation und die Evaluation der Verfahren eingegangen wird.

7.2. Identifikation von Schlüsselmerkmalen

Ein haptisches Muster ist durch ein Tupel $(\vec{\theta}, \underline{I})$ mit $\vec{\theta}$ als die kinästhetische Daten mit den Fingerstellungen und $\underline{I}$ als die taktilen Bilder repräsentiert. Unter Anwendung der Merkmalsextraktion wird die Menge an taktilen Bildern in $\underline{I}$ in eine Menge von taktilen Merkmalen $\vec{I}$ transformiert. Es werden nun eine begrenzte Menge an repräsentativen Merkmalen –die Schlüsselmerkmale– bestimmt, auf welche eine Abtastsequenz abgebildet werden kann. Anstatt ein manuell vordefinierte Primitivmenge zu verwenden, wird ein Ballungsverfahren (vgl. Kap. 3.1) benutzt, um herauszufinden, welche Kombinationen aus Fingerpositionen und Kontaktmustern sich am besten eignen, um ein Objekt zu beschreiben. Um die haptischen Schlüsselmerkmale zu identifizieren, wird eine Merkmalskategorisierung auf die Fingerstellungen und auf die Kontaktmuster unabhängig voneinander angewendet. Die Ausgabe dieses Ballungsverfahren besteht aus f repräsentativen Vektoren für die Fingerstellungen und t für die taktilen Kontaktmuster. Die Anzahl der Kategorien kann vorher festgelegt oder über ein vorgegebenes Qualitätsmaß automatisch bestimmt werden. Eine aus solch einer Partitionierung resultierende Merkmalskategorie soll dabei eine Akkumulation von Merkmalsvektoren abbilden und möglichst das Zentrum der Akkumulation widerspiegeln. Nicht alle Griffkonfigurationen machen Sinn oder treten bei der Abtastung eines Objektes auf, d.h. bestimmte Bereiche des Merkmalsraums werden über eine Partitionierung ausgeblendet.

Nachdem die t taktilen Kategorien mit den Schwerpunkten $m_i \in \mathbb{R}^d$ bestimmt wurden, kann ein beliebiges taktiles Muster $\vec{x} \in \mathbb{R}^d$ auf einen Klassenvektor $\vec{y}$ über die Funktion $S_t(\vec{x}) : \mathbb{R}^d \rightarrow \mathbb{R}^t$ abgebildet werden:

$$k = S_t(\vec{x}) = \underset{i}{\operatorname{argmin}}(\|\vec{x} - \vec{m}_i\|) \in [1, t] \qquad (7.1)$$

Der Klassenvektor beschreibt einen t-dim. kanonischen Einheitsvektor e_k mit einer Eins an der Position k. Eine weiche Entscheidung kann getroffen werden, indem jede Kategorie entsprechend ihrer Distanz zum Eingabemuster gewichtet wird. Zudem kann die Kategorie neben dem Schwerpunkt auch zusätzlich über die Varianz der Daten beschrieben und so eine noch feinere Abgrenzung erreichen werden. Da die Sensormodalitäten getrennt partitioniert werden, gibt es dem entsprechend eine Zuweisungsfunktion $S_f(\vec{\theta})$ für die Fingerstellungen $\vec{\theta}$ und $S_t(\vec{I})$ für die taktilen Merkmalen $\vec{I}$.

7.3. Histogramm von Schlüsselmerkmalen

Das Auftreten der zuvor bestimmten Merkmalskategorien wird nun statistisch untersucht. Wie oft sind bestimmte Kategorien bei einer Abtastung aufgetreten? So lässt sich eine statistische Beschreibung einer Abtastsequenz in Form eines festdimensionierten Vektors verwirklichen. Jeder Eintrag des Vektors stimmt mit einer der zuvor gewonnenen Kategorien überein. Die Größe des Vektors entspricht also der Anzahl der Kategorien und ist unabhängig von der Anzahl der Abtastungen.

Eine Abtastsequenz besteht aus n einzelnen Abtastungen $\{A_1,...,A_n\}$. Eine einzelne Abtastung wiederum wird durch das Tupel $(\vec{\theta},\vec{I})$ mit $\vec{\theta}$ als die Fingerstellungen und $\vec{I}$ als die taktilen Merkmale repräsentiert. Eine einzelne Fingerpositionen $\vec{\theta}$ kann durch die Funktion S_f (vgl. Formel 7.1) auf eine kinästhetische Kategorie bzw. Schlüsselmerkmal abgebildet werden. Wenn die Reihenfolge der Abtastungen nicht berücksichtigt wird, kann eine ganze Abtastsequenz der Länge n über ein Histogramm über die Schlüsselmerkmale fusioniert werden. Dieses lässt sich über die Summe der Klassenvektoren der ganzen Abtastsequenz bilden:

$$\vec{\tilde{O}}_f = \sum_{i=1}^{n} S_f(\theta_i) \tag{7.2}$$

Dann beschreibt jeder Eintrag des Vektors $\vec{\tilde{O}}_f$, wie oft die entsprechende Fingerstellungen gewählt wurde, um ein Objekt zu umfassen.

Um zwei Abtastsequenzen unterschiedlicher Länge zu vergleichen, muss der Objektvektor bzgl. der Länge N der Sequenz normalisiert werden:

$$\vec{O}_f = \frac{1}{N}\vec{\tilde{O}}_f = \frac{1}{N}\sum_{i=1}^{N} S_f(A_i) \tag{7.3}$$

Jeder Eintrag des Vektors $\vec{O}_f$ beschreibt nun die Prozentzahl, wie oft die entsprechende Kategorie, repräsentiert durch eine Fingerstellung, in einer Abtastfolge auftrat. Wir benutzen diese Darstellung als finale Objektbeschreibung für die Klassifikation. Dieselbe Prozedur wird gleichermaßen auf die taktilen Daten angewendet, wodurch man über die Zuweisungsfunktion S_t einen weiteren Objektvektor $\vec{O}_t$ erhält.

7.4. Fusion der Sensormodalitäten

Ausgehend von einem taktilen Deskriptor $\vec{O}_t$ und einem kinästhetischen Deskriptor $\vec{O}_f$, werden drei verschiedene Ansätze für die Fusion taktiler und kinästhetischer Daten betrachtet:

1. **Produktkategorien :** Es werden neue Kategorien über ein kartesisches Produkt der taktilen und kinästhetischen Kategorien gebildet.

2. **Diskriptorenfusion :** Der Objektvektor resultierend aus taktilen Daten und der Objektvektor aus kinästhetischen Daten werden einfach konkateniert.

3. **Entscheidungsfusion :** Taktile und kinästhetische Daten werden getrennt voneinander klassifiziert und die Entscheidungen werden fusioniert.

Ein Vorteil der Betrachtung verschiedener Ansätze ist, dass neben der Klassifikation der fusionierten Modalitäten auch die Klassifikation basierend auf den einzelnen Modalitäten betrachten werden kann. Es wäre noch eine Merkmalsfusion möglich, die vor der Kategorisierung stattfindet und bei der taktile und kinästhetische Merkmale einfach konkateniert werden. Eine einfache Aneinanderreihung hat den Nachteil, dass die Modalität mit dem höherdimensionierten Merkmalsvektor die andere Modalität dominieren würde. Das Beispiel in Abb. 7.2 zeigt zwei taktile Bildkategorien (A, B) und zwei kinästhetische Positionskategorien (1, 2), die die Kategorien für einen Zweibackengreifer repräsentieren. Es wird im Folgenden dazu verwendet, die unterschiedlichen Fusionsmöglichkeiten zu illustrieren.

7.4.1. Produktkategorien

Die Produktkategorien entsprechen alle möglichen Kombinationen an Kategorien im Bild- und Positionsraum. Da es eine feste Anzahl an Kategorien pro Sensormodalität gibt, bilden sich die gemeinsamen Kategorien über

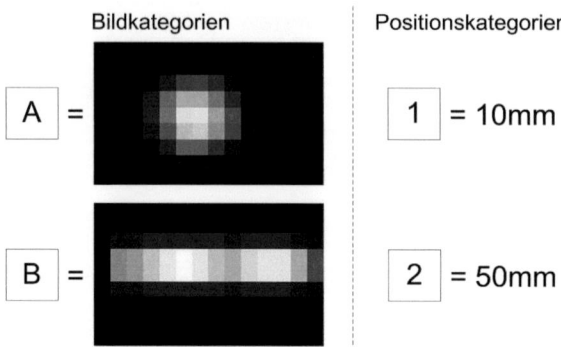

Abb. 7.2.: Beispielkategorien zur Verdeutlichung der Sensorfusion.

das kartesische Produkt der Einzelkategorien. Für die Beispielkategorien in Abb. 7.2 würde es nun vier neue Kategorien geben und ein Deskriptor hätte dann die Form

$$D_1 = (\ \#(A,1), \ \#(A,2), \ \#(B,1), \ \#(B,2) \ ) \ / \ N$$

mit # als Symbol für die Anzahl der Beobachtungen einer entsprechenden Kategorie und N als die Anzahl der Gesamtbeobachtungen. Sei nun eine Beobachtungsfolge

$$O = \{(A,1),(B,1),(B,2),(A,1)\}$$

gegeben, so ergibt sich daraus der Deskriptor

$$D_1(O) = (2/4, \ 0, \ 1/4, \ 1/4).$$

Anhand des resultierenden Beispieldeskriptors lässt sich immer noch Rückschlüsse auf die ursprüngliche Form der Beobachtungssequenz schließen, die Reihenfolge der Beobachtung geht aber verloren. Sind n Kategorien für taktile Daten und m für kinästhetische Daten gegeben, bekommt der haptische Objektvektor die Vektorgröße $m \cdot n$. Die Bildung der Produktkategorien kann bei einer großen Anzahl an Einzelkategorien in einem sehr großen Objektvektor resultieren. Eine Möglichkeit, das Problem der hohen Dimensionalität zu lösen, ist die Bestimmung eines niedrigdimensionaleren Unterraums ausgehend von einer Hauptkomponentenanalyse auf einer Trainingsstichprobe an Deskriptoren.

7.4.2. Deskriptorenfusion

Als weitere Fusionsstrategie werden die Objektvektoren der taktilen und kinästhetischen Daten in eine Beschreibung konkateniert:

$$O_h = \begin{pmatrix} \vec{O}_f \\ \vec{O}_t \end{pmatrix}.$$

Sind also n Kategorien für taktile Daten und m für kinästhetische Daten gegeben, bekommt der haptische Objektvektor die Vektorgröße $m + n$. Um nicht eine Modalität zu benachteiligen, sollte für beide die gleiche Anzahl an Kategorien zur Verfügung stehen. Für die Beispielkategorien hätte ein Deskriptor die Form:

$$D_2 = (\, (\, \#A, \, \#B \,), \, (\, \#1, \, \#2 \,) \,) \, / \, N.$$

Für das Beispiel bedeutet das konkret folgenden Deskriptor:

$$D_2(O) = (2/4, \, 2/4, \, 3/4, \, 1/4).$$

Es ist nicht mehr ersichtlich, welche Abtastungen zur dem Deskriptor geführt haben. So wird die Beobachtung $O' = \{(A,2),(B,1),(A,1),(B,1)\}$ auf denselben Deskriptor abgebildet. Der durch die Deskriptorenfusion neu entstandene Deskriptor ist aber bei einer hohen Anzahl an Kategorien um einiges kompakter als das zuvor vorgestellte Produkt aus Kategorien.

7.4.3. Entscheidungsfusion

Als dritte Variante ist eine Fusion der Modalitäten nach der Klassifikation möglich. Dazu wird die Klassifikation mit taktilen und kinästhetischen Daten unabhängig voneinander durchgeführt. Danach werden die beiden Entscheidungen in eine gemeinsame Entscheidung vereinigt:

$$w_1 \cdot C_1(O_f) + w_2 \cdot C_2(O_t) \quad \forall \, w_1 + w_2 = 1$$

Durch die Klassifikation auf der Basis der einzelnen Modalitäten lässt sich der Einfluss der jeweiligen Modalität auf den Erkennungsprozess bewerten.

7.5. Klassifikation

Die Klassifikation ist der letzte Schritt im Ablauf, bei dem der zur vor er-stellte Deskriptor einer Objektklasse zugewiesen wird. Dadurch dass eine Abtastsequenz beliebiger Länge immer eine festdimensionierte Darstellung erhält, kann ein beliebiger Klassifikator C gewählt werden. Die Parameter des Klassifikators werden in der Trainingsphase durch eine klassifizierte Stichprobe, also eine Beispielmenge an Deskriptoren, deren Klassenzuge-hörigkeit vorher manuell zugewiesen wurde, trainiert. Der Klassifikator C bildet einen Objektdeskriptor $\vec{x}$ auf einen Klassifikationsvektor $\vec{y}$ ab, dessen Größe mit der Anzahl der zu klassifizierenden Objekte korrespondiert.

7.6. Evaluation

Im Folgenden wird der vorgestellte Ansatz umgesetzt und die Erkennungs-leistung auf zwei Testsystemen evaluiert. Beide Testsysteme, ein Paral-lelbackengreifer und eine Fünffingerhand, wurden in Kap. 4 vorgestellt. Im Folgenden werden auf die Evaluationsziele und die Fragestellungen eingegangen.

7.6.1. Evaluationsziele

Die Aspekte und Fragen, die in der Evaluation erörtert werden und sowohl für die Roboterhand als auch für den Parallelbackgreifer gelten, sind:

- **Erkennungsleistung:** Wie gut ist die Objekterkennung mit haptischen Schlüsselmerkmalen? Die Frage nach der Gesamterkennungsleistung, mit der ein Objekt nach einem Explorationsvorgang klassifiziert wird, ist die Schlüsselfrage der Evaluation. Zusätzlich sind die Einzelerkennungsleistungen und damit die Frage, welches Objekt sich wie gut erkennen lässt, von Interesse.

- **Anzahl der Objekte:** Was ist der Zusammenhang zwischen der Erkennungsrate und der Anzahl an zu unterscheidenden Objekten? Man kann bessere Erkennungsraten erreichen, indem die Anzahl der zu klassifizierenden Objekte verringert wird bzw. indem zwei schwer zu unterscheidende Objekte als eine Klasse betrachtet werden.

- **Sensormodalitäten:** Wie wichtig sind taktile und kinästhetische Daten für die Erkennung? Die Objekterkennung lässt sich mit den taktilen und kinästhetischen Daten unabhängig voneinander durchführen. Anhand der Erkennungsraten lässt sich schließen, wie wichtig Kontaktinformation und wie wichtig Gelenkwinkel für den Erkennungsprozess sind.

- **Anzahl an Abtastungen:** Was ist der Zusammenhang zwischen der Erkennungsrate und der Anzahl an Abtastungen? Maßgebend für die Anwendbarkeit des Verfahrens ist die Frage, wie viele Abtastungen man braucht, um ein Objekt zu erkennen. Wie ändert sich die Erkennungsrate mit einer weiteren Abtastung?

- **Sensorfusion:** Wie lassen sich taktile und kinästhetische Daten am besten fusionieren? Durch die Fusion beider Sensormodalitäten soll die Erkennungsrate gesteigert werden. Es wird untersucht, welcher

Fusionsansatz die besten Erkennungsraten bringt. Die Erkennungs-raten basierend auf der Sensorfusion können wiederum abgegli-chen werden mit den Erkennungsraten basierend auf einer einzelnen Sensormodalität.

- **Merkmalsgüte:** Welche taktilen Merkmale eignen sich zur Bestim-mung taktiler Kontaktkategorien? Daher wird untersucht, wie die Wahl des Merkmals Einfluss auf den Erkennungsprozess hat.

Eine Problematik, die nur die Hand betrifft, ist:

- **Taktile Sensorik:** Es wird eine statistische Analyse der Kontaktdaten vorgenommen. Eine Fragestellung ist, wie stark die einzelnen Sen-soren beansprucht werden und wo die Kontakte auf den Sensoren stattfinden. Damit ist eine Bewertung der Roboterhand möglich. Für die taktile Merkmalsextraktion ist von Interesse, ob in der Regel ein-fache Punktmerkmale oder komplexe Objektstrukturen durch einen taktilen Sensor erfasst werden.

7.6.2. Evaluation mit einem Zweibackengreifer

Zunächst wird der vorgestellte Ansatz mit einem Zweibackengreifer, der über einen gekoppelten translatorischen Freiheitsgrad und zwei taktile Sen-sormatrizen verfügt, getestet. So lässt sich eine erste Evaluation durchfüh-ren, die Realisierbarkeit des Ansatzes nachweisen und die resultierenden Erkenntnisse auf die Hand übertragen. Außerdem lässt sich zeigen, dass der Ansatz universell einsetzbar ist und sich auf andere Greifsysteme über-tragen lässt. Der Greifer hat den Vorteil gegenüber der Hand, dass er we-niger Freiheitsgrade und taktile Sensoren hat, und dadurch eine einfachere Auswertung erlaubt.

Abb. 7.3.: Testsatz 1 bestehend aus 13 Objektklassen

Versuchsaufbau

Die 13 Testobjekte für die Evaluation sind in Abb. 7.3 abgebildet. Das primäre Auswahlkriterium war, dass die Ausmaße des Objektes weitestgehend kleiner sind als der maximale Backenabstand des Greifers von 70 mm. Zu bemerken bei der Auswahl ist, dass der Stift (3), das Lineal (7), der Schraubenzieher (8), der Löffel (10) und der Schraubenschlüssel (13) mit ihrer Hauptachse nicht in den Greifer passen.

Um den Fokus der Evaluation auf die Auswertung der haptischen Daten und nicht auf die Datenakquisition zu lenken, wird der Abtastvorgang von einem menschlichem Benutzer assistiert. Der Greifer ist dazu stationär und der Assistent legt die Gegenstände in möglichst verschiedenen Positionen und Orientierungen zwischen die Backen des Greifers. Es wurde darauf geachtet, dass die Objekte nicht immer perfekt in den Backen des Greifers bzgl. Position und Orientierung ausgerichtet sind. Durch die Interaktion mit dem Benutzer, können in kurzer Zeit die benötigten Datenmengen gesammelt werden. Der Greifer greift so lange zu, bis eine vorgegebene Intensität in beiden Bildern erreicht ist. Als Stichprobe werden der resultierende Greiferabstand und die beiden resultierenden taktilen Bilder registriert.

Mit 60 Aufnahmen pro Objekt und 13 Evaluationsobjekten besteht der Datensatz aus 780 Stichproben. Die Daten werden zu Zweidrittel in eine Trainingsmenge und zu einem Drittel in eine Testmenge geteilt. Um ein zufälliges Abtasten zu modellieren, auf die der Mensch keinen Einfluss hat, werden die Abtastungen kombinatorisch in unterschiedliche Päckchen der gewünschten Größe unterteilt.

Umsetzung des Konzepts

Für den ersten Schritt der Datenauswertung, der Merkmalsextraktion, wird für die Positionsdaten die Öffnungsweite des Zweibackengreifer direkt als eindimensionales Merkmal genommen. Die Positionsdaten des Zweibackengreifer sind störungsarm und benötigen keine weitere Vorverarbeitung. Für die taktile Merkmalsextraktion werden die Momentenanalyse und die Hauptkomponentenanalyse (PCA), die ausführlich im Kap.5 erörtert wurden, untersucht. Unter Anwendung einer Momentenanalyse werden für die zwei taktilen Bilder des Zweibackengreifers die Kontaktfläche, die Exzentrizität sowie die Länge der Hauptachse berechnet. Für die PCA werden die beiden Bilder unabhängig voneinander bzgl. Position und Orientierung normiert. Für die Bestimmung des taktilen Unterraums werden die normierten Bilder zusammen betrachtet, und die Merkmale beider Bilder werden nach der Merkmalsextraktion verkettet.

Zur Partitionierung der Merkmalsräume werden für die Daten des Zweibackengreifers Gaußmischverteilungen (vgl. Anhang B.3) verwendet, da sich diese in den Versuchen als bestes Ballungsverfahren herausgestellt ha-

Abb. 7.4.: Zehn Kontaktkategorien basierend auf Greiferabständen ohne Dichtevertilung. Die Markierungen repräsentieren die Mittelwerte der Kategorien.

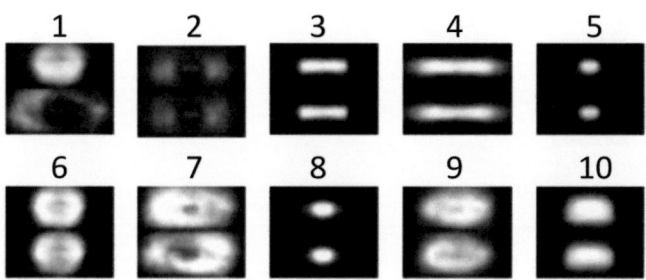

Abb. 7.5.: Zehn taktile Kontaktkategorien unter Verwendung von Gaußmixturen.

ben. Mit jeweils zehn Kategorien für die Greiferabstände und die Kontaktkategorien, erhält man durch Deskriptorenfusion eine Objektbeschreibung der Größe 20. Das Kreuzprodukt der Kategorien resultiert in einem Objektvektor der Größe 100. Für die Entscheidungsfusion ist für beide Modalitäten ein Vektor der Größe zehn gegeben. Für die Klassifikation wird ein naiver Bayes-Klassifikator verwendet, der im Anhang A.2 beschrieben wird.

Haptische Schlüsselmerkmale

Die Abb. 7.4 zeigt zehn Kategorien, die auf der Basis von Greiferabständen bestimmt wurden. Die Varianz der Greiferabstände ist nicht dargestellt. Ein Beispiel für Kontaktkategorien ist in Abb. 7.5 dargestellt. Es zeigt die durchschnittlichen Kontaktbilder für jede Kategorie ohne Darstellung der Varianz. Betrachtet man die Kategorien, so dominieren klar die Punkt-, Linien- und Flächenkontakte in unterschiedlichen Ausprägungen. Auffällig ist auch die Symmetrie der Abdrücke. Es gibt kaum Kategorien, wie z.B.

Objekt-nummer	1	2	3	4	5	6	7
Erkennungs-rate (%)	71	80	100	84	100	87	98

Objekt-nummer	8	9	10	11	12	13
Erkennungs-rate (%)	96	84	47	84	24	31

Tab. 7.1.: Die Einzelerkennungsraten für die 13 Objektklassen: (1) Block, (2) Kleberflasche, (3) Stift, (4) Harken, (5) Ball, (6) Radiergummi, (7) Lineal, (8) Schraubenzieher, (9) Anspitzer, (10) Löffel, (11) Kleberolle, (12) Adapter und (13) Schraubenschlüssel.

Kategorie eins, bei denen sich der linke vom rechten Abdruck gravierend unterscheidet. Dieses basiert auf der Tatsache, dass die Testobjekte selbst bzw. zwei parallele Ansichten eines Objektes sehr symmetrisch sind.

Referenzauswertung

Zunächst wird eine Referenzauswertung untersucht, mit der die anderen Auswertungen abgeglichen werden. Als Ballungsverfahren werden Gaußmischverteilungen mit jeweils zehn Kategorien im Bild- und Positionsraum. Als Referenzverfahren zur Merkmalsextraktion wird die PCA verwendet. Es wird eine Sequenz von drei Abtastungen betrachtet, deren resultierenden Sensordaten über die Bildung eines Produktdeskriptors fusioniert werden.

Auf der Basis dieser Parametrierung beträgt die Gesamterkennungsleistung bei 13 Objekten rund 76%. Die Einzelerkennungsraten sind der Tab. 7.1 zu unternehmen. Neun Objekte haben eine Erkennungsleistung über 80%, davon vier mit nahezu 100%: (3) Stift, (5) Ball, (7) Lineal und

Sensormodalität	Fusioniert	Positionsbasiert	Bildbasiert
Erkennungsrate (%)	75,9	63,8	43,4

Tab. 7.2.: Durchschnittliche Erkennungsraten über alle Objekte auf Basis der Referenzparameter in Abhängigkeit der Sensormodalitäten.

(8) Schrauberzieher. Drei Objekte haben hingegen eine Erkennungsleistung unter 50%, das sind: (10) Löffel, (12) Adapter und (13) Schraubenschlüssel. Diese stellen die Problemfälle dar und beeinflussen die Gesamterkennungsleistung negativ. Der Umgang mit diesen Problemfällen wird im Folgenden noch weiter betrachtet. Die Erkennungsleistung in Abhängigkeit der Sensormodalitäten ist der Tab. 7.2 zu entnehmen. Es wird deutlich, dass die Erkennung mit den Positionsdaten des Greifers mit 64% besser abschneidet als die rein bildbasierte Erkennung mit 43%. Daraus lässt sich schließen, dass die Positionsdaten für die Erkennung mit einem Zweibackengreifer wichtiger sind als die Bilddaten. Erst durch eine Fusion beider Modalitäten wird eine Erkennungsrate von 76% erreicht.

Verbesserung der Erkennungsleistung durch Klassenfusion

Eine Konfusionsmatrix (vgl. Kap. 3.2.1) stellt eine kompakte Darstellung der Klassifikationsergebnisse dar. Betrachtet man eine Konfusionsmatrix zeilenweise, so lässt sich ablesen, mit welchen anderen Objekten ein Objekt verwechselt wird. Die Konfusionsmatrix in Abb. 7.6 links spiegelt die Ergebnisse der Referenzauswertung wider. So wird der Adapter (12) zu 44% mit dem Radiergummi (6) verwechselt. Die Gesamterkennungsrate kann verbessern werden, indem die betreffenden Objekte als eine Klasse betrachtet werden. In Kap. 3.2.2 ist der Ablauf zur iterativen Klassenfusion beschrieben. Die Abb. 7.6 visualisiert diesen Prozess. Sie stellt links die Konfusionsmatrix mit voller Klassenzahl dar und rechts die Fusionsmatrix nach der Klassenfusion dar. Die Anzahl der Klassen wurde von 12

157

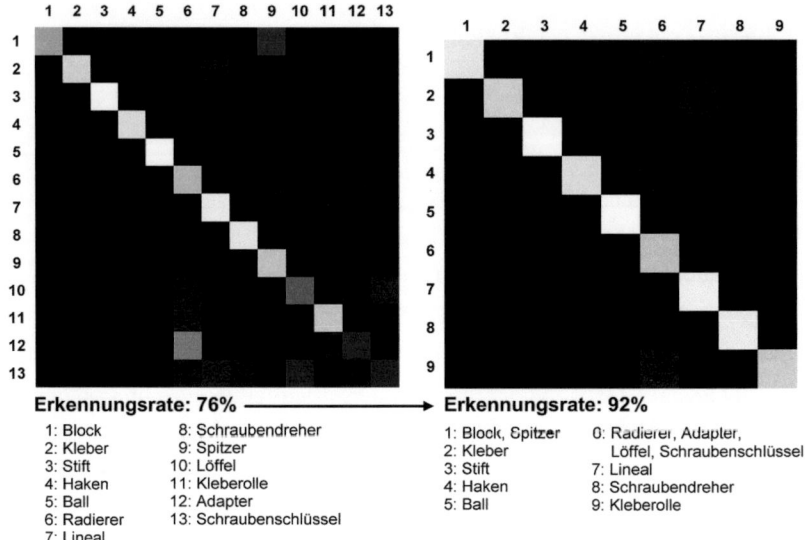

Erkennungsrate: 76% ⟶ Erkennungsrate: 92%

1: Block	8: Schraubendreher
2: Kleber	9: Spitzer
3: Stift	10: Löffel
4: Haken	11: Kleberolle
5: Ball	12: Adapter
6: Radierer	13: Schraubenschlüssel
7: Lineal	

1: Block, Spitzer	0: Radierer, Adapter,
2: Kleber	Löffel, Schraubenschlüssel
3: Stift	7: Lineal
4: Haken	8: Schraubendreher
5: Ball	9: Kleberolle

Abb. 7.6.: Verbesserung der Gesamterkennung durch Klassenfusion

auf 9 reduziert, indem das Radiergummi, der Adapter, der Löffel und der Schraubenschlüssel als eine Klasse betrachtet werden. Dadurch konnte die Gesamterkennungsrate von 76% auf 92% deutlich verbessert werden. Nach zwei weiteren Fusionsschritten wird nur eine leichte Verbesserung der Erkennungsrate auf 96% erreicht.

Anzahl an Abtastungen pro Sequenz

Eine der zentralen Fragestellungen ist die nach der Anzahl an Abtastungen, die man pro Sequenz benötigt, um ein Objekt zu identifizieren. Dabei wird die zuvor diskutierte Frage nach der Anzahl der zu unterscheidenden Objekte nicht außer Acht gelassen. Die Abb. 7.7 fasst die Evaluation der Klassifikation kompakt zusammen. Sie betrachtet die Erkennungsleistungen in Abhängigkeit der Anzahl an zu unterscheidenden Objektklassen und in Abhängigkeit der Anzahl der Abtastungen. Die Erkennungsleistung

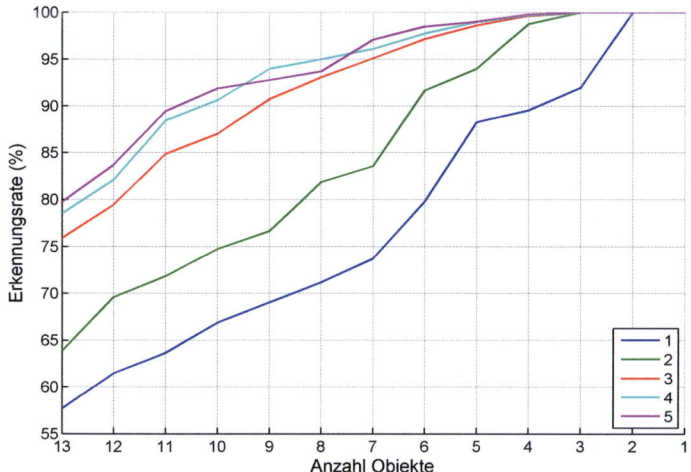

Abb. 7.7.: Erkennungsleistung in Abhängigkeit der Anzahl der zu unterscheidenden Objekten und der Anzahl an Abtastungen. Die Anzahl der Objektklasse ist absteigend auf der X-Achse, die Erkennungsraten aufsteigend auf der Y-Achse aufgetragen. Die Anzahl (1-5) an verwendeten Abtastungen ist durch unterschiedlich farbige Kurven abgebildet.

nimmt deutlich mit einer steigenden Anzahl an Abtastungen zu, wobei die Leistung ab drei Abtastungen nicht mehr gravierend zunimmt und ab vier Abtastungen pro Sequenz ein Optimum erreicht hat. Es können mit vier bis fünf Abtastungen elf Objekte zu 90%, mit drei Abtastungen zu 85% unterschieden werden.

Fusion der Modalitäten

Die Tab. 7.3 zeigt die Erkennungsraten bzgl. der Fusionstechnik. Eine Verknüpfung von Bild- und Positionsdaten scheint essentiell für die Verbesserung der Erkennung sein, so dass sowohl Produktdeskriptoren als auch Deskriptorfusion gleichermaßen eine deutliche Verbesserung der Erkennung bewirken. Die Verbesserung durch eine Entscheidungsfusion ist hingegen

Fusionstechnik	Produkt-diskriptor	Deskriptor-fusion	Entscheidungs-fusion
Erkennungsrate (%)	75,9	75,7	65,1

Tab. 7.3.: Vergleich der Verfahren zur Sensorfusion - durchschnittliche Erkennungsleistung mit Referenzparametern.

Merkmalstyp	PCA		Momentenanalyse	
	fusioniert	individuell	fusioniert	individuell
Erkennungs-rate (%)	75,9	43,4	70,0	37,0

Tab. 7.4.: Erkennungsleistung in Abhängigkeit des taktilen Merkmals.

sehr marginal, wenn man von einer positionsbasierten Erkennungsleistung von 64% und einer bildbasierten Erkennungsleistung von 43% ausgeht.

Merkmalstyp für Bilddaten

Für die Referenzauswertung wurde eine PCA mit positions- und orientierungsnormierten Bildern zur Merkmalsextraktion durchgeführt, die über eine Dimensionsreduzierung der Bilder in neun Merkmale pro taktiles Bild resultiert. Zum Vergleich wird nun eine translations- und rotationsinvariante Momentenanalyse durchgeführt, die in drei Formparameter pro taktiles Bild resultiert. Die Parametrierung der Verarbeitungskette folgt ansonsten der Referenzauswertung.

Die Tab. 7.4 zeigt den Einfluss beider Verfahren auf den Erkennungsprozess. Die Klassifikation auf Basis der PCA-Merkmale schneidet sowohl alleine betrachtet als auch fusioniert mit den Positionsdaten immer besser ab. Der Unterschied ist nicht so gravierend, er zeigt aber, dass beim Greifer

1. Ball   2. Holzblock   3. Flasche   4. Würfel

5. Kleberflasche   6. Tasse   7. Becher

Abb. 7.8.: Testsatz 2 bestehend aus sieben Testobjekten.

nicht alleine die Form und Größe des Kontaktes entscheidend ist. Die PCA hat in der Trainingsphase je nach gewählter Hauptkomponentenanzahl die Möglichkeit, feine Nuancen der Trainingsbilder abzubilden.

7.6.3. Evaluation mit einer Fünffingerhand

Die erste Evaluation hat gezeigt, dass das vorgestellte Verfahren auf den Zweibackengreifer erfolgreich anwendbar ist. Eine Abtastsequenz kann ohne Generierung einer Punktwolke fusioniert werden, und mit jeder zusätzlichen Abtastung wird das Ergebnis der Klassifikation verbessert. Auch die Fusion der Modalitäten was erfolgreich, wobei sich eine Fusion vor der Klassifikation als am besten herausgestellt hat. Für den Greifer ist die kinästhetische Modalität bei der Erkennung ausschlaggebend, da hiermit sehr gut die Ausmaße des Objektes bestimmt werden können. Es wird interessant, dieses mit der Roboterhand zu vergleichen, da diese rotatorische statt translatorische Freiheitsgrade hat. Durch die Zusammenführung schlecht unterscheidbarer Objekte in eine Klasse konnte die Gesamterkennungsleistung deutlich verbessert werden. Das vorgeschlagene Konzept wird nun auf die Fünffingerhand übertragen und evaluiert.

161

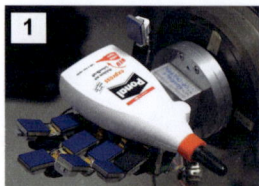

Abb. 7.9.: Umfassen eines Objektes: (1) Die Hand ist in der Ausgangsstellung und das Objekt wird in die Handinnenfläche gelegt. (2) Die Proximalgelenke werden bis zur Kontaktaufnahme geschlossen. (3) Zum Schluss werden auch die Distalgelenke geschlossen.

Versuchsaufbau

Die sieben zur Evaluation verwendeten Objekte sind in Abb. 7.8 aufgezeigt. Die primäre Auswahlkriterien für die Objektauswahl sind:

- Ein Objekt soll sich von der Hand umfassen lassen.

- Die Roboterhand kann das Objekt stabil greifen.

- Die Objekte sollen sich von der Form und der Größe unterscheiden.

Zur Datenakquisition umfasst der Roboter wiederholt ein Objekt ohne dabei die Objektposition zu berücksichtigen. Um die Varianzen der „Objektansichten" in den Beispieldaten zu erfassen, werden die Objekte bei der Datenakquisition dem Roboter in verschiedenen Positionen und Orientierungen in die Handinnenfläche gelegt. Die Datenakquisition wird dadurch beschleunigt, dass der Roboter stationär bleibt und die Hand sich dem Objekt nicht aktiv nähern muss. Um ein Objekt mit der Roboterhand zu umfassen und um somit haptische Sensordaten zu sammeln, wird eine einfache Strategie zum Schließen der Hand benötigt. Die Roboterhand soll sich möglichst der Objektform anpassen und nicht umgekehrt, um so die Varianz der partiellen Objektgeometrien wahrzunehmen. Wie im Bild 7.9 dargestellt, besteht der Prozess des Umfassens aus drei Schritten:

1. **Ausgangsposition:** In der Ausgangsstellung nimmt die Hand eine initiale Greifpose an. Dazu sind alle Gelenke der Hand mit Ausnahme
   des proximalen Daumengelenks gestreckt. Das Proximalgelenk des
   Daumens ist komplett gebeugt, damit der Daumen dem Zeigefinger
   gegenüberliegt und somit das Objekt beim Schließen der Hand sicher
   gegriffen wird. Das Objekt wird von einem menschlichen Probanden
   auf die Handinnenfläche gelegt.

2. **Schließen der Proximalgelenke:** Es werden zunächst nur die Proximalgelenke der Roboterhand geschlossen. Die Bewegung eines Fingers wird gestoppt, sobald ein Kontakt am entsprechenden Finger
   über die Positionsdaten registriert wird. Ein Kontakt wird registriert,
   wenn die Istposition des Fingers von der entsprechenden Sollposi-
   tion abweicht. Sobald alle Finger sich nicht mehr bewegen, werden
   taktile Abdrücke von allen taktilen Sensorflächen akquiriert. Die Bestimmung des ersten Kontaktes über die Positionsdaten statt über die
   taktilen Kontaktdaten hat sich als zuverlässiger herausgestellt. Dieses ist auch der Tatsache geschuldet, dass die taktilen Sensoren nur
   Normalkräfte erfassen können.

3. **Schließen der Distalgelenke:** Die Distalgelenke werden zusätzlich
   geschlossen. Das Schließvorgang eines einzelnen Fingers stoppt, sobald ein Finger einen Kontakt hat oder den maximalen Winkel erreicht hat. Schließlich werden wieder taktile Abdrücke an allen Sensorflächen genommen.

Eine einzelne Abtastung besteht dann aus zweimal acht Fingerstellungen
und zweimal acht taktilen Bildern, da sowohl beim Schließen der Proximal-
als auch beim Schließen der Distalgelenke Gelenkstellungen und Abdrücke
registriert werden. Somit ist im Gegensatz zum Greifer die Dimensionalität der Sensordaten um einiges höher. Jedes Objekt wird 36-mal abgetastet.
Dabei werden 21 Abtastungen zum Training und 15 Abtastungen zum Testen verwendet. Daraus ergeben sich für das Training 50 Sequenzen mit je

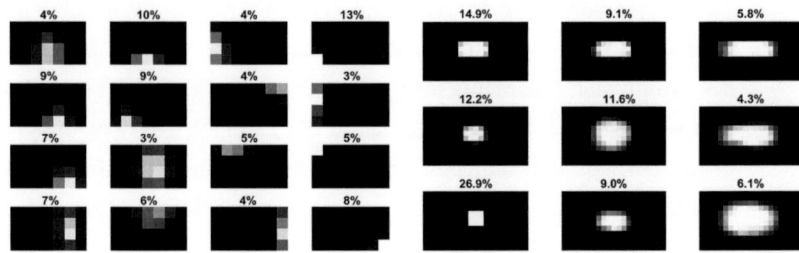

(a) 16 Kontaktkategorien für taktile Rohbilder (normiert bzgl. Intensität).

(b) 9 Kontaktkategorien für vorverarbeitete Bilder (binarisiert, skaliert um Faktor 3 und normiert bzgl. Position und Orientierung)

Abb. 7.10.: Kontaktkategorien und die Häufigkeit ihres Auftretens für alle taktile Sensormatrizen.

drei Abtastungen pro Objekt. Gleichermaßen wurden zum Testen für jedes Objekt 35 Sequenzen generiert.

Um verschiedene Abtastfolgen zu generieren, werden die Abtastungen wieder, wie zuvor beim Zweibackengreifer, kombinatorisch in unterschiedliche Päckchen der gewünschten Größe unterteilt. So werden zufällige Abtastsequenzen generiert, auf deren Reihenfolge der Mensch kein Einfluss hat.

Taktile Kontaktkategorien

In Kap. 5 wurde gezeigt, dass mit der taktilen Sensormatrix am Finger eine begrenzte Anzahl an Kontakten unterschieden werden können. Die Kontaktarten wurden aber noch manuell festgelegt. Nun wird untersucht, welche Kontaktarten bei einem echten Greifvorgang überhaupt auftreten und welche Anforderungen sich an die taktile Merkmalsextraktion ergeben. Die taktilen Bilder von allen Sensorflächen aus der zuvor akquirierten Datenbasis dienen dabei als Grundlage.

Zunächst wird eine Partitionierung des taktilen Bildraums mit einer selbst-organisierenden Karte (vgl. Anhang B.1) auf Basis der aufgenommenen Rohdaten ohne vorherige Normierung durchgeführt. Die Bilder wurden vorher lediglich bzgl. ihrer Intensität über eine Grauwertspreizung normiert. Die Abb. 7.10(a) zeigt die 16 gefundenen Kontaktkategorien. Es ist auffällig, dass zum größten Teil kleine Punktkontakte auftreten, d.h. die Bilder enthalten wenig Strukturinformation.

Zur Partitionierung des normierten Bildraums, wurden die Bilder binarisiert, um Faktor drei skaliert und schließlich bzgl. Position und Orientierung normiert. Die resultierenden neun Kategorien auf Basis der selbstorganisierenden Karte zeigen in Abb. 7.10(b), dass zu fast 40% lediglich ein minimaler Punktkontakt auftritt und das großflächige Kontakte weniger als ein Drittel ausmachen. Eine weitere Bestätigung für das Auftreten kleiner Abdrücke ist die durchschnittliche Kontaktfläche über alle Kontakte, die $4,4$ Taxel beträgt. Das führt zu der Schlussfolgerung, dass sich die Merkmalsextraktion bei diesem Ansatz auf die Extraktion der Größe und der Form des Kontaktes fokussieren sollte. Das spricht für die Verwendung einer Momentenanalyse.

Kontaktpositionen

Ein für die Konstruktion der Hand aber auch für die Merkmalsextraktion interessanter Aspekt ist die Frage, wie oft ein taktiler Sensor verwendet wird und wo die Kontakte auf den Sensoren stattfinden. Damit ist eine Bewertung der taktilen Sensorik möglich. Die Abb. 7.11(a) zeigt, wie oft ein taktiler Sensor beim Zugreifen verwendet wird. Es ist auffällig, dass die Distalsensoren am Mittelfinger und am Daumen fast zu 100% bei jedem Griff beansprucht werden. Die Proximalsensoren am Ringfinger und Mittelfinger sowie der Distalsensor am kleinen Finger werden nur bei jedem dritten Mal verwendet. Alleine die Tatsache, ob ein bestimmter taktiler Sensor Kontakt hat oder nicht, kann Rückschlüsse über die Objektform zulassen. Dies lässt sich über die Verwendung binärer Kontakte für die Merkmalsextraktion verifizieren.

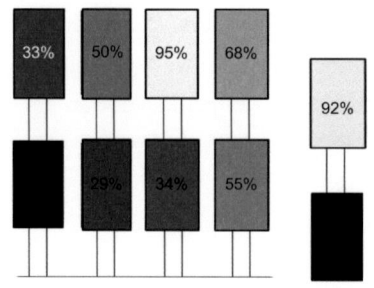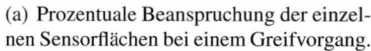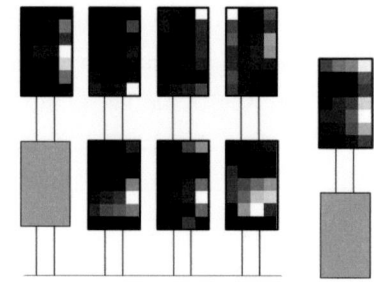

(a) Prozentuale Beanspruchung der einzel- (b) Durchschnittliches Kontaktbild pro
nen Sensorflächen bei einem Greifvorgang. Sensormatrix.

Abb. 7.11.: Beanspruchung der taktilen Sensorflächen vom Daumen (rechts) zum
kleinen Finger (links).

Bei den durchschnittlichen Kontaktbildern in Abb. 7.11(b) fällt auf, dass die Kontakte sich auf bestimmte Positionen auf dem Sensor konzentrieren und die Sensormatrix nicht gleichmäßig ausgelastet wird. Beim Daumen und Ringfinger verteilen sich die Kontakte noch recht gleichmäßig. Aus der Tatsache, dass viele Kontakte am Rand entstehen, ließe sich einerseits schließen, dass der Kontakt zwischen der Sensorebene und dem Objekt nicht optimal ist. Anderseits lassen sich ggf. über den Ort des Kontaktes Rückschlüsse auf die Objektform ziehen. Deswegen sollte als Vorverarbeitungsschritt für die taktilen Bilder der Fünffingerhand auf eine Positions- und Lagenormierung verzichtet werden.

Umsetzung des Konzeptes

Wie zuvor bei der Umsetzung der haptischen Schlüsselmerkmale mit dem Zweibackengreifer werden für die Merkmalsextraktion die Gelenkstellungen direkt als Merkmalsvektor übernommen. Da der Wert des Proximalgelenks des Daumens zur Einnahme einer Greifpose komplett gebeugt und beim Greifen nahezu konstant bleibt, wird dieser als Merkmal nicht in Betracht gezogen. Daraus resultiert ein sieben-dimensionaler Merkmalsraum für die Positionsdaten der Fünffingerhand. Des Weiteren werden für jeden taktilen Sensor über eine Hauptkomponentenanalyse (PCA) und eine Momentenanalyse die Merkmale extrahiert. Bei der Fünffingerhand hat sich in den Vorversuchen im Gegensatz zum Zweibackengreifer herausgestellt, dass der Ort des Kontaktes Information über das Objekt bereitstellt. Daher werden für die PCA die intensitätsnormieren Rohbilder ohne vorherige Normierung der Position und Orientierung des Kontaktprofiles vorgenommen. Für die Momentenanalyse werden der Mittelpunkt, die Exzentrizität und die Hauptachsenlänge eines Kontaktprofiles betrachtet. Die Berücksichtigung der Orientierung des Kontaktprofiles sorgt für schlechtere Ergebnisse. Als drittes Verfahren wird die Betrachtung binärer Kontakte untersucht, bei dem die Form des Kontaktes ignoriert und lediglich pro Sensormodul registriert wird, ob die Kontaktintensität über einen gewissen Schwellwert liegt. Unabhängig vom Verfahren werden die Merkmalsvektoren zweier taktilen Sensoren eines Finger zusammengefasst, um die lokale Beziehungen zwischen den taktilen Sensorebenen eines Finger zu berücksichtigen. Hat ein Finger nur ein Sensormodul, wird der fehlende Sensor als ein Nullvektor der entsprechenden Merkmalsgröße angenommen.

Zur Identifikation der Schlüsselmerkmalen haben sich bei den Daten der Fünffingerhand die Selbstorganisierende Karten (SOM, vgl. Anhang B.1) als besseres Ballungsverfahren gegenüber den Gaußmixturen herausgestellt. Unter Verwendung zweier 10x10-SOMs wurden jeweils hundert taktile und hundert kinästhetische Schlüsselmerkmale identifiziert. Die Fingerstellungen eines einzelnen Griffes können nun als fünf Fingerdeskriptoren der Länge 100 bzw. konkateniert als ein einzelnem Deskriptor der Länge 500 dargestellt werden. Gleichermaßen entstehen für eine Abtastung fünf taktile Fingerdeskriptoren, die zu einem taktilen Deskriptor zusammengefasst werden. Die Bildung eines Kreuzproduktes über die Kategorien würde in eine Dimension der Größe 50.000 resultieren und wäre nur bedingt handhabbar. Als Klassifikator wird wie beim Zweibackengreifer ein Bayes-Klassifikator verwendet.

Sensormodalität	Fusioniert	Positionsbasiert	Bildbasiert
Erkennungsrate [%]	81,2	58,0	73,8

Tab. 7.5.: Referenzauswertung: durchschnittliche Erkennungsraten für einzelne Sensormodalitäten und basierend auf einer Sensorfusion.

Objekt	Ball	Holzblock	Flasche	Würfel
Erkennungs-rate [%]	91,4	91,4	80,0	74,3

Objekt	Kleber	Tasse	Becher
Erkennungs-rate [%]	85,7	94,3	51,4

Tab. 7.6.: Einzelne Erkennungsraten der Referenzauswertung bei einer Gesamter-kennungsrate von 81%.

Referenzauswertung

Zunächst wird eine Referenzauswertung durchgeführt, die mit den anderen Versuchen abgeglichen wird. Als Ballungsverfahren werden selbstorgani-sierende Karten mit jeweils zehn Kategorien im Bild- und Positionsraum verwendet. Als Referenzverfahren zur Merkmalsextraktion wird die Mo-mentenanalyse verwendet. Als Merkmale dienen der Schwerpunkt, die Ex-zentrizität und die Länge der Hauptachse des Kontaktes. Es werden pro Sequenz drei Abtastungen und zur Sensorfusion eine Deskriptorfusion ver-wendet. Die Parameter werden, wenn nicht anderes erwähnt, auch für die Folgeuntersuchungen verwendet.

Die Tab. 7.5 zeigt die einzelnen Erkennungsraten. Es fällt auf, dass im Vergleich zum Zweibackengreifer sich die Bedeutung von taktiler Informa-

	1	2	3	4	5	6	7
1	91	0	0	0	0	6	3
2	0	91	3	0	0	0	6
3	0	9	80	0	0	11	0
4	0	0	0	74	0	9	17
5	0	9	0	3	86	0	3
6	0	3	0	0	0	94	3
7	0	11	20	0	0	17	51

	1	2	3	4	5	6
1	91	0	3	0	0	6
2	0	91	9	0	0	0
3	0	10	76	0	0	14
4	0	0	17	74	0	9
5	0	9	3	3	86	0
6	0	3	3	0	0	94

Tab. 7.7.: Konfusionsmatrix für sieben Objekte: (1) Ball, (2) Block, (3) Flasche, (4) Würfel, (5) Kleber, (6) Tasse und (7) Becher. Konfusionsmatrix (rechts) mit sechs Objekten ergibt sich aus der Fusion von der Klasse Flasche mit der Klasse Becher.

tion und Positionsdaten entgegen gesetzt verhält und die taktile Information mit 74% gegenüber 58% Erkennungsrate weit ausschlaggebender ist. Eine Rolle spielt sicher die Positionsgenauigkeit beim Zweibackengreifer sowie die hohe Anzahl und Verteiltheit an taktilen Sensorzellen bei der Roboterhand. Die Erkennungsrate durch Sensorfusion ist auch wieder besser als die Erkennungsleistung basierend auf einer einzelnen Modalität.

Die Einzelerkennungsleistungen sind der Tabelle 7.6 zu entnehmen. Der Ball, die Flasche und der Kleber wurden zu über 90% richtig erkannt. Der Holzblock, der Spielwürfel und die Tasse haben Erkennungsraten über 74%. Überraschenderweise hat der Becher nur eine Erkennungsrate um die 51%. Um die schlechte Erkennungsrate des Bechers zu beleuchten, wird die Konfusionsmatrix für die Referenzauswertung begutachtet. Die Tab. 7.7 zeigt links die Konfusionsmatrix für die 7 Objektklassen. Ihr ist zu entnehmen, dass der Becher in 20% der Fälle mit der Flasche verwechselt wird. Die Flasche andererseits wird nie für einen Becher gehalten. Durch eine Fusion beider Klassen kann die Gesamterkennungsrate von 81% auf 85% leicht verbessert werden. Um die neue Konfusionsmatrix, die in der Tab. 7.7

Anzahl an Abtastungen	1	2	3	4	5
Erkennungs-rate [%]	56,2	67,4	81,2	84,6	88,9

Tab. 7.8.: Beziehung der Erkennungsraten zur der Anzahl an Abtastungen unter Verwendung einer Sensorfusion.

rechts abgebildet ist, zu berechnen, werden die markierten Spalten und die Zeile der beiden betroffenen Objekte fusioniert.

Anzahl an Abtastungen pro Sequenz

Die Tabelle. 7.8 bildet die Beziehung zwischen der Erkennungsrate und den Anzahl der Abtastungen ab. Es wird eine steigende Anzahl an Abtastungen von eins bis fünf untersucht. Die Ergebnisse für drei Abtastungen wurden bereits besprochen. Die Erkennungsrate werden im Allgemeinen besser mit einer steigenden Anzahl an Abtastungen - dieses gilt für beide Sensormodalitäten und ebenso für deren Fusion. Aus einer Abtastung resultiert eine nur bedingt brauchbare Erkennungsleistung. Mit zwei Abtastungen ist sie noch unter 70% und erreicht bei drei Abtastungen mit über 80% den größten Sprung. Mit fünf Abtastungen wird schließlich eine Erkennungsleistung von ca. 89% erreicht. Die Ergebnisse bestätigen die grundlegende Idee des vorgestellten Ansatzes, nämlich die Verwendung einer Sequenz an Abtastungen anstatt einer einzelnen Abtastung im haptischen Merkmalsraum. Es wurde gezeigt, dass die Fusion der Sequenzen auch mit einer unterschiedlichen Anzahl an Abtastungen funktioniert.

Fusion der Modalitäten

Die Tab. 7.9 stellt die verschiedenen Fusionsmöglichkeiten gegenüber. Die Erkennung nur basierend auf Positionsdaten beträgt im Vergleich 58,0%

Fusions- technik	**Deskriptor- fusion**	**Entscheidungs- fusion**
Erkennung- srate [%]	81,2	80,8

Tab. 7.9.: Vergleich von Beschreibungsfusion und Entscheidungsfusion.

und nur auf Bilddaten 73,8%. Dabei wurde, wie in der Umsetzung erklärt, auf die Produktdeskriptoren verzichtet. Zu Anwendung der Entscheidungsfusion wurden Gewichte von 0.5 verwendet. Die Gesamterkennung mit den Referenzparameter und der Deskriptorfusion beträgt 81%. Die Entscheidungsfusion schneidet ebenfalls mit rund 81% ab. Es ist also kein signifikanter Unterschied zu erkennen.

Merkmalstyp für Bilddaten

In der Voruntersuchung im Kap. 7.6.3 wurde gezeigt, das beim Greifen mit der Fünffingerhand sehr unstrukturierte Kontakte auftreten, die sich im Wesentlichen nur in der Größe und der Exzentrizität unterscheiden. Dieses deckt sich mit der Untersuchung der taktilen Kontakterkennung auf Basis eines Fingermoduls (vgl. Kap. 5.6.3), bei der die Momentenanalyse am besten abschneidet. An dieser Stelle soll diese Beobachtungen verifiziert werden, indem der Einfluss der taktilen Merkmalsextraktion auf die Objekterkennung untersucht wird. Dazu wurden die PCA, die Momentenanalyse und binäre Kontakte verglichen und deren Ergebnisse in der Tabelle. 7.10 abgebildet. Die taktilen Merkmale basierend auf einer Momentenanalyse erreichen sowohl alleine als auch mit den Positionsdaten fusioniert die besten Resultate. Die Referenzauswertung basierend auf der Momentenanalyse weist eine Erkennungsrate von 74% auf. Die Erkennungsrate basierend auf der PCA ist 71% und mit binären Kontakt 58%. Alleine die Aussage, ob eine Sensorfläche Kontakt hat oder nicht, reicht noch nicht aus, um die

Erkennungs-rate	Momenten-analyse	PCA	Binäre Kontakte
Nur Bilddaten	73,9%	71,4%	57,6%
Fusioniert	81,2%	76,7%	73,1%

Tab. 7.10.: Vergleich der verschiedenen taktilen Merkmale: Momentenanalyse, PCA und binäre Kontakte.

Kontaktinformation wiederzugeben. Die Information genügt aber, um in Kombination mit den Fingerpositionen die Erkennungsleistung zu verbessern. Im Vergleich zu den Ergebnissen mit dem Zweibackengreifer ist die Erkennung basierend auf taktilen Sensordaten eindeutig besser. Die Sensorflächen in der Hand nehmen nicht nur die Struktur des Objektes auf sondern sammeln über den Ort der Sensorfläche noch zusätzlich diskriminierende Information.

7.7. Zusammenfassung

In diesem Kapitel wurde ein neuer Ansatz vorgestellt, mit dem ein Objekt direkt anhand der Fingerpositionen und der taktilen Mustern klassifiziert wird. Dabei wird das Objekt nicht nur durch einen einzelnen Griff sondern durch eine ganze Grifffolge erfasst. Eine beliebige lange Abtastsequenz kann in eine statistische Objektbeschreibung unter Verwendung sogenannter haptischer Schlüsselmerkmale fusioniert werden. Die haptischen Schlüsselmerkmale stellen eine begrenzte Anzahl an essentiellen Fingerstellungen und taktilen Kontaktmustern dar, die über Ballungsverfahren identifiziert werden. Über die Bildung eines Histogramms basierend auf diesen Schlüsselmerkmalen lässt sich eine festdimensionierte Beschreibung des Objektes erstellen und somit das Objekt klassifizieren. Ein Vorteil dieses Ansatzes ist, dass er keine Handkinematik benötigt und komplett unabhängig von der Verschiebung des Objektes bei der Exploration ist. Der Ansatz ermöglicht einen Zweibackengreifer neun Objekte zu 92% und sieben Objekte zu 96% mit drei Abtastungen zu unterscheiden. Mit einer Fünffingerhand lassen in drei Abtastungen sieben Objekte zu 81% und mit fünf Abtastungen zu 89% unterscheiden.

8. Zielgerichte haptische Exploration

Neben der Erstellung eines Objektmodelles wird eine übergeordnete Strategie für eine aktive Explorationsprozedur benötigt. Solch eine Strategie soll bestenfalls keine zufällige sondern eine zielorientierte Abtastsequenz erzeugen. Diese Kapitel präsentiert eine neuartige Abtaststrategie für die haptische Objektexploration. Die Abtaststrategie soll drei Ziele verfolgen:

1. **Minimierung der Explorationsschritte:** Es soll die Anzahl an notwendigen Explorationsschritten für die Objekterkennung minimiert und gleichzeitig die Klassifikation verbessert werden, indem der nächste Punkt des Interesses geschickt gewählt wird.

2. **Zielgerichtetes Explorieren:** Die Exploration soll sich auf unterschiedliche lokale Strukturen, wie Ecken, Oberflächen und Kanten konzentrieren können. Auch eine lokale oder globale Objekthypothese kann die Exploration leiten.

3. **Abtastverhalten:** Die Exploration soll zwischen einer groben Erfassung und einem Inspektionsverhalten, also zwischen der Extraktion einer homogenen Punktwolke und der Analyse interessanter Merkmale, wechseln können. Der Übergang zwischen den Explorationsverhalten soll fließend sein.

Ein Teilaspekt für eine zielgerichtete Exploration ist die Bestimmung von Objektmerkmalen, auf die sich eine Explorationsstrategie fokussieren kann. Als notwendige Voraussetzung für die Merkmalsextraktion und die Objekterkennung wird eine Punktwolke angenommen. Es wird vollständiges Explorationssystem inklusive Pfadplanung und reaktiver Handsteuerung zur Umsetzung der Explorationsstrategie vorgestellt.

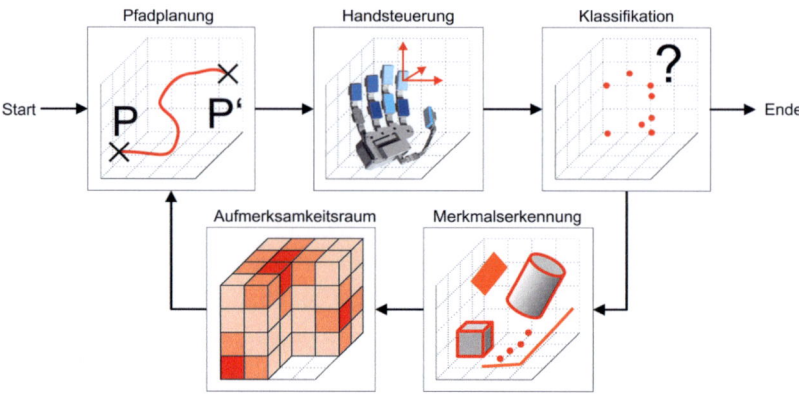

Abb. 8.1.: Der Ablaufplan des Explorationssystems zur zielgerichteten Exploration
mit den fünf Teilkomponenten.

8.1. Konzept

Die Idee dieses Kapitels ist motiviert von den visuellen Aufmerksamkeits-
karten [SHJ$^+$01], bei denen zur visuellen Exploration jedem Pixel des Bildes ein Aufmerksamkeitswert zugewiesen wird. Transferiert man diese Idee
auf die haptische Ebene, wird jedem Voxel des Explorationsbereiches ein
Aufmerksamkeitswert zugeordnet, der abhängig von der umgebenen Struktur, dem Abstand zur Hand, den Abständen zu bereits besuchten Punkten und dem Fokus der Exploration ist. Es ergibt sich ein Aufmerksamkeitsraum $A_t(\vec{x})$, der einem beliebigen Punkt $\vec{x} \in E$ im Explorationsbereich
$E \subset \mathbb{R}^3$ einen Aufmerksamkeitswert zum Zeitpunkt t zuordnet. Der Voxel
mit dem höchsten Aufmerksamkeitswert wird als nächster Punkt von Interesse genommen. Solch eine Prozedur beinhaltet ein komplettes Explorationssystem, dessen Architektur bereits in 3.4 vorgestellt wurde. Die Abb. 8.1
zeigt die Einbettung des Aufmerksamkeitsraumes in das Rahmenwerk zur
Exploration. Die Exploration eines Objektes umfasst fünf Komponenten:

1. **Aufmerksamkeitsraum:** Der Aufmerksamkeitsraum ist die Schlüs-
   selkomponente des Systems. Sie sucht den nächsten Abtastpunkt aus

und entscheidet somit über den Gesamtablauf der Exploration.

2. **Merkmalserkennung:** Um den Aufmerksamkeitsraum zu berechnen, ist eine Komponente zur Merkmalserkennung notwendig, die eine Verarbeitung der Punktewolke vornimmt. Auf den extrahierten Merkmalen kann der Fokus der Exploration gelegt werden.

3. **Pfadplanung:** Eine Komponente zur Pfadplanung wird benötigt, um den nächsten Punkt des Interesses kollisionsfrei zu erreichen. Es wird ein Referenzpunkt auf der Roboterhand gewählt, der zum nächsten Explorationspunkt geleitet wird.

4. **Handsteuerung:** Die Handsteuerung umfasst sowohl die Verarbeitung der taktilen Bildern als auch die Annäherungsbewegung der Hand, die Anpassung der Hand an die Objektoberfläche und die Ausführung von Fingerbewegungen.

5. **Klassifikation:** Die Klassifikation dient zur Erkennung von Objekten basierend auf einer Punktwolke. Wenn genug Punkte gesammelt wurden und das Objekt eindeutig klassifiziert werden kann, ist der Explorationsprozess mit der Ausgabe der Objektklasse beendet.

Es gibt eine Vielzahl an Möglichkeiten, um das vorgestellte System zu realisieren. In diesem Kapitel wird eine Variante aufgezeigt, mit der die Machbarkeit des vorgestellten Konzepts verifiziert werden kann. Auf die Klassifikation wurde bereits in den vorherigen Kapiteln, u.a. Kap. 6, ausführlich eingegangen. Im Folgenden soll insbesondere auf die restlichen vier Komponenten eingegangen werden: die Merkmalserkennung, der Aufmerksamkeitsraum, die Pfadplanung und die Handsteuerung.

8.2. Merkmalserkennung

Im Gegensatz zur Merkmalserkennung in Kap. 6.4 soll an dieser Stelle statt einer globalen Objektbeschreibung die lokalen Merkmale eines Objektes

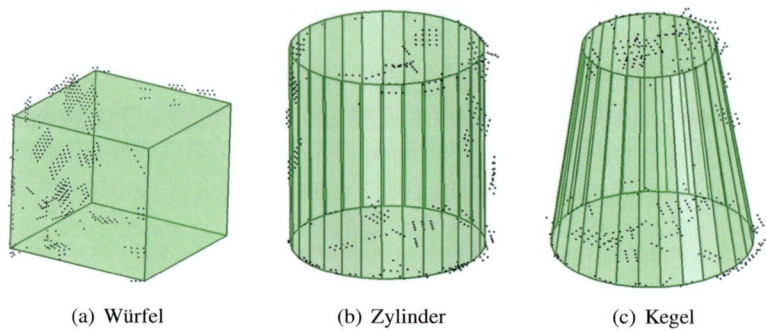

(a) Würfel   (b) Zylinder   (c) Kegel

Abb. 8.2.: Drei Beispiele für die Approximation einer Punktwolke durch ein Objektprimitiv. Dargestellt sind jeweils in Schwarz die Punktwolke und in Grün das Objektprimitiv.

bestimmt werden. Die Merkmale dienen in erste Linie nicht dazu, das Objekt zu klassifizieren sondern zu explorieren. Der Ausgangspunkt bei dem verwendeten Verfahren ist die Annahme, dass sich eine Punktwolke durch ein oder mehrere Objektprimitive approximieren und jedes Primitiv sich wiederum in vordefinierte Merkmale zerlegen lässt. So lässt sich ein Tasse mit Henkel durch einen Zylinder als Grundkörper und einen länglichen Quader als Henkel approximieren. Der Quader wiederum kann in zwölf Kanten, acht Ecken und sechs Flächen zerlegt werden. Ein Zylinder besteht aus seinem Grundkörper und zwei Ringen. Die Abb. 8.2 illustriert die in dieser Arbeit drei verwendeten Primitive.

Das verwendete Verfahren zur Primitivapproximation basiert auf dem RANSAC-Algorithmus [FB81] (engl.: Random Sample Consensus) und wird im Anhang C erörtert. Um eine Punktwolke in einen Satz an Primitiven zu zerlegen, wird nun die Punktwolke nach jeder Sorte von Primitiv durchsucht, und das Primitiv mit der besten Modellbewertung wird gewählt. Die Annahme ist, dass ein dominantes Objektprimitiv in der Punktwolke existiert und dass die restlichen Punkte außerhalb dieses Primitives als Ausreißer angenommen werden können. Die Befürworter des Gewinnerprimitives werden aus der Punktwolke entfernt, und es wird nach dem nächst dominanten Primitiv gesucht bis die maximale Anzahl an Suchschritten erreicht ist oder nicht mehr genügend Punkte vorhanden sind.

8.3. Aufmerksamkeitsraum

In diesem Abschnitt wird die Realisierung eines Aufmerksamkeitsraums behandelt, bei dem einem beliebigen dreidimensionalen Punkt ein skalarer Aufmerksamkeitswert zugewiesen wird. Dieser Aufmerksamkeitswert soll darüber aussagen, inwiefern es sich unter Berücksichtigung der Kosten und Nutzen lohnt, das entsprechende Gebiet zu explorieren. Zur Berechnung dieses Aufmerksamkeitsraumes wird eine Diskretisierung des Explorationsraumes durch eine Darstellung als ein Voxelmodell, im Folgenden auch *Würfel* genannt, vorgenommen. Ein *Voxel* stellt ein einzelnes Volumenelement mit einem Aufmerksamkeitswert dar.

Folgende Komponenten werden benötigt, um den Aufmerksamkeitsraum zu modellieren:

- **Merkmalswürfel:** Jede extrahierte Merkmalskategorie wird durch einen Merkmalswürfel repräsentiert. Der Merkmalswürfel $M_{i,t}(\vec{x})$ beschreibt das Vorhandensein der i-ten Merkmalskategorie zum Zeitpunkt t am Punkt $\vec{x}$.

- **Merkmalsgewicht:** Über die Gewichte der Merkmalswürfel kann der Fokus der Exploration auf bestimmte Merkmale gelenkt werden. Das Skalar $w_{i,t}$ beschreibt das Gewicht der i-ten Merkmalskategorie zum Zeitpunkt t.

- **Ausblendwürfel:** Der Ausblendwürfel $F_t(\vec{x}) \in [0, 1]$ kann einen Voxel zum Zeitpunkt t ausblenden, wenn die Region um den Punkt $\vec{x}$ schon besucht wurde. Damit wird verhindert, dass bereits besuchte Regionen nochmal besucht werden. Die Größe der ausgeblendeten Region hat auch Einfluss auf das Explorationsverhalten. Wird die

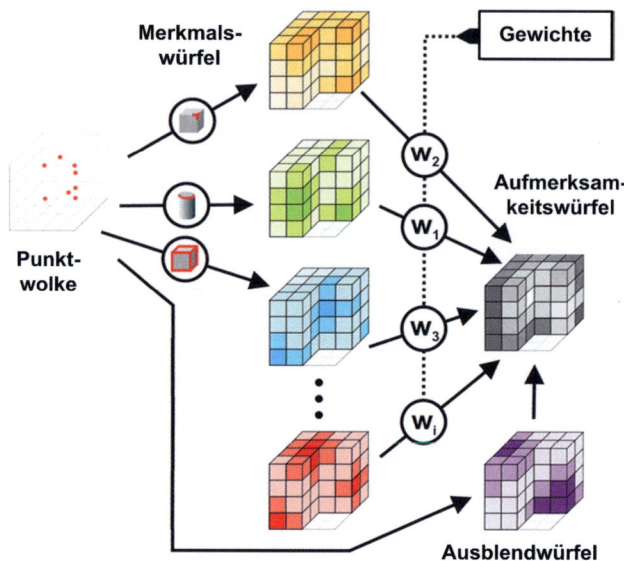

Abb. 8.3.: Die Berechnung des Aufmerksamkeitsraumes: ausgehend von einer Punktwolke werden verschiedene Merkmale detektiert, die jeweils in einem eigenen Merkmalswürfel hinterlegt werden. Der Aufmerksamkeitswürfel selbst wird durch eine gewichtete Summe der Merkmalswürfel gebildet. Unabhängig von den Merkmalen werden bestimmte Regionen des Aufmerksamkeitsraumes ausgeblendet, wenn sie bereits besucht wurden oder zu weit weg vom aktuellen Explorationsort sind.

ausgeblendete Region um einen Abtastpunkt sehr groß gewählt, so kann eine weiträumige Abtastung des Objektes realisiert werden. Zusätzlich können mit diesem Mechanismus auch Grenzregionen oder schlecht zugängliche Regionen ausgeblendet werden.

- **Schrittweite:** Über die Schrittweite kann der Abstand zwischen zwei aufeinander folgenden Abtastpunkten gewichtet werden. Anhand der Distanzfunktion $d_t(\vec{x}, \vec{p}_{t-1}) \in [0, 1]$ ist es möglich, kurze Abtastwege zu belohnen oder lange Wege zuzulassen. Die Schrittweite berücksichtigt die Distanz von dem zuletzt besuchten Voxel $\vec{p}_{t-1}$ zum potentiellen Voxel $\vec{x}$. Damit ist es möglich, Punkte, die zu weit weg liegen, zu bestrafen, und damit eine Abtastung mit kurzen Strecken und ein entsprechendes Inspektionsverhalten zu realisieren.

Die Kombination der Merkmalswürfel und deren Gewichte ergibt sich aus einer gewichteten Summe:

$$\sum_{i=0}^{N} w_{i,t} \cdot M_{i,t}(\vec{x}) \tag{8.1}$$

Berücksichtigt man noch bereits besuchte Regionen und den Abstand zum letzten Punkt von Interesse, so ergibt sich die Definition des Aufmerksamkeitsraumes $A_t(\vec{x})$ zu:

$$A_t(\vec{x}) = F_t(\vec{x}) \cdot d_t(\vec{x}, \vec{p}_{t-1}) \cdot \sum_{i=0}^{N} w_{i,t} \cdot M_{i,t}(\vec{x}) \tag{8.2}$$

Der Voxel mit dem höchsten Aufmerksamkeitswert ergibt sich aus dem Maximum des Aufmerksamkeitsraumes:

$$\vec{p}_t = \arg\max_{\vec{x}} A_t(\vec{x}), \ \forall \vec{x} \in \mathbb{R}^3 \tag{8.3}$$

Die Abb. 8.3 skizziert die Berechnung des Aufmerksamkeitsraumes.

Die vier notwendigen Komponenten zur Realisierung, die im Folgenden näher erörtert werden, sind die folgenden:

1. **Darstellung des Aufmerksamkeitsraumes:** Der Aufmerksamkeitsraums wird als Voxelmodell dargestellt und durch eine effiziente Datenstruktur repräsentiert.

2. **Hinzufügen von Primitiven:** Die erkannten Primitive aus der Merkmalserkennung werden in Voxel zerlegt und in den Aufmerksamkeitsraum eingefügt.

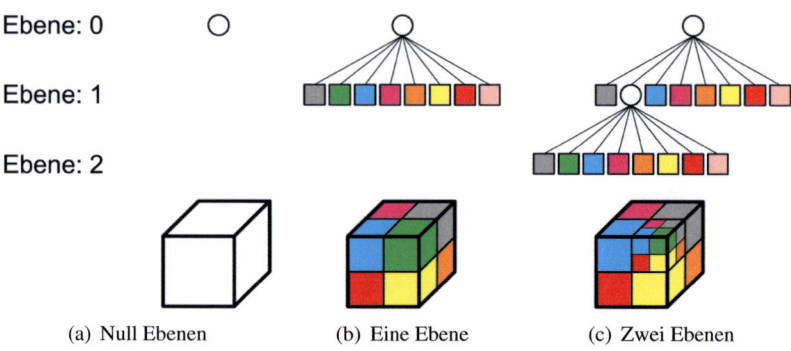

Ebene: 0

Ebene: 1

Ebene: 2

(a) Null Ebenen   (b) Eine Ebene   (c) Zwei Ebenen

Abb. 8.4.: Struktur eines Oktalbaums mit null bis zwei Ebenen

3. **Anwenden der Schrittweite:** Die Bereiche, die zu nah oder zu weit von der aktuellen Handposition weg sind, werden abgewertet. Die Schrittweite definiert die Länge des Weges, welche die Hand bei der Exploration zurücklegt.

4. **Ausblenden von Regionen:** Bereiche, in denen bereits explorierte Punkte liegen oder die aufgrund äußerer Umstände, z.B. Grenzbereiche der Roboters, schlecht erreichbar sind, werden ausgeblendet.

8.3.1. Darstellung des Aufmerksamkeitsraumes

Um die Aufmerksamkeitswerte im Dreidimensionalen effizient zu speichern, wird eine Oktalbaumdarstellung [SP02] als eine Datenstruktur verwendet, die den dreidimensionalen Raum rekursiv in Oktanten aufteilt. Zu Beginn besteht der Oktalbaum lediglich aus einem Knoten, der Wurzel (vgl. Abb. 8.4(a)) und der ganze Aufmerksamkeitsraum hat nur einen Wert. Wird nun ein Aufmerksamkeitswert an einem Punkt im Dreidimensionalen hinzugefügt, so wird der Würfel in acht kleinere Oktanten geteilt (vgl. Abb. 8.4(b)). Der Aufmerksamkeitswert wird dem Oktanten zugewiesen, der die zugehörige Position abbildet. Wird ein weiterer Aufmerksamkeitswert hinzugefügt und dem Würfel, welcher bereits Daten enthält, zugeteilt, so teilt sich der Knoten in weitere acht Oktanten (vgl. Abb. 8.4(c)). Diese Unterteilung wird wiederholt, bis der Aufmerksamkeitswert eindeutig einem leeren Würfel zugeordnet werden kann oder eine maximale Auflösung erreicht ist.

8.3.2. Hinzufügen von Primitiven

Eine Primitivzerlegung einer Punktwolke muss zunächst in den Aufmerksamkeitsraum übertragen werden. Dabei ist zu berücksichtigen:

- ein Objekt in der Punktwolke kann durch verschiedene Primitive approximiert werden.

- die verschiedenen Strukturen in der Punktwolke können mit verschiedenen Aufmerksamkeitswerten versehen werden.

- die Primitive werden nicht als Punktwolke sondern durch Volumen- oder Flächenmodelle dargestellt.

Jedes Objekt oder Objektprimitiv muss zunächst in Voxel zerlegt werden, bevor es in den Aufmerksamkeitsraum eingearbeitet werden kann. In Kap. 6.4.2 wurde ein Voxelmodell vorgestellt, mit dem eine Punktwolke in Voxel zerlegt werden kann. Diese lässt sich nicht direkt auf Objektmodelle übertragen, wenn diese durch ein Volumen- oder Flächenmodell beschrieben werden. Im Folgenden wird eine weitere Methode vorgestellt, mit der ein Objekt in Voxel zerlegt und in den Aufmerksamkeitsraum eingefügt wird. Die Methode baut auf den Arbeiten in [KPT99] auf und erstellt ein Voxelmodell, indem es Tiefeninformation aus acht unterschiedlichen Ansichten des Objektes generiert.

Die Abb. 8.5 zeigt die Erstellung eines Voxelmodells anhand des Beispiels eines Bechers. Als notwendigen Vorverarbeitungsschritt berechnet der Ansatz den minimal umgebenen Quader (vgl. Formel 6.9) des Objektes und bestimmt die Position des Quaders im Aufmerksamkeitsraum. Die

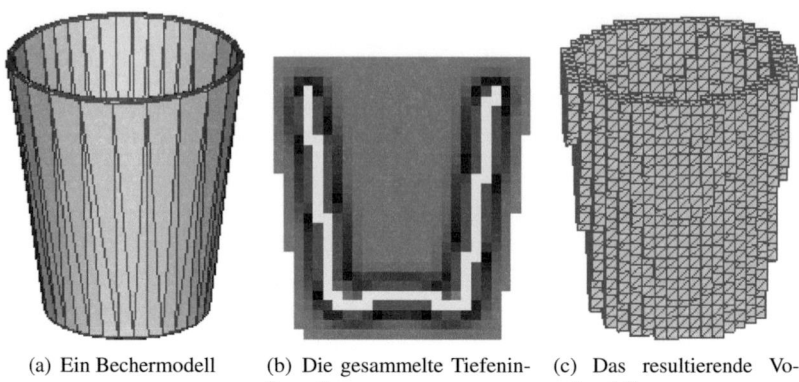

(a) Ein Bechermodell (b) Die gesammelte Tiefenin- (c) Das resultierende Vo-
formation xelmodell

Abb. 8.5.: Erstellen eines Voxelmodells: vom Objektmodell über Tiefeninformation
zum Voxelmodell.

Seiten des Quaders bilden die acht Projektionsebenen, auf denen das Objekt abgebildet wird. Der Abstand des Objektes zu einer Projektionsebene
spiegelt die Tiefeninformation wider.

Da nur noch eine diskretisierte Oberfläche des Objektes übrigbleibt, die
ein Voxel breit ist, können Aufmerksamkeitswerte iterativ mit einem dreidimensionalen Mittelwertfilter auf die Nachbarschaft verteilt bis die gewünschte Ausdehnung erreicht ist. Bei den zusammengesetzten Primitiven
lassen sich die atomaren Merkmale mit unterschiedlichen Aufmerksamkeitswerten versehen. Die Abb. 8.6 und Abb. 8.7 zeigen einige Beispiele,
bei denen die einzelnen atomaren Merkmale des Quaders bzw. eines (koni-
schen) Zylindern unterschiedlich gewichtet sind.

8.3.3. Schrittweite und Ausblenden von bereits explorierten Punkten

Prinzipiell gibt es unterschiedliche Möglichkeiten, eine Schrittweite anzu-
wenden und eine Nachbarschaft zu definieren. Eine weiche Gewichtung

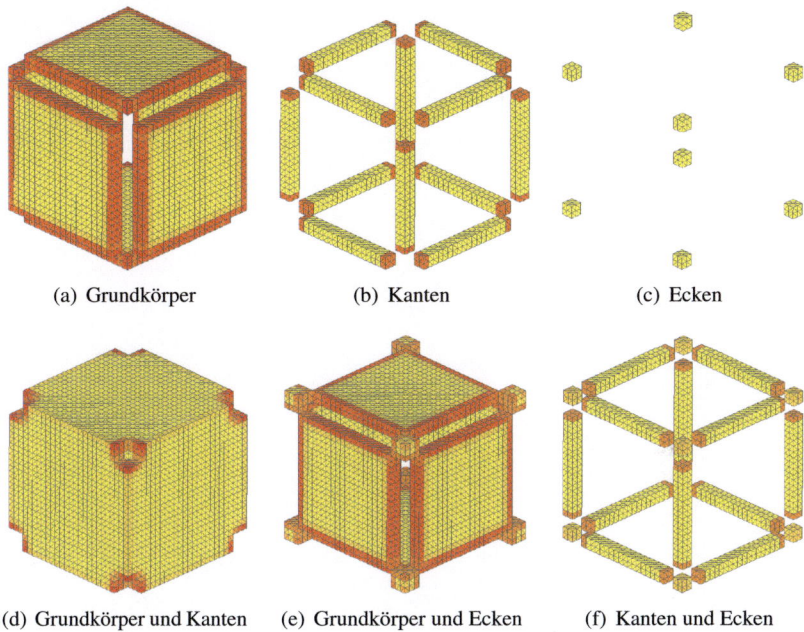

(a) Grundkörper   (b) Kanten   (c) Ecken

(d) Grundkörper und Kanten   (e) Grundkörper und Ecken   (f) Kanten und Ecken

Abb. 8.6.: Beispiele von Quadern mit unterschiedlicher Gewichtung bei der Aufmerksamkeitsteuerung. Zur besseren Visualisierung werden nur Voxel angezeigt, deren Aufmerksamkeitswert über einem bestimmten Schwellwert liegen.

lässt sich durch folgende Nachbarschaftsfunktion abbilden:

$$h_t(\vec{x}) = \exp \frac{\|\vec{x} - \vec{p}_t\|^2}{2 \cdot \sigma_t^2}. \tag{8.4}$$

Diese berechnet einen Wert im Intervall $[0, 1]$, der eine weiche Gewichtung des Abstandes eines beliebigen Punktes $\vec{x}$ zum letzten besuchten Punkt $\vec{p}_t$ berechnet. Die Variable σ_t gibt die Varianz der Nachbarschaft und damit die Schrittweite an, die sich über die Zeit t ändern kann. Zur Realisierung einer harten Gewichtung der Schrittweite wird eine Kugel mit dem Radius r_t in den Aufmerksamkeitsraum projiziert. Der Mittelpunkt dieser Kugel ist

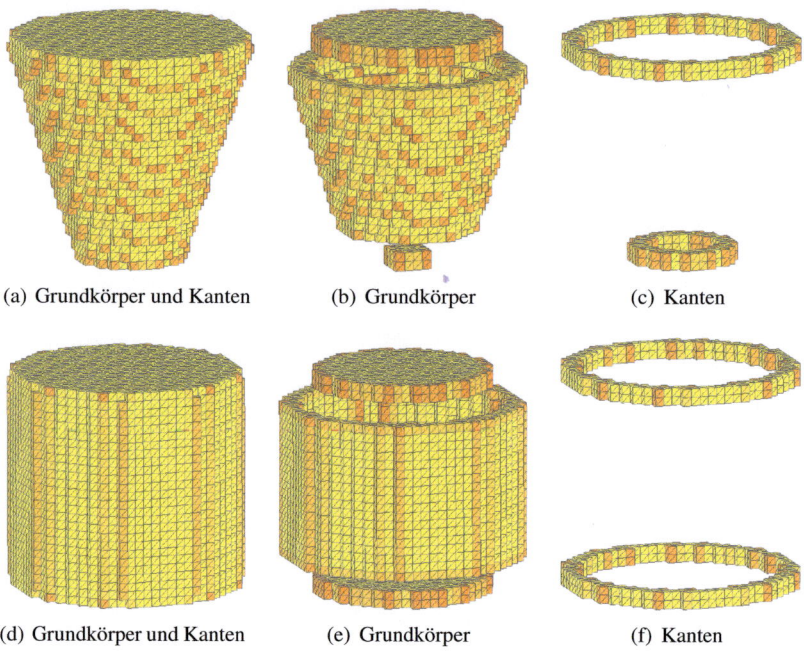

(a) Grundkörper und Kanten (b) Grundkörper (c) Kanten

(d) Grundkörper und Kanten (e) Grundkörper (f) Kanten

Abb. 8.7.: Beispiele unterschiedlicher Aufmerksamkeitsgewichtung bei Zylindern und bei konisch zulaufenden Zylindern. Zur besseren Visualisierung werden nur Voxel angezeigt, deren Aufmerksamkeitswert über einem bestimmten Schwellwert liegen.

die aktuelle Position der Hand bzw. deren Bezugspunkt $\vec{p}_t$. Für jeden Voxel der einen definierten Aufmerksamkeitswert besitzt, wird jetzt überprüft, ob dieser innerhalb oder außerhalb der Kugel liegt:

$$h_t(\vec{x}) = \begin{cases} 1 & \|\vec{x} - \vec{p}_t\| <= r_t \\ 0 & ansonsten \end{cases} \qquad (8.5)$$

Wenn kein definierter Aufmerksamkeitswert im Schrittweitenbereich liegt, kann die Schrittweite verändert werden, bis ein definiertes Maximum gefunden werden kann. Die Abb. 8.8 zeigt einen Aufmerksamkeitsraum unter

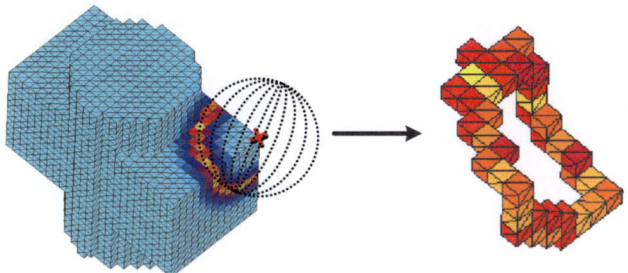

Abb. 8.8.: Visualisierung der Schrittweite: dargestellt links ist die Primitivzerlegung eines Objektes bestehend aus einem Zylinder und ein Quader - die Schrittweite, als Kugel dargestellt, wird mit dem Aufmerksamkeitswürfel überlagert. Rechts werden im resultierenden Schnittbereich nur die Voxel angezeigt, die über einen bestimmten Schwellwert liegen.

Anwendung der Schrittweite. Indem der Schrittweitenbereich über die Zeit langsam reduziert wird, kann von einem groben Explorieren in ein feines Abtasten übergegangen werden.

Das Ausblenden von Punkten entspricht dem Gegenteil der Schrittweite. Hier ist das Ziel: je kleiner der Abstand eines Voxel zu einem bereits besuchten Punkt ist, desto kleiner wird sein Wert. So lässt sich die Schrittweite und damit die Formeln 8.4 und 8.5 invertiert für alle bereits besuchten Punkte anwenden:

$$a_t(\vec{x}) = 1 - h_t(\vec{x}).$$

Dabei werden für das Ausblenden die Parameter σ_t bzw. r_t losgelöst von der Schrittweite betrachtet. Indem der Ausblendbereich pro Punkt über die Zeit langsam reduziert wird, kann ein aktives Vergessen und eine erneute Exploration eines bereits besuchten Bereiches realisiert werden.

8.4. Bahnplanung

Die Bahnplanung ist eine notwendige Komponente des Explorationssystems. Sie berechnet eine Bahn für die Roboterhand, um kollisionsfrei von einem Explorationspunkt zum nächsten zu gelangen. Weitere Aspekte der Bahnplanung sind die Berechnung einer möglichst kurzen oder effizienten Bahn und die Berücksichtigung von Hindernissen. An dieser Stelle wird eine möglichst einfache Umsetzung einer kollisionsfreien Bahnplanung angestrebt. Für weiterführende Diskussion zu dem Thema Bahnplanung und Greifen sei auf die Arbeiten von Vahrenkamp [Vah11] verwiesen.

8.4.1. Konzept

Der Ausgangspunkt der Bahnplanung in dieser Arbeit ist, dass die Hand und das Explorationsgebiet jeweils durch eine Kugel approximiert werden. Solange sich diese beiden Kugeln nicht berühren und die Szene statisch bleibt, kann die Hand sich kollisionsfrei bewegen. Diese beiden Kugel können zu einer sogenannten *Explorationskugel* zusammengefasst werden. Sobald die Hand in die Explorationsgebiet eindringt, ist die Hand mit ihren taktilen Sensoren voraus ausgerichtet, um einen Kontakt zu detektieren. Beim Verlassen des Objektes kann einfach die zuvor ausgeführte Anrückbewegung invertiert werden. Die Kreisbahn um das Objekt von einem Explorationsziel zum nächsten ist nicht der kürzeste Weg aber definitiv kollisionsfrei, solange das angenommene Umweltmodell stimmt. Die Bahn ist definiert über einen Start- und einen Endpunkt, einen Anrück- und einen Abrückvektor sowie Stützpunkte auf der Kreisbahn um das Objekt. Um ein Explorationsziel zu bestimmen, werden benötigt:

1. **Zielkontaktpunkt:** der Zielkontaktpunkt P_m ist gegeben durch das Maximum im Aufmerksamkeitsraum bzw. der Projektion des Maximums auf das nächstliegende Primitiv.

2. **Anrückrichtung:** die Anrückrichtung $\vec{d}_m$ ist bei den verwendeten konvexen Objektprimitiven durch die Oberflächennormalen $\vec{n}_M$ am Zielkontaktpunkt gegeben. Sie hängt davon ab, welches Primitiv dem Zielkontaktpunkt am nächsten ist und an welcher Teilstruktur des Primitivs der Zielkontaktpunkt liegt.

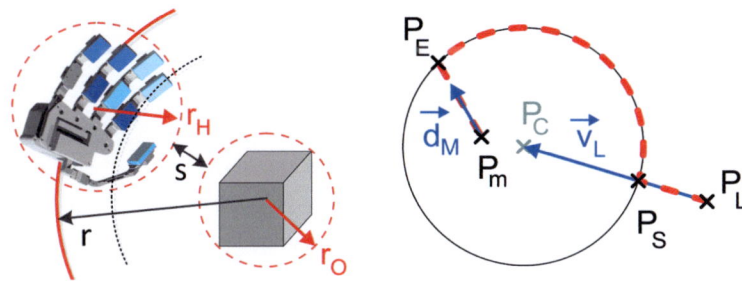

(a) Die Definition der Explorationskugel   (b) Die zu berechnende Kreisbahn

Abb. 8.9.: Das Prinzip der Bahnplanung.

3. **Handorientierung:** Da die sensitiven Flächen bei der gegebenen Roboterhand in der Fingerinnenfläche sind, wird die Hand beim Anrücken so ausgerichtet, dass die der Führungspunkt der Hand an den Zielkontakt mit entsprechender Ausrichtung, z.B. senkrecht zur Oberfläche, gebracht wird. Als Führungspunkt wird die Sensorebene eines ausgewählten taktilen Sensors gewählt. Die Orientierung auf der Sensorebene wird entsprechend des Zielprimitivs gewählt.

Der Aufmerksamkeitsraum ist nicht definiert, wenn die Merkmalsextraktion keine Primitivzerlegung gefunden hat. In diesem Fall wird als Zielkontaktpunkt der Mittelpunkt der Explorationskugel gewählt und der Anfahrtsvektor sowie der Orientierungsvektor werden frei gewählt.

8.4.2. Berechnung einer Kreisbahn

Die Explorationskugel k mit Radius r und Zentrum P_c (vgl. Abb. 8.9(a)) berechnet sich aus dem Radius r_H der umhüllenden Kugel (vgl. Kap. 6.4.1) der Hand sowie dem Radius r_O der umhüllenden Kugel des Objektes und eines Sicherheitabstandes s:

$$k : \| \vec{x} - P_c \|^2 = r^2$$
$$r = r_O + r_H + s$$
(8.6)

Ein einzelner Explorationsschritt unterteilt sich in vier Abschnitte, wie in der Abb. 8.9(b) illustriert ist:

1. **Anfahren der Explorationskugel:** Der erste Abschnitt ist die direkte Weg von der aktuellen Position an den Rand der Explorationskugel. Dazu wird der Führungspunkt P_L der Roboterhand auf die Explorationskugel projiziert. Daraus resultiert der Punkt P_S, der den kleinsten Abstand vom Führungspunkt zur Explorationskugel aufweist. Die Projektionsgerade g_S und der Wegpunkt P_S berechnen sich zu:

$$P_S = g_S \cap k$$
$$g_S : \vec{x} = P_L + \lambda \cdot \vec{v}_L \qquad (8.7)$$
$$\vec{v}_L = P_c - P_L$$

2. **Umfahren der Explorationskugel:** Der zweite Abschnitt besteht aus der Kreisbahn um die Kugel zum Punkt P_E, der sich aus dem Schnittpunkt zwischen der Geraden mit dem Anfahrtsvektor $\vec{d}_M$ und der Explorationskugel ergibt:

$$P_E = g_E \cap k$$
$$g_E : \vec{x} = P_E + \lambda \cdot \vec{d}_M \qquad (8.8)$$

Die Länge b der Kreisbahn ist mit dem Winkel α zwischen den Vektoren $\vec{v}_S$ und $\vec{v}_E$ sowie über den Radius r der Explorationskugel definiert zu:

$$b_\alpha = r \cdot \alpha$$
$$\alpha = \arccos \frac{\vec{v}_S \cdot \vec{v}_E}{\|\vec{v}_S\| \cdot \|\vec{v}_E\|} \qquad (8.9)$$

Die Kreisbahn wird durch n Stützstellen approximiert, für dessen Berechnung der Punkt P_S n-mal um eine Achse $\vec{v}_a$ in Richtung des Punktes P_E gedreht wird. Der Vektor $\vec{v}_a$ verläuft durch das Zentrum P_c der

Kugel und ergibt sich aus dem Kreuzprodukt von $\vec{v}_L$ mit $\vec{d}_M$. Jede Drehung um $\alpha_i = \alpha/n$ ergibt eine Stützstelle P_S^i.

3. **Eintritt in die Explorationskugel:** Der dritte Abschnitt beinhaltet das Anfahren des Maximums P_E. Kommt es bei der Bewegung in Richtung des Maximums zum Kontakt, richtet sich die Hand zunächst auf die Oberfläche aus und schließt dann die Finger. Die Ausrichtung der Hand über die Hand-Arm-Steuerung wird im anschließenden Kapitel 8.5 erörtert.

4. **Austritt aus der Explorationskugel:** Die Hand führt den umgekehrten Bewegungsablauf der Anrückbewegung aus: die Hand öffnet sich und fährt zurück auf den Punkt P_E.

Die Bahn eines einzelnen Explorationsschrittes lässt sich somit durch folgende Punkte beschreiben:

$$\left(P_L, P_S, P_S^1, ..., P_S^n, P_E, P_M, P_E\right) \tag{8.10}$$

8.5. Hand-Arm-Steuerung

Wenn die Roboterhand bei der Annäherung nicht optimal bzgl. der Objektoberfläche ausgerichtet ist oder unter Umständen schräg auf eine Kante trifft, resultieren daraus nur sehr wenige Kontaktpunkte (vgl. Abb. 8.10 a. und b.). Das Ziel ist es nun, die Roboterhand auf Basis der resultierenden taktilen Bilder optimal zum Objekt auszurichten und dadurch mehr Kontaktpunkte zu erhalten. Dazu werden zunächst entsprechend der Formel 5.9 für alle taktilen Bilder $\underline{I}_i$ die Schwerpunkte der Abdrücke und die Vektoren $\vec{c}_i$, die vom Bildmittelpunkt zum Schwerpunkt des Abdruckes zeigen, berechnet. Der Sensor j, mit dem größtem Abstand vom Bildmittelpunkt zum Kontaktpunkt, wird als Bezugspunkt für die Ausrichtung verwendet:

$$j = \underset{i}{\arg\max} \|\vec{c}_i\|$$

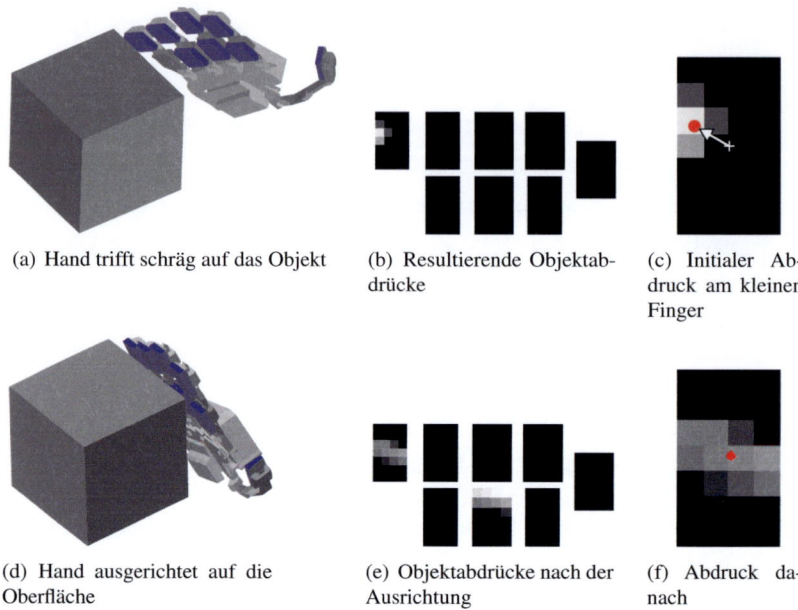

(a) Hand trifft schräg auf das Objekt

(b) Resultierende Objektab-drücke

(c) Initialer Ab-druck am kleinen Finger

(d) Hand ausgerichtet auf die Oberfläche

(e) Objektabdrücke nach der Ausrichtung

(f) Abdruck da-nach

Abb. 8.10.: Anpassung der Hand an das Objekt: a) und d) zeigen die Hand vor und nach der Ausrichtung, b) und e) zeigen die resultierenden taktilen Bilder vom kleinen Finger zum Daumen, c) und f) zeigen das taktile Bild des kleinen Fingers mit Schwerpunkt (rot) und Vektor $\vec{c}_j$ (weiß).

Die Rotationsachse $\vec{v}_{rot}$ erhält man durch das Kreuzprodukt von der in Welt-koordinaten umgerechneten Normale $\vec{n}_j$' des Sensors j mit dem Vektor $\vec{v}_c''$:

$$\vec{v}_{rot} = \vec{n}_j' \times \vec{c}_j'$$
$$\vec{c}_j' = T_{(j,\,Welt)} \cdot \vec{c}_j$$
$$\vec{n}_j' = T_{(j,\,Welt)} \cdot (0,0,1)^T \tag{8.11}$$
$$T_{(j,\,Welt)} = T_{(Hand,\,Welt)} \cdot T_{(j,\,0)}(\vec{\theta})$$

Dabei beschreibt $T_{(j,\,0)}$ entsprechend der Formel 4.15 unter Berücksichti-gung der aktuellen Fingerstellungen $\vec{\theta}$ die Transformation vom j-ten Sen-sors zum Referenzkoordinatensystem der Hand und $T_{(Hand,Welt)}$ die Position und Lage der Hand im Raum. Der Stützpunkt der Rotationsachse ist der in Weltkoordinaten umgerechnete Mittelpunkt O'_j des Sensorbildes mit $w \times h$ Taxeln:

$$O'_j = T_{(j,\,Welt)} \cdot (\frac{w}{2}, \frac{h}{2}, 0)^T$$

Zur Ausrichtung der Hand wird diese so lange in positiver Richtung gedreht, bis es zu einem erneuten Kontakt kommt. Das Beispiel in Abb. 8.10 zeigt eine Hand in (a) vor und in (d) nach der Ausrichtung. Die Ausrichtung basiert in dem Beispiel auf dem Kontaktpunkt des kleinen Fingers. Die Abb. (c) u. (f) zeigen das Sensorbild des kleinen Fingers vor und nach der Ausrichtung. Durch die Ausrichtung konnten ein weiterer Kontaktpunkt am Mittelfinger gesammelt werden, wie die Sensorbilder der ganzen Hand vor und nach der Ausrichtung in (b) u. (e) zeigen.

8.6. Evaluation

Im Folgenden wird das Explorationssystem basierend auf dem Konzept der Aufmerksamkeitswürfel und bzgl. der Zielsetzung untersucht. Zunächst werden die Ziele und die Fragestellungen der Evaluation genau erörtert.

8.6.1. Evaluationsziele

Entscheidend ist die Frage nach der Umsetzbarkeit des Ansatzes, deren Beantwortung sich aus den Teilevaluationen ergibt, die im Folgenden erörtert werden. Die Aspekte und Fragestellungen dieser Evaluation sind:

- **Verbesserung der Erkennungsleistung:** Eine der Hypothesen ist, dass man durch ein gezieltes Explorieren die Erkennungsleistung verbessern und ggf. den Erkennungsprozess auch beschleunigen kann. Wie gut ist also die Erkennungsleistung mit und ohne Abtaststrategie. Dazu wird eine gezielte mit einer zufälligen Exploration verglichen.

- **Gezieltes Explorieren von Objektstrukturen:** Wie gut lässt sich über die Gewichtung der Merkmalswürfel das Explorationsverhalten beeinflussen? Dazu werden einige Objekte gezielt auf Ecken, Kanten und Oberflächen abgetastet.

8.6.2. Umsetzung des Konzepts

Zur Evaluation des vorgestellten Rahmenwerks zur haptischen Exploration wird die Exploration in der Simulationsumgebung, deren Aufbau und Umsetzung in Kap. 4.4 erläutert wurde, umgesetzt. Die simulierte Umwelt beinhaltet nur das zu explorierende Objekt und das für die Exploration benutzte Handmodell. Das in diesem Kapitel vorgestellte Konzept einer Abtaststrategie definiert einen Aufmerksamkeitsraum, die der aktuell explorierte Szene Aufmerksamkeitswerte zuweist und dessen Maximum den nächsten Punkt von Interesse vorgibt. Solange kein Maximum im Aufmerksamkeitsraum existiert, wird in den ersten fünf Explorationsschritten das Objekt von allen Seiten einmal abgetastet. Existiert immer noch kein Maximum, wird der nächste Punkte von Interesse zufällig bestimmt.

Ein Explorationspunkt wird mit geöffneter Hand angefahren. Beim ersten Kontakt mit dem Objekt, wird die Hand auf die Oberfläche anhand der taktilen Bilder ausgerichtet. Nach der Ausrichtung wird mit allen Fingern zugegriffen, die Kontaktpunkte aufgenommen und der Punktwolke der laufenden Exploration hinzugefügt. Schließlich wird der Punktwolke einer Objektklasse zugewiesen. Die resultierende Punktwolke wird durch Primitive approximiert, die Primitive werden in Merkmale zerlegt, der Aufmerksamkeitsraum wird neu berechnet und das Maximum bestimmt. Dieser Zyklus wird wiederholt bis die maximale Anzahl an Abtastschritten erreicht ist. Die Gewichtung der Aufmerksamkeit hängt von dem klassifizierten Objekt und dem Aufmerksamkeitsraum ab. Zu jedem Objekt existiert ein Vektor mit sechs Gewichten für die folgenden Objektstrukturen: Fläche, Kante, Ecke, Quader, Zylinder und konischer Zylinder.

8.6.3. Die Erkennungsleistung in Abhängigkeit der Abtaststrategie

Der Ansatz wird mit Alltagsobjekten evaluiert, die sich in jedem Haushalt befinden und die bereits in Kap. 6.6.3 vorgestellt wurden. Zur Klassifikation wird ein Registrierungsverfahren in Form des ICP-Algorithmus (vgl. Kap. 6.5) verwendet. Dieser ordnet eine resultierende Punktwolke der Objektklasse mit der zugehörigen ähnlichsten Referenzpunktwolke zu. Wie zuvor wird jedes Objekt in der Simulationsumgebung unter Verwendung der vorgestellten Explorationssystems und der Fünffingerhand exploriert.

Der Fokus des Evaluationabschnittes liegt zunächst auf den Unterschied zwischen zufälliger und zielgerichteter Exploration. Es wird die Frage beantwortet, ob die Klassifikationsergebnisse durch eine Explorationsstrategie verbessert werden. Dazu werden 100 Explorationsdurchgänge durchgeführt, wobei jede Exploration aus bis zu 16 Abtastungen besteht. Die Abb. 8.11(a) zeigt die Ergebnisse für die Exploration einer Dose. Bei diesem Objekt ist die Erkennungsrate bis zu 80% mit einer Strategie und nur 40% für eine zufällige Exploration. Es zeigt, dass die Strategie die Ergebnisse für die Dose enorm verbessert hat. Die Klassifikationsergebnisse für die Flasche sind deutlich besser: nahezu 100% mit und ohne Strategie. Hier besteht also kein signifikanter Unterschied zwischen zufälliger und zielgerichteter Strategie. Schaut man sich die Testobjekte an, ist es offensichtlich, dass die Dose sehr einfach mit einer Tasse oder einer Schüssel verwechselt werden kann. Daraus lässt sich schließen, dass eine zielgerichtete Strategie dabei hilft, zwischen sehr ähnlichen Objekten zu unterscheiden. Ein Objekt, das sich ohnehin von den restlichen Objekten abhebt, kann mit und ohne Strategie gut erkannt werden.

8.6.4. Zielgerichtetes Abtasten

Eine Punktwolke wird ggf. durch verschiedene Primitive approximiert, die sich wiederum in atomare Merkmale zerlegen lassen. Für jedes die-

195

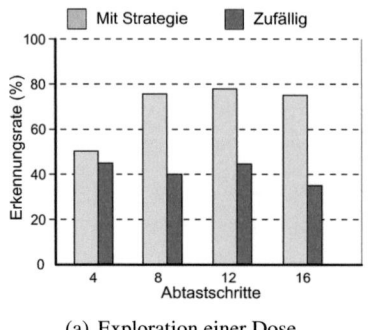 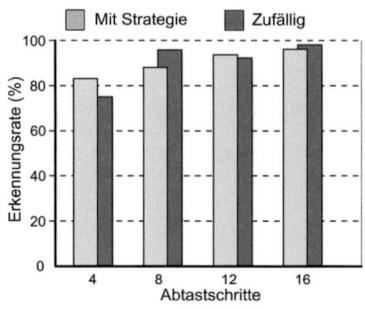

(a) Exploration einer Dose.   (b) Exploration einer Flasche.

Abb. 8.11.: Zufällige Exploration im Vergleich zu einer Exploration mit Strategie. Dargestellt sind die Erkennungsraten im Vergleich zur Anzahl der Abtastungen.

ser Merkmale lässt sich das Gewicht im Aufmerksamkeitsraum und somit das Explorationsverhalten ändern. Im Folgenden wird der Einfluss der Gewichte auf die Strategie evaluiert. Dazu werden ein Zylinder- und ein Quaderprimitiv mit unterschiedlichen Gewichtseinstellungen exploriert. Die Abb. 8.12 zeigt das Ergebnis für die Exploration eines eckigen Objektes, das in (a) abgebildet ist. Durch die Änderung der Gewichte wird in (b) der Fokus auf die Fläche, in (c) auf die Kanten und in (d) auf die Ecken gelegt. Dieses Verhalten wurde dadurch realisiert, dass das entsprechende Gewicht auf eins und die restlichen Gewichte auf Null gesetzt wurden. Die Abbildungen zeigen, dass die verschiedenen Explorationsverhalten gut umgesetzt wurden. Abweichungen vom fokussierten Merkmal treten zu Beginn der Exploration auf, wenn noch keine Punkte vorhanden sind oder wenn die Schätzung des Primitivs ungenau oder falsch ist. Das gleiche gilt für die Exploration eines zylindrischen Objektes, die in der Abb. 8.13 dargestellt ist. Hier wurde erfolgreich der Fokus in (b) auf Flächen und in (c) auf Kanten gelegt. Es fällt lediglich auf, dass bei der Exploration von Flächen Kanten ebenfalls oft erfasst werden.

   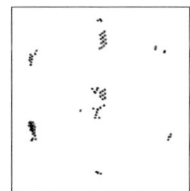

(a) Zu exploriendes Objekt   (b) Fokus auf Flächen   (c) Fokus auf Kanten   (d) Fokus auf Ecken

Abb. 8.12.: Verschiedene Explorationsverhalten für ein eckiges Objekt.

  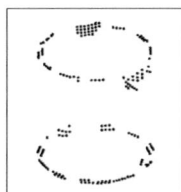

(a) Zu exploriendes Objekt   (b) Fokus auf Flächen   (c) Fokus auf Kanten

Abb. 8.13.: Verschiedene Explorationsverhalten für ein zylindrisches Objekt.

8.7. Zusammenfassung

Dieses Kapitel stellt die Realisierung eines umfassendes Rahmenwerk zu haptischen Exploration vor, das neben einer Bahnplanung, einer Klassifikationskomponente und einer Hand-Arm-Steuerung auch einen sogenannten Aufmerksamkeitsraum beinhaltet. Mit diesem Aufmerksamkeitsraum lässt sich ein neuer Ansatz zum Modellieren einer Abtaststrategie für die haptische Exploration umsetzen. Dazu wird jedem Punkt des Explorationsbereiches ein Aufmerksamkeitswert zugeordnet, der abhängig von der umgebenen Struktur, dem Abstand zur Hand, den Abständen zu bereits besuchten Punkten und dem Fokus der Exploration ist. Der Punkt mit dem höchsten Aufmerksamkeitswert wird als nächster Punkt des Interesses genommen und von der Roboterhand als nächstes exploriert. Über diese Strategie kann der Fokus auf die verschiedenen lokalen Merkmale eines Objektes gelenkt und damit das Objekt zielgerichtet exploriert werden. Gerade bei Objekten, die sich ähnlich sind, hat die Auswertung gezeigt, dass sich damit die Erkennung verbessern lässt.

9. Schlußbetrachtung

In der vorliegenden Arbeit wurde die Erkennung der Objektform mit einer humanoiden Roboterhand betrachtet. Das folgende Kapitel fasst die wesentlichen Beiträge zusammen und diskutiert die erzielten Ergebnisse. Das Kapitel schließt mit einem Ausblick über potentielle Erweiterungen und zukünftige Arbeiten ab.

9.1. Zusammenfassung und Diskussion

Das Anliegen der vorliegenden Arbeit war, die Nutzung des Tastsinns eines humanoiden Roboters für die Modellierung und Erkennung der Objektform zu untersuchen. Der Ausgangspunkt war die Beobachtung, dass bei einem humanoiden Roboter für die physikalische Interaktion mit der Umwelt und insbesondere für die Handhabung unbekannter Objekte die haptische Perzeption eine tragende Rolle spielt.

Auf der Basis dieser Erkenntnis wurden verschiedene Methoden untersucht, um die haptischen Daten, die ein Roboter bei der physikalischen Interaktion mit der Umwelt akquiriert, für die Modellierung und Erkennung von Objekten zu nutzen. Basierend auf einem Objektmodell oder der Identität eines Objektes kann ein Objekt schließlich gegriffen und manipuliert werden. Nach einer umfassenden Literaturrecherche zum aktuellen Stand der Forschung wurde eine Prozesskette für die haptische Objektklassifikation erstellt, die aus der Akquisition und Vorverarbeitung haptischer Daten, anschließender Merkmalsextraktion und -kategorisierung sowie letztendlich der Klassifikation besteht. Der Leitfaden war dabei die Betrachtung unterschiedlicher Fusionsansätze für die haptischen Sensordaten im Rahmen einer Objektklassifikation. Das Ergebnis dieser Prozesskette ist neben einer aktiven Abtastsequenz sowohl ein Modell als auch die Klassenzugehörigkeit des explorierten Objektes. Die entwickelten Methoden wurden in Bezug auf die Erkennungsleistung und die Robustheit in unterschiedlichen Szenarien evaluiert. Zusammenfassend wurden folgende Aspekte untersucht:

- Im Rahmen der Erkennung von Objekten anhand taktiler Kontaktmuster wurden die Möglichkeiten beleuchtet, mit einer taktilen Sensorfläche ein Objekt oder Objektstrukturen zu klassifizieren. Dazu wurde ein Rahmenwerk vorgestellt, das angefangen bei der Signalverbesserung über die Extraktion von Merkmalen bis zur eigentlichen Klassifikation ein taktiles Bild einer Klasse zuordnet. Dabei wurde zur Evaluation zwei Szenarien betrachtet: zum einem das Klassifizieren von Objekten durch großflächige Abdrücke in der Handinnenfläche und zum anderen das Klassifizieren von kleinflächigen Abdrücken an einer Fingerinnenfläche. Bei letzterem besteht das Problem, das die Sensorfläche zu gering ist, um ein Objekt als Ganzes zu klassifizieren aber es ermöglicht, den Abdruck einer lokalen Strukturklasse zuzuordnen. Ein Abdruck des Objektes auf der Handinnenfläche verfügt über eine größere Sensorfläche und kann so die Konturen von Objekten erfassen. Entscheidend für die Erkennung von taktilen Mustern ist die Größe und die Ortsauflösung des taktilen Sensors.

- Im Rahmen der Erkennung von Objekten basierend auf einer Punktwolke wurde eine komplette Verarbeitungskette vorgestellt, welche die Erstellung von Kontaktpunkten im Dreidimensionalen aus den Fingerpositionen und aus den taktilen Abdrücken einer Roboterhand ermöglicht. Über diese *kooperative Fusion* kann eine Abtastsequenz anhand der Handkinematik und der Handkalibrierung in eine Punktwolke fusioniert werden. Solch eine Punktwolke lässt sich über Formhistogramme, als ein für die haptische Objekterkennung neues Verfahren, in einen festdimensionierten Merkmalsvektor überführen und somit klassifizieren. Das Sphärenmodell als ein rotationsinvariantes Verfahren, das eine Punktwolke in gleichmäßige Sphären einteilt und so diskretisiert, hat sich besonders bei ortsfesten Objekten hervorgehoben. Leichte Verschiebungen des Objektes bei der Exploration und Ungenauigkeiten in der Handkinematik lassen sich besser über eine Zerlegung der Punktwolke in Sektoren kompensieren. Formhistogramme basierend auf der Normaleninformation eines Kontaktes haben sich hingegen als unzuverlässig erwiesen.

- Im Rahmen der Objekterkennung im haptischen Merkmalsraum wurde ein neuer Ansatz basierend auf einer *komplementären Fusion* vorgestellt, mit dem ein Objekt direkt anhand der Fingerpositionen und der taktilen Mustern klassifiziert wird. Dabei wird das Objekt nicht nur durch einen einzelnen Griff sondern durch eine ganze Grifffolge erfasst. Eine beliebige lange Abtastsequenz kann in eine statistische Objektbeschreibung unter Verwendung sogenannter haptischer Schlüsselmerkmale fusioniert werden. Die haptischen Schlüsselmerkmale sind eine begrenzte Anzahl an essentiellen Fingerstellungen und taktilen Kontaktmustern, die über Ballungsverfahren identifiziert werden. Über die Bildung eines Histogramms basierend auf diesen Schlüsselmerkmalen lässt sich eine festdimensionierte Beschreibung des Objektes aus einer Abtastsequenz erstellen und somit das Objekt klassifizieren. Ein Vorteil dieses Ansatzes ist, dass er keine Handkinematik benötigt und komplett unabhängig von der Verschiebung des Objektes bei der Exploration ist.

- Im Rahmen einer zielgerichteten haptischen Exploration wurde die Realisierung eines umfassenden Rahmenwerks zu haptischen Exploration vorgestellt, das neben einer Bahnplanung, einer Klassifikationskomponente und einer Hand-Arm-Steuerung einen sogenannten Aufmerksamkeitsraum beinhaltet. Mit diesem Aufmerksamkeitsraum lässt sich ein neuer Ansatz zum Modellieren einer Strategie für die haptische Exploration umsetzen. Dazu wird jedem Punkt des Explorationsbereiches ein Aufmerksamkeitswert zugeordnet, der abhängig von der umgebenen Struktur, dem Abstand zur Hand, den Abständen zu bereits besuchten Punkten und dem Fokus der Exploration ist. Die Region um den Punkt mit dem höchsten Aufmerksamkeitswert wird von der Roboterhand als nächstes exploriert. Über diese Strategie kann der Fokus auf die verschiedenen lokalen Merkmale eines Objektes gelenkt und damit das Objekt zielgerichtet exploriert werden. Gerade bei sehr ähnlichen Objekten lässt sich damit die Erkennung verbessern.

Es konnte gezeigt werden, dass durch unterschiedliche Kombination der haptischen Daten auf verschiedene Anforderungen der haptischen Objektterkennung eingegangen werden kann. So lässt sich durch wenige Abtastungen das Objekt grob aber robust oder durch mehrere Abtastungen genauer klassifizieren. Damit verbunden wurden auch unterschiedliche Arten der Exploration untersucht: das Umfassen des Objektes, das Halten des Objektes in der Handinnenfläche und die Verfolgung der Objektkontur.

9.2. Ausblick

Die vorgestellten Verfahren zeigen das Potential der Objekterkennung basierend auf haptischen Daten, und bieten viele Möglichkeiten für Erweiterungen. Als erste einfache Ergänzung bietet sich eine anwendungsbedingte Einschränkung des Suchraums an. Reduziert man je nach Anwendungsszenario die Anzahl der möglichen Ausrichtungen der Objekte, so lässt sich insbesondere bei orientierungsabhängigen Verfahren die Erkennung verbessern. So haben viele Objekte nur eine begrenzte Anzahl an Grundflächen, auf die sie liegen oder stehen können.

Zur Unterscheidung sehr ähnlicher Objekte, z.B. eines Löffels von einer Gabel, eignen sich die Bestimmung signifikanter, lokaler Merkmale eines Objektes. Dazu bietet sich eine Registrierung auf der Basis dieser Merkmale oder das Erstellen eines Histogramms über die lokale Merkmale an. Auch ist die Einbindung einer zielorientierten Abtastbewegung auf der Regelungsebene sinnvoll, um in kürzerer Zeit eine größere Menge an Abtastungen zu generieren und so den Erkennungsvorgang zu verbessern. Für ein komplett autonomes Abtasten der Objekte sollte die haptische Sensorik weiterentwickelt werden, um ein sicheres und sensitiveres Abtasten zu ermöglichen. Vielversprechend erscheinen in die Roboterhand integrierte Nahfeldsensoren [GBW10], die ohne direkten Kontakt die Umwelt wahrnehmen können. Zudem kann die Sensorik der Hand so erweitert werden, dass weitere Objekteigenschaften erfasst werden können. So sind mit der Härte und der Oberflächenbeschaffenheit eines Objektes weitere diskriminante Eigenschaften gegeben, mit denen die Anzahl der zu erkennenden Objekte erhöht werden kann.

Ein Explorationsvorgang sollte zudem fließend in einem Greifvorgang übergehen und die Modellierung des Objektes in die Suche nach Greifmustern münden. Hier ist auch eine Verknüpfung mit visuellen Daten interessant, um sowohl den Explorations- als auch den Greifvorgang zu verbessern. Insbesondere das vorgestellte Rahmenwerk zu haptischen Exploration mit der Definition des Aufmerksamkeitsraumes bietet großes Potential für Erweiterungen. So lassen sich problemlos visuelle Daten in den Aufmerksamkeitsraum einpflegen und somit eine visuo-haptische Exploration ermöglichen.

A. Klassifikationsverfahren

Die Musterklassifikation ordnet ein Muster einer von endlich vielen Klassen zu, wobei die k Klassen vom Menschen vorgeben sind. Es handelt sich um ein überwachtes Lernverfahren, bei dem auf der Basis einer klassifizierten Stichprobe eine Entscheidungsfunktion $c : \mathbb{R}^d \to \mathbb{R}^k$ gelernt wird, die ein beliebiges Muster $\vec{x} \in \mathbb{R}^d$ auf einen Klassenvektor $\vec{y} \in \mathbb{R}^k$ abbildet. Eine klassifizierte Stichprobe ist gegeben durch die Tupel $(\vec{x}_i, \vec{y}_i)$ mit $\vec{x}_i$ als das Muster und $\vec{y}_i$ als die Klassenzugehörigkeit, wobei $\vec{y}_i$ dem kanonischen Einheitsvektor $\vec{e}_w$ als Zugehörigkeit zu einer Klasse $w \in [1, k]$ entspricht. Eine Übersicht über Verfahren zur Musterklassifikation werden in [HA68] und [KLV98] gegeben. Die zwei in dieser Arbeit verwendeten Verfahren werden im Folgenden näher beleuchtet.

A.1. K-nächster-Nachbar-Klassifikator

Der K-nächster-Nachbar-Klassifikator [CH67] (kurz: KNN-Klassifikator) ist ein suboptimaler aber einer der einfachsten Klassifikatoren. Jeder Klasse wird durch eine Menge an Referenzmuster in Form einer Klassenstichprobe repräsentiert. Es wird keine explizite Trennfunktion berechnet. Ein unbekanntes Muster wird nach einer Mehrheitsentscheidung zu der Klasse zugeordnet, die am häufigsten in den k-nächsten Nachbarn vorkommt. Dafür werden die euklidischen Abständen eines zu klassifizierenden Musters zu den Referenzmustern berücksichtigt. Gibt es keine eindeutige Mehrheit, wird aus den Kandidaten die Klassenzugehörigkeit des Musters genommen, welches dem unbekannten Muster am nächsten ist. Für den einfachsten Fall $k = 1$ ist die Zuweisung c für ein unbekanntes Muster $\hat{x}$:

$$c(\hat{x}) = \vec{y}_w, \quad w = \arg \min_{(\vec{x}_i, \vec{y}_i)} \|\hat{x}, \vec{x}_i\| \tag{A.1}$$

Eine weiche Entscheidung kann getroffen werden, indem die Abstimmung entsprechend der vorher bestimmen Abständen gewichtet wird. Um eine Klassenstichprobe auszudünnen, können die Muster, die sich nicht an den Klassengrenzen befinden und daher nicht zur Klassifikation beitragen, aus der Klassenstichprobe entfernt werden.

A.2. Naiver Bayes-Klassifikator

Statistische Lernansätze verwenden für die Mustererkennung statistische Zusammenhänge in den Trainingsdaten, um die Parameter eines Klassifikators zu bestimmen. Die Grundlage ist die *Bayes-Regel*, die erlaubt die Wahrscheinlichkeit einer Objektklasse h für eine beobachtete Objektbeschreibung D zu bestimmen. Die Bayes-Regel ist gegeben durch:

$$P(h|D) = \frac{P(D|h)P(h)}{P(D)} \tag{A.2}$$

und wird von der Definition der bedingten Wahrscheinlichkeit abgeleitet.

Um ein Objekt auf der Basis einer Objektbeschreibung zu klassifizieren, wird die Objektklasse $\hat{h}$ aus einer Menge an Objekthypothesen H gesucht, welche $P(h|D)$ maximiert. Der Term $P(D)$ kann ausgelassen werden, da er keinen Einfluss auf die Maximierung hat. Das Resultat ist die *Maximum a-posteriori*-Hypothese:

$$h_{\text{MAP}} \equiv \underset{h \in H}{\text{argmax}}\, P(h|D) = \underset{h \in H}{\text{argmax}}\, P(D|h)P(h) \tag{A.3}$$

Beim Bayes-Klassifikator wird nun $P(D|h)$ durch eine Normalverteilung approximiert, welche durch zwei Parameter beschrieben wird: der Mittelwert μ und die Standardabweichung σ. Die Normalverteilung kann verallgemeinert werden, wenn die Zufallsvariable ein Vektor ist. Dann ist die Verteilung $f(x)$ mit der Kovarianz Σ und dem Mittelwertsvektor $\vec{\mu}$ beschrieben durch:

$$f(\vec{x}) = \frac{2\pi^{-\frac{d}{2}}}{|\Sigma|^{\frac{1}{2}}} \exp\left(-\frac{1}{2}(\vec{x} - \vec{\mu})^T \Sigma^{-1} (\vec{x} - \vec{\mu})\right) \quad \forall\, \vec{x} \in \mathbb{R}^d. \qquad \text{(A.4)}$$

Der Mittelwertsvektor $\vec{\mu}$ ergibt aus einer Stichprobe mit Beobachtungen $\vec{x}_i$:

$$\vec{\mu} = \frac{1}{N} \sum_{i=1}^{N} x_i \qquad \text{(A.5)}$$

Die Kovarianzmatrix Σ ergibt sich zu:

$$\Sigma = \frac{1}{N} \sum_{i=1}^{N} (x_i - \vec{\mu})(x_i - \vec{\mu})^T \qquad \text{(A.6)}$$

Der Term $P(h)$ gibt die Wahrscheinlichkeit des Auftretens einer Objekthypothese an und berechnet sich aus dem Verhältnis der Größe der Klassenstichprobe zur Größe der Gesamtstichprobe.

B. Ballungsverfahren

Ballungsverfahren teilen eine unklassifizierte Stichprobe in k repräsentative Gruppen ein. Die Verfahren haben in der Regel gemeinsam, dass diese Gruppen iterativ bestimmt werden, bis ein Qualitätskriterium oder die gewünschte Anzahl an Kategorien erreicht ist. In [JMF99] wird eine Übersicht über Ballungsverfahren gegeben. Im Folgenden soll die in dieser Arbeit verwendeten drei Verfahren erörtert werden.

B.1. Selbst-organisierende Karten

Eine selbst-organisierende Karte [Koh82] (engl.: Self-organizing map, kurz: SOM) wird beschrieben durch eine Menge an Neuronen. Jedes Neuron c_i wird einem n-dim. Gewichtsvektor $\vec{m}_i$ und einer Position $\vec{r}_i$ auf der Karte zugewiesen. Der Gewichtsvektor m_i repräsentiert eine momentan noch unbekannte Klasse. Während der Trainingsdurchläufe wir jedes Eingabemuster einer Klasse zugewiesen und gleichzeitig wird mit jedem Trainingsschritt die Diskriminanz zwischen den Klassen präziser. Die Aktivierungsenergie dieser Neuronen wird durch den euklidischen Abstand zwischen Gewichts- und Eingabevektor widergegeben.

Ein Trainingsdruchgang t besteht aus vier Schritten:

1. Wähle zufällig ein Eingabevektor $\vec{x}(t)$ aus.

2. Berechne den euklidischen Abstand zwischen Gewichts- und Eingabevektor:
$$d_i(t) = \|\vec{x}(t) - \vec{m}_i(t)\|.$$

3. Bestimme das Gewinnerneuron c:

$$c = \operatorname*{argmin}_{i} d_i(t).$$

4. Passe die Gewichtsneuronen in der Nachbarschaft des Gewinners an:

$$\vec{m}_i(t+1) = \vec{m}_i(t) + \alpha(t) \cdot h_{c,i}(t) \cdot [\vec{x}(t) - \vec{m}_i(t)].$$

Die Nachbarschaftsfunktion ist gegeben durch:

$$h_{c,i}(t) = \exp \frac{\|\vec{r}_c - \vec{r}_i\|^2}{2 \cdot \sigma(t)^2}.$$

Eine Anpassung bedeutet das Verschieben des Gewichtsvektors in die Richtung des Eingabevektors. Der Lernvorgang terminiert, indem die Lernrate $\alpha(t)$ und die Nachbarschaft $h_{c,i}(t)$ über die Zeit t reduziert werden. Die SOM konvergiert in einen stabilen Zustand, wenn keine weiteren Änderungen auftreten. Die Verwendung einer SOM mit $w \times h$ Neuronen resultiert in $w \cdot h$ Gruppen.

B.2. K-means-Algorithmus

Eine einfaches und sehr populäres Ballungsverfahren ist der k-means-Algorithmus, der die Beobachtungen $\vec{x}_i$ in k Gruppen einteilt. Das Resultat sind k Zentroiden $\vec{\mu}_j$, welche als Repräsentanten der Gruppen S_j dienen. In einem Verarbeitungsschritt werden die Beobachtungen jeweils dem nächstliegendem Zentroid zugewiesen, und der Zentroid wird anhand der zugewiesenen Beobachtungen neu berechnet. Dabei wird im Normalfall der euklidische Abstand als Ähnlichkeitsmaß verwendet. Nach mehreren Iterationen werden die Abstände zu den Zentroiden kleiner und die Gruppen werden kompakter.

Der zugehörige iterative Algorithmus geht wie folgt:

1. Initialisiere $\vec{\mu}_1 \ldots \vec{\mu}_k$, z.B. mit zufälligen Werten oder wähle $\vec{\mu}_j$ zufällig aus $\vec{x}_i$.

2. Berechne alle Distanzen $d_{i,j} = ||\vec{x}_i - \vec{\mu}_j||$ und weise jedem $\vec{x}_i$ der Gruppe S_c mit dem minimalen Abstand zu:

$$c = \operatorname*{argmin}_{j}(d_{i,j}).$$

3. Berechne die k Zentroiden $\vec{\mu}_j$ aus den Punkten $\vec{x}_i$, welche S_j zugeordnet wurden:

$$\vec{\mu}_j = \frac{1}{N_j} \sum_{\vec{x}_i \in S_j} x_i$$

4. Falls keine der Abbruchbedingungen erfüllt ist, fahre mit Schritt 2 fort.

Eine Gütemaß ist durch die Summe aller quadratischer Abstände von den Zentroiden zu den zugehörigen Beobachtungen geben:

$$E = \sum_{j=1}^{k} \sum_{\vec{x}_i \in S_j} ||\vec{x}_i - \vec{\mu}_j||^2.$$

Eine mögliche Abbruchbedingung ist gegeben, wenn der Fehler zwischen zwei Iterationen wieder zunimmt oder eine maximale Anzahl an Iterationen erreicht ist.

B.3. Gaußmischverteilungen

Die Gaußmischverteilungen können als eine Erweiterung des K-means-Algorithmus angesehen werden. Eine Gruppe wird nicht nur durch den Zentroiden $\vec{\mu}$ sondern zusätzlich durch die Kovarianzmatrix Σ beschrieben.

Jedes Beobachtung wird dann mit einer gewissen Wahrscheinlichkeit einer Gruppe zugeordnet. Der zugehörige iterative Algorithmus geht wie folgt:

1. Initialisiere $\vec{\mu}_1 \ldots \vec{\mu}_k$, z.B. mit zufälligen Werten oder wähle $\vec{\mu}_j$ zufällig aus $\vec{x}_i$. Die Kovarianzen $\vec{\Sigma}_1 \ldots \vec{\Sigma}_k$ können zu Beginn als gleichverteilt angenommen werden.

2. Berechne alle Distanzen $d_{i,j}$ entsprechend der Formel A.4. und weise jedem $\vec{x}_i$ der Gruppe S_c mit dem minimalen Abstand zu:

$$c = \underset{j}{\arg\min}(d_{i,j}).$$

3. Berechne die k Zentroiden $\vec{\mu}_j$ aus den Punkten $\vec{x}_i$, welche S_j zugeordnet wurden:

$$\vec{\mu}_j = \frac{1}{N_j} \sum_{\vec{x}_i \in S_j} x_i$$

Berechne die k Kovarianzen Σ_j:

$$\Sigma_j = \frac{1}{N_j} \sum_{\vec{x}_i \in S_j} (x_i - \vec{\mu}_j)(x_i - \vec{\mu}_j)^T$$

4. Falls keine der Abbruchbedingungen erfüllt ist, fahr mit Schritt 2 fort.

C. Primititivapproximation

Das verwendete Verfahren [SWK07] zur Primitivapproximation basiert auf dem RANSAC-Algorithmus [FB81] (engl.: Random Sample Consensus) und verwendet zur Modellschätzung nur eine kleine Untermenge der Messewerte – bestenfalls nur so viele Punkte wie für die Schätzung notwendig sind. Zur Evaluierung der Modellschätzung werden die Anzahl an Messwerten gezählt, die sich innerhalb eines Fehlerschlauchs befinden. Diese Punkte werden *Befürworter* genannt. Die Punkte, die nicht konform mit dem geschätzten Model sind, heißen *Ausreißer*. Als *Innenliegende Ausreißer* werden Ausreißer bezeichnet, die sich innerhalb der konvexen Hülle des Modells befinden. Das Modell, das mit den meisten Punkten konform ist, wird letztendlich genommen. Der iterative Algorithmus zur Approximation einer Punktewolke durch ein Primitiv kann auf vier Schritte abgebildet werden:

1. **Auswahl der zufälligen Punkte:** Man nehme zufällig n Punkte p_i aus der Punktemenge P, wobei n die notwendige Anzahl an Punkten ist, um das Modell zu schätzen.

2. **Berechnung der Parameter:** Schätze die Parameter des Modells m_t basierend auf den Punkten p_i.

3. **Bewertung:** Bewerte das Modell m_t mit:

$$f_t = ||I_{in}|| - \alpha \cdot ||I_{out}||. \tag{C.1}$$

Dabei gewichtet die Konstante α den Bestrafungsterm für innenliegende Ausreißer. Die Unterpunkte dabei sind:

a) Bestimme die Untermenge an Punkten I_{in}, welche innerhalb einer Fehlertoleranz ε zum Modell m_t liegen.

b) Bestimme die Untermenge an Punkten I_{out}, welche innerhalb des Modells m_t aber außerhalb der Fehlertoleranz ε liegen.

4. **Terminierung:**

a) Wenn die Abbruchbedingung nicht erfüllt ist, mache weiter mit Schritt 1.

b) Ansonsten nehme die größte Untermenge I_t und das dazugehörige Modell m_t mit $t = \arg\max f_t$.

Indem man inliegende Punkte bestraft, soll verhindert werden, dass „Phantomprimitive" gefunden werden und dass sich die Primitive stark überschneiden. Phantomprimitive sind Primitive, die in der Punktwolke mathematisch korrekt gefunden wurden, aber physikalisch nicht existieren.

Abbildungsverzeichnis

Tabellenverzeichnis

Abkürzungsverzeichnis

FZK	Forschungszentrum Karlsruhe
ICP	Iterative Closest Point
IPR	Institut für Prozessrechentechnik, Automation und Robotik
KIT	Karlsruher Institut für Technologie
KNN	K-nearest Neighbor
MATLAB	Matrix Laboratory
PCA	Principal Component Analysis
PVDF	Polyvinylidenfluorid
RANSAC	Random Sample Consensus
SFB588	Sonderforschungsbereich 588 Humanoide Roboter
SOM	Self Organizing Map
Taxel	Taktiles Element
TCP	Tool Center Point
Voxel	Volumenelement
VRML	Virtual Reality Modeling Language

Quellen

[AM90]   ALLEN, P.K. ; MICHELMAN, P.: Acquisition and interpretation of 3-D sensor data from touch. In: *IEEE Transactions on Robotics and Automation* 6 (1990), Nr. 4, S. 397–404

[AR89]   ALLEN, P.K. ; ROBERTS, K.S.: Haptic object recognition using a multi-fingered dextrous hand. In: *Proc. of IEEE International Conference on Robotics and Automation*, 1989, S. 342–347

[ARA⁺06]   ASFOUR, T. ; REGENSTEIN, K. ; AZAD, P. ; SCHRÖDER, J. ; BIERBAUM, A. ; VAHRENKAMP, N. ; DILLMANN, R.: ARMAR-III: An Integrated Humanoid Plattform for Sensory-Motor Control. In: *Proc. of IEEE-RAS International Conference on Humanoid Robots*, 2006

[Bay89]   BAY, J.S.: Tactile shape sensing via single- and multifingered hands. In: *Proc. of IEEE International Conference on Robotics and Automation*, 1989, S. 290–295

[BC91]   BEUCHER, S. ; CENTRE DE MORPHOLOGIE MATHMATIQUE: The watershed transformation applied to image segmentation. In: *Scanning Microscopy International*, 1991, S. 299–314

[BCM88]   BOLOGNI, L. ; CASELLI, S. ; MELCHIORRI, C.: *Design issues for the U.B. robotic hand*. University of Bologna, School of Engineering, 1988

[BFV91]   BONIVENTO, C. ; FALDELLA, E. ; VASSURA, G.: The University of Bologna Robotic Hand Project: current state and future developments. In: *Proc. of International Conference on Advanced Robotics* Bd. 1, 1991, S. 349–356

[BGD08]   BIERBAUM, A. ; GUBAREV, I. ; DILLMANN, R.: Robust shape recovery for sparse contact location and normal data from haptic exploration. In: *Proc. of IEEE/RSJ International Conference on Intelligent Robots and Systems*, 2008, S. 3200–3205

[BH90]   BAY, J.S. ; HEMAMI, H.: Dynamics of a learning controller for surface tracking robots on unknown surfaces. In: *Proc. of IEEE International Conference on Robotics and Automation*, 1990, S. 1910–1915

[BK00]   BICCHI, A. ; KUMAR, V.: Robotic grasping and contact: a review. In: *Proc. of IEEE International Conference on Robotics and Automation* Bd. 1, 2000, S. 348–353

[BM92]   BESL, P.J. ; MCKAY, H.D.: A method for registration of 3-D shapes. In: *IEEE Trans. on Pattern Analysis and Machine Intelligence* 14 (1992), Nr. 2, S. 239–256

[BRAD08]   BIERBAUM, A. ; RAMBOW, M. ; ASFOUR, T. ; DILLMANN, R.: A potential field approach to dexterous tactile exploration of unknown objects. In: *Proc. of IEEE-RAS International Conference on Humanoid Robots*, 2008, S. 360–366

[BSAD08]   BIERBAUM, A. ; SCHILL, J. ; ASFOUR, T. ; DILLMANN, R.: Force position control for a pneumatic anthropomorphic hand. In: *Proc. of IEEE-RAS International Conference on Humanoid Robots*, 2008, S. 21–27

[BTZ90]   BEKEY, G.A. ; TOMOVIC, G.R. ; ZELJKOVIC, I.: Control Architecture for the Belgrade/USC Hand. In: *Dextrous Robot Hands* (1990), S. 136–149

[But00]   BUTTERFASS, J.: *Eine hochintegrierte multisensorielle Vier-Finger-Hand für Anwendungen in der Servicerobotik*, Technische Universität Darmstadt, Diss., 2000

[CFFR94]   CASELLI, S. ; FALDELLA, E. ; FRINGUELLI, B. ; ROSI, L.: A neural approach to robotic haptic recognition of 3-D objects based on a Kohonen self-organizing feature map. In: *Proc. of International Conference on Industrial Electronics, Control and Instrumentation* Bd. 2, 1994, S. 835–840

[CGP97]   CHARLEBOIS, M. ; GUPTA, K. ; PAYANDEH, S.: Shape description of general, curved surfaces using tactile sensing and surface normal information. In: *Proc. of IEEE International Conference on Robotics and Automation* Bd. 4, 1997, S. 2819–2824

[CH67]   COVER, T.M. ; HART, P.E.: Nearest neighbor pattern classification. In: *IEEE Transaction on Information Theory* 13 (1967), S. 21–27

[CLCK06]   CHOI, B. ; LEE, S. ; CHOI, H. R. ; KANG, S.: Development of Anthropomorphic Robot Hand with Tactile Sensor : SKKU Hand II. In: *Proc. of IEEE/RSJ International Conference on Intelligent Robots and Systems*, 2006, S. 3779–3784

[CMZ94]   CASELLI, S. ; MAGNANINI, C. ; ZANICHELLI, F.: Investigation of polyhedral shape representations and connectionist techniques in haptic object recognition. In: *Proc. of the IEEE/RSJ/GI International Conference on Intelligent Robots and Systems* Bd. 1, 1994, S. 232–239

[CMZ95]   CASELLI, S. ; MAGNANINI, C. ; ZANICHELLI, F.:   On the
            robustness of haptic object recognition based on polyhedral
            shape representations.   In: *Proc. of IEEE/RSJ International
            Conference on Intelligent Robots and Systems* Bd. 2, 1995, S.
            200–206

[CZR95]   CHEN, N. ; ZHANG, H. ; RINK, R.: Edge tracking using tac-
            tile servo. In: *Proc. of IEEE/RSJ International Conference on
            Intelligent Robots and Systems* Bd. 2, 1995, S. 84–89

[DH55]   DENAVIT, J. ; HARTENBERG, R.S.: A kinematic notation for
            lower-pair mechanisms based on matrices. In: *Trans. of the
            ASME. Journal of Applied Mechanics* 22 (1955), S. 215–221

[EL01]   EHMANN, S.A. ; LIN, M.C.:   Accurate and Fast Proximity
            Queries Between Polyhedra Using Convex Surface Decompo-
            sition. In: *Computer Graphics Forum*, 2001, S. 500–510

[Ell87]   ELLIS, R.: Acquiring tactile data for the recognition of planar
            objects. In: *Proc. of IEEE International Conference on Robo-
            tics and Automation. Proceedings* Bd. 4, 1987, S. 1799–1805

[Erd98]   ERDMANN, M.: Shape recovery from passive locally dense
            tactile data. In: *Proc. of Workshop on the Algorithmic Foun-
            dations of Robotics on Robotics : the Algorithmic Perspective*,
            1998, S. 119–132

[FB81]   FISCHLER, M.A. ; BOLLES, R.C.: Random Sample Consen-
            sus: A Paradigm for Model Fitting with Applications to Image
            Analysis and Automated Cartography. In: *Communications of
            the ACM* 24 (1981), Nr. 6, S. 381–395

[GBW10]   GÖGER, D. ; BLANKERTZ, M. ; WÖRN, H.: A Tactile Proxi-
            mity Sensor. In: *Proc. of IEEE Conference on Sensors*, 2010,
            S. 589–594

[GJJ+03]   GAO, X.H. ; JIN, M.H. ; JIANG, L. ; XIE, Z.W. ; HE, P. ;
           YANG, L. ; LIU, Y.W. ; WEI, R. ; CAI, H.G. ; LIU, H. ; BUT-
           TERFASS, J. ; GREBENSTEIN, M. ; SEITZ, N. ; HIRZINGER,
           G.: The HIT/DLR dexterous hand: work in progress. In: *IEEE
           International Conference on Robotics and Automation* Bd. 3,
           2003, S. 3164–3168

[GM96]   GERMAGNOLI, F. ; MAGENES, G.: A neural network-based
           system for tactile exploratory tasks. In: *Proc. of Internatio-
           nal Workshop on Neural Networks for Identification, Control,
           Robotics, and Signal/Image Processing*, 1996, S. 458–466

[GW07]   GÖGER, D. ; WÖRN, H.: A highly versatile and robust tactile
           sensing system. In: *Proc. of IEEE Conference on Sensors*.
           Atlanta (GA), USA, 2007

[HA68]   HO, Y. ; AGRAWALA, A.:   On pattern classification
           algorithms–Introduction and survey. In: *IEEE Transactions
           on Automatic Control* 13 (1968), Nr. 6, S. 676–690

[HBG88]   HEMAMI, H. ; BAY, J.S. ; GODDARD, R.E.: A conceptual fra-
           mework for tactually guided exploration and shape perception.
           In: *IEEE Transactions on Biomedical Engineering* 35 (1988),
           Nr. 2, S. 99–109

[HKLP10]   HSIAO, K. ; KAELBLING, L.P. ; LOZANO-PEREZ, T.: Task-
           Driven Tactile Exploration. In: *Proc. of Robotics: Science and
           Systems*, 2010

[How93]   HOWE, R.D.: Tactile sensing and control of robotic manipula-
           tion. In: *Advanced Robotics* 8 (1993), S. 245–261(17)

[HS04]   HEIDEMANN, G. ; SCHÖPFER, M.: Dynamic tactile sensing
           for object identification. In: *Proc. of IEEE International Con-
           ference on Robotics and Automation* Bd. 1, 2004, S. 813–818

[Hu62]   HU, M.: Visual Pattern Recognition by Moment Invariants.
           In: *IEEE Transactions on Information Theory* 8 (1962), Nr. 2,
           S. 179–187

[IS09]   IWATA, H. ; SUGANO, S.: Design of anthropomorphic dex-
           terous hand with passive joints and sensitive soft skins. In:
           IEEE/SICE International Symposium on System Integration,
           2009, S. 129–134

[Jäh10]   JÄHNE, Bernd: *Digitale Bildverarbeitung*. 7. Berlin, 2010

[JB07a]   JOHNSSON, M. ; BALKENIUS, C.: Experiments with Proprio-
           ception in a Self-Organizing System for Haptic Perception. In:
           Towards Autonomous Robotic Systems, 2007, S. 239–245

[JB07b]   JOHNSSON, M. ; BALKENIUS, C.: Neural network models of
           haptic shape perception. In: *Robotics and Autonomous Sys-
           tems* 55 (2007), Nr. 9, S. 720–727

[JB10]   JOHNSSON, M. ; BALKENIUS, C.: Haptic Perception with
           Self-Organizing ANNs and an Anthropomorphic Robot Hand.
           In: *Journal of Robotics* 2010 (2010)

[JE96]   JIA, Y. ; ERDMANN, M.: Pose from pushing. In: *Proc. of IEEE
           International Conference on Robotics and Automation* Bd. 1,
           1996, S. 165–171

[Jia01]   JIA, Y.: Localization on curved objects using tactile infor-
           mation. In: *Proc. of IEEE/RSJ International Conference on
           Intelligent Robots and Systems* Bd. 2, 2001, S. 701–706

[JIK⁺86]   JACOBSEN, S. ; IVERSEN, E. ; KNUTTI, D. ; JOHNSON, R.
           ; BIGGERS, K.: Design of the UTAH/M.I.T. Dextrous Hand.
           In: *Proc. of IEEE International Conference on Robotics and
           Automation*, 1986, S. 1520–1532

[JJG+03] JIANG, L. ; JIN, M.H. ; GAO, X.H. ; XIE, Z.W. ; YANG, L. ;
          HE, P. ; LIU, Y.W. ; WEI, R. ; CAI, H.G. ; LIU, H. ; SEITZ, N. ;
          GREBENSTEIN, M. ; HIRZINGER, G.: Multisensory HIT/DLR
          dexterous robot hand. In: *Proc. of IEEE/ASME International
          Conference on Advanced Intelligent* Bd. 1, 2003, S. 76–81

[JMF99]   JAIN, A.K. ; MURTY, M.N. ; FLYNN, P.J.: Data clustering: a
          review. In: *ACM Computing Survey* 31 (1999), Nr. 3, S. 264–
          323

[JPB05]   JOHNSSON, M. ; PALLBO, R. ; BALKENIUS, C.: Experiments
          with Haptic Perception in a Robotic Hand. In: *Advances in
          Artificial Intelligence*, Funk, P., Rognvaldsson, T., and Xiong,
          N., 2005 (81-86)

[JWKB84] JACOBSEN, S.C. ; WOOD, J.E. ; KNUTTI, D.F. ; BIGGERS,
          K.B.: The UTAH/M.I.T. Dextrous Hand: Work in Progress.
          In: *The International Journal of Robotics Research* 3 (1984),
          Nr. 4, S. 21–50

[JWZL94] JIAR, Y. ; WU, X. ; ZHAO, Z. ; LI, K.: A sensory robotic
          grasping system for object recognition and shape recovery.
          In: *Proc. of the IEEE International Conference on Industrial
          Technology*, 1994, S. 333–337

[KAM72]   KINOSHITA, G. ; AIDA, S. ; MORI, M.: A pattern classifi-
          cation by dynamic tactile sense information processing. In:
          Pattern Recognition Bd. 7, 1972 (243-251)

[KKU02]   KAWASAKI, H. ; KOMATSU, T. ; UCHIYAMA, K.: Dexterous
          anthropomorphic robot hand with distributed tactile sensor:
          Gifu hand II. In: *IEEE/ASME Transactions on Mechatronics*
          7 (2002), Nr. 3, S. 296–303

[KLM85]   KLATZKY, R.L. ; LEDERMAN, S.J. ; METZGER, V.: Identify-
          ing objects by touch: An Expert System. In: *Attention, Per-
          ception, & Psychophysics* 37 (1985), S. 299–302

[KLR87]   KLATZKY, R.L. ; LEDERMAN, S.J. ; REED, C.: There's More
          to Touch Than Meets the Eye: The Salience of Object Attri-
          butes for Haptics With and Without Vision. In: *Experimental
          Psychology: General* 116 (1987), Nr. 4, S. 356–369

[KLV98]   KULKARNI, S.R. ; LUGOSI, G. ; VENKATESH, S.S.: Lear-
          ning pattern classification-a survey. In: *IEEE Transactions on
          Information Theory* 44 (1998), Nr. 6, S. 2178–2206

[Koh82]   KOHONEN, T.: Self-organized formation of topologically cor-
          rect feature maps. In: *Biological Cybernetics* 43 (1982), Nr. 1,
          S. 59–69

[KPT99]   KARABASSI, A. ; PAPAIOANNOU, G. ; THEOHARIS, Th.: Fast
          Depth-Buffer-Based Voxelization Algorithm. In: *Graphics
          Tools* 4 (4) (1999)

[KS88]   KIEŁBASIŃSKI, A. ; SCHWETLICK, H.: *Numerische linea-
          re Algebra: eine computerorientierte Einführung.* Deutscher
          Verlag der Wissenschaften, 1988 (Mathematik für Naturwis-
          senschaft und Technik)

[LD99]   LOVCHIK, C.S. ; DIFTLER, M.A.: The Robonaut Hand: A
          Dexterous Robot Hand for Space. In: *Proc. of IEEE Interna-
          tional Conference on Robotics and Automation*, 1999, S. 907–
          912

[LK87]   LEDERMAN, S.J. ; KLATZKY, R.L.: Hand movements: A win-
          dow into haptic object recognition. In: *Cognitive Psychology*
          19 (1987), Nr. 3, S. 342–368

[LL87]   LUO, R. ; LOH, H.: Tactile array sensor for object identifica-
           tion using complex moments. In: *Proc. of IEEE International
           Conference on Robotics and Automation* Bd. 4, 1987, S. 1935–
           1940

[LN99]   LEE, M.H. ; NICHOLLS, H.R.: Review Article Tactile sensing
           for mechatronics–a state of the art survey. In: *Mechatronics* 9
           (1999), Nr. 1, S. 1–31

[LWH00]   LIN, J. ; WU, Y. ; HUANG, T.S.: Modeling the constraints
           of human hand motion. In: *Proc. of the Workshop on Human
           Motion*, IEEE Computer Society, 2000, S. 121–

[MA04]   MILLER, A. ; ALLEN, P.K.: Graspit!: A Versatile Simulator
           for Robotic Grasping. In: *IEEE Robotics and Automation Ma-
           gazine* 11 (2004), Nr. 4

[Mar04]   MARTIN, J.: *Ein Beitrag zur Integration von Sensoren in eine
           anthropomorphe künstliche Hand mit flexiblen Fluidaktoren*,
           Universität Karlsruhe (TH), Diss., 2004

[ME01]   MOLL, M. ; ERDMANN, M.: Reconstructing Shape from Mo-
           tion Using Tactile Sensors. In: *Proc. of IEEE/RSJ Internatio-
           nal Conference on Intelligent Robots and Systems*, 2001

[MH05]   MURAKAMI, K. ; HASEGAWA, T.: Tactile Sensing of Edge
           Direction of an Object with a Soft Fingertip Contact. In: *Proc.
           of IEEE International Conference on Robotics and Automati-
           on*, 2005, S. 2571–2577

[MKY+02]   MOURI, T. ; KAWASAKI, H. ; YOSHIKAWA, K. ; TAKAI, J.
           ; ITO, S.: Anthropomorphic Robot Hand: Gifu Hand III. In:
           *Proc. of International Conference on Control, Automation and
           Systems* Bd. ICCAS2002, 2002, S. 1288–1293

[MLS94]   MURRAY, R.M. ; LI, Z. ; SASTRY, S.S.: *A Mathematical Introduction to Robotic Manipulation*. 1. CRC Press, 1994

[MPH09]   MAATEN, L. J. P. d. ; POSTMA, E. O. ; HERIK, H. J. d.: Dimensionality reduction: A comparative review. In: *Technical Report TiCC TR 2009-005* (2009)

[MYC⁺93] MCMATH, W.S. ; YEUNG, S.K. ; COLVEN, M.D. ; PETRIU, E.M. ; GAL, C. ; THIJSSEN, A.: Tactile sensor system for object recognition. In: *Proc. of Canadian Conference on Electrical and Computer Engineering*, 1993, S. 896–899

[NL89]   NICHOLLS, H. R. ; LEE, M. H.: A Survey of Robot Tactile Sensing Technology. In: *Robotics Research* 8 (1989), Nr. 3, S. 3–30

[NMS04]   NATALE, L. ; METTA, G. ; SANDINI, G.: Learning haptic representation of objects. In: *Proc. of International Conference on Intelligent Manipulation and Grasping*, 2004

[OC99]   OKAMURA, A.M. ; CUTKOSKY, M.R.: Haptic exploration of fine surface features. In: *Proc. of IEEE International Conference on Robotics and Automation* Bd. 4, 1999, S. 2930–2936

[OC01a]   OKAMURA, A.M. ; CURKOSKY, M.R.: Feature-guided exploration with a robotic finger. In: *Proc. of IEEE International Conference on Robotics and Automation* Bd. 1, 2001, S. 589–596

[OC01b]   OKAMURA, A.M. ; CUTKOSKY, M.R.: Feature Detection for Haptic Exploration with Robotic Fingers. In: *Robotics Research* 20 (2001), Nr. 12, S. 925–938

[OT77]   OKADA, T. ; TSUCHIYA, S.: Object recognition by grasping. In: *Pattern Recognition* 9 (1977), Nr. 3, S. 111–119

[OTC97]   OKAMURA, A.M. ; TURNER, M.L. ; CUTKOSKY, M.R.: Haptic exploration of objects with rolling and sliding. In: *Proc. of IEEE International Conference on Robotics and Automation* Bd. 3, 1997, S. 2485–2490

[PIET01]   PRESTES, E. ; IDIART, M.A.P. ; ENGEL, P.M. ; TREVISAN, M.: Exploration technique using potential fields calculated from relaxation methods. In: *Proc. of IEEE/RSJ International Conference on Intelligent Robots and Systems* Bd. 4, 2001, S. 2012–2017

[PSB00]   PYLATIUK, C. ; SCHULZ, S. ; BRETTHAUER, G.: Entwicklung flexibler Fluidaktoren und ihr Einsatz in der Medizintechnik. In: *Medizinisch-Orthopädische Technik* (2000), S. 186–189

[RPW89]   ROACH, J.W. ; PARIPATI, P.K. ; WADE, M.: Model-based object recognition using a large-field passive tactile sensor. In: *IEEE Transactions on Systems, Man and Cybernetics* 19 (1989), Nr. 4, S. 846–853

[Sch03]   SCHULZ, S.: *Eine neue Adaptiv-Hand-Prothese auf der Basis flexibler Fluidaktoren*, Universität Karlsruhe (TH), Diss., 2003

[SHJ+01]   STEIL, J.J. ; HEIDEMANN, G. ; JOCKUSCH, J. ; RAE, R. ; JUNGCLAUS, N. ; RITTER, H.: Guiding attention for grasping tasks by gestural instruction: the GRAVIS-robot architecture. In: *Proc. of IEEE/RSJ International Conference on Intelligent Robots and Systems* Bd. 3, 2001, S. 1570–1577

[SJV10]   STANISLAV, V. ; JIRI, K. ; VIT, O.: Sensors data fusion via Bayesian filter. In: *Proc. of International Conference on Power Electronics and Motion Control*, 2010, S. 29–34

[SO03]   SCHAEFFER, M.A. ; OKAMURA, A.M.: Methods for intelli-
           gent localization and mapping during haptic exploration. In:
           *IEEE International Conference on Systems, Man and Cyber-
           netics* Bd. 4, 2003, S. 3438–3445

[SP02]   SHAGAM, J. ; PFEIFFER, J.: Dynamic Irregular Octrees / New
           Mexico State University. 2002. – Forschungsbericht

[SPK⁺04]   SCHULZ, A. ; PYLATIUK, C. ; KARGOV, A. ; OBERLE, R. ;
           BRETTHAUER, G.: Progress in the Development of Anthro-
           pomorphic Fluidic Hands and their Applications. In: *Mecha-
           tronics & Robotics*, 2004, S. 936–941

[SSS⁺09]   SCHNEIDER, A. ; STURM, J. ; STACHNISS, C. ; REISERT, M. ;
           BURKHARDT, H. ; BURGARD, W.: Object identification with
           tactile sensors using bag-of-features. In: *Proc. of IEEE/RSJ
           International Conference on Intelligent Robots and Systems*,
           2009, S. 243–248

[Sta86]   STANSFIELD, S.: Primitives, features, and exploratory proce-
           dures: Building a robot tactile perception system. In: *Proc. of
           IEEE International Conference on Robotics and Automation*
           Bd. 3, 1986, S. 1274–1279

[SWK07]   SCHNABEL, R. ; WAHL, R. ; KLEIN, R.: Efficient RANSAC
           for Point-Cloud Shape Detection. In: *Computer Graphics Fo-
           rum* 26 (2007), Nr. 2, S. 214–226

[TFH08]   TAKAMUKU, S. ; FUKUDA, A. ; HOSODA, K.: Repetitive gra-
           sping with anthropomorphic skin-covered hand enables robust
           haptic recognition. In: *Proc. of IEEE/RSJ International Confe-
           rence on Intelligent Robots and Systems*, 2008, S. 3212–3217

[THA04]   TADA, Y. ; HOSODA, K. ; ASADA, M.: Sensing ability of an-
           thropomorphic Fingertip with multi-modal sensors. In: *Proc.*

of International Conference on Intelligent Autonomous Systems, 2004, S. 1005–1012

[TP91]   TURK, M. ; PENTLAND, A.: Eigenfaces for recognition. In: *Journal of Cognitive Neuroscience* 3 (1991), Nr. 1, S. 71–86

[Vah11]   VAHRENKAMP, N.: *Bewegungsplanung und sensorgestützte Ausführung für das Greifen auf humanoiden Robotern*, Karlsruhe Institute of Technology (KIT), Diss., 2011

[Wal03]   WALKER, R.: Design of a Dextrous Hand for advanced CLAWAR applications. In: *Proc. of International Conference on Climbing and Walking Robots and the Support Technologies for Mobile Machines*, 2003

[WGW06]   WEISS, K. ; GÖGER, D. ; WÖRN, H.: Reactive grasping in Industrial Automation. In: *Deutsche Robotik-Konferenz*, 2006

[WW04]   WEISS, K. ; WÖRN, H.: Tactile Sensor System for an Anthropomorphic Robotic Hand. In: *Proc. of IEEE/RAS International Conference on Humanoid Robots*, 2004

[WW05]   WEISS, K. ; WÖRN, H.: The working principle of resistive tactile sensor cells. In: *Proc. of IEEE International Conference on Mechatronics and Automation* Bd. 1, 2005, S. 471–476

[YAK⁺04]   YOKOI, H. ; ARIETA, A.H. ; KATOH, R. ; YU, W. ; WATANABE, I. ; MARUISHI, M.: Mutual Adaptation in a Prosthetics Application. In: *Embodied Artificial Intelligence* Bd. 3139. Springer Berlin Heidelberg, 2004, S. 146–159

[YHY07]   YUBIN, Y. ; HUI, L. ; YAO, Z.: Content-Based 3-D Model Retrieval: A Survey. In: *IEEE Transactions on Systems, Man, and Cybernetics* 37 (2007), Nr. 6, S. 1081–1098

[YZF04]   YANG, J. ; ZHANG, D. ; FRANGI, A. F.: Two-dimensional PCA: a new approach to appearance-based face representation and recognition. In: *Pattern Analysis and Machine Intelligence, IEEE Transactions on* 26 (2004), Nr. 1, S. 131–137

Veröffentlichungen des Authors

[BGWC08]   BOUDABA, M. ; GORGES, N. ; WÖRN, H. ; CASALS, Alicia:
Using Stereo Vision And Tactile Sensor Features For Grasp
Planning Control. In: *Proc. of International Conference on
Informatics in Control, Automation and Robotics*, 2008

[GBWD06]   GORGES, N. ; BIERBAUM, A. ; WÖRN, H. ; DILLMANN, R.:
Towards a comprehensive grasping system for Armar-III. In:
Proc. of Human-Centered Robotic Systems, 2006

[GFW10]   GORGES, N. ; FRITZ, P. ; WÖRN, H.: Haptic Object Exploration using Attention Cubes. In: *Annual German Conference
on Artificial Intelligence*, 2010

[GGW08]   GORGES, N. ; GAA, S. ; WÖRN, H.: Object Exploration with a
Humanoid Robot Using Tactile And Kinesthetic Feedback. In:
*Proc. of International Conference on Informatics in Control,
Automation and Robotics*, 2008

[GGW09]   GÖGER, D. ; GORGES, N. ; WÖRN, H.: Tactile sensing for an
anthropomorphic robotic hand: Hardware and signal proces-
sing. In: *Proc. of IEEE International Conference on Robotics
and Automation*, 2009, S. 895–901

[GHC⁺04]   GORGES, N. ; HANHEIDE, M. ; CHRISTMAS, W. ; BAUCK-
HAGE, C. ; SAGERER, G. ; KITTLER, J.: Mosaics from Arbi-
trary Stereo Video Sequences. In: *Lecture Notes in Computer
Science* Bd. 3175. Springer-Verlag, 2004, S. 342–349

[GHW10]   GORGES, N. ; HAASE, A. ; WÖRN, H.: Visual Grasping Using
            Passive Joints and Clustered SIFT-Features. In: *Proc. of Inter-
            national Symposium on Robotics*, 2010

[GNGW10]   GORGES, N. ; NAVARRO, S.E. ; GÖGER, D. ; WÖRN, H.:
            Haptic Object Recognition using Passive Joints and Haptic
            Key Features. In: *Proc. of IEEE International Conference on
            Robotics and Automation*, 2010

[GNW11]   GORGES, N. ; NAVARRO, S.E. ; WÖRN, H.: Haptic Object
            Recognition Using Statistical Point Cloud Features. In: *Proc.
            of International Conference on Advanced Robotics*, 2011

[GSGW08]   GORGES, N. ; SCHMID, A.J. ; GÖGER, D. ; WÖRN, H.: Gra-
            sping and Guiding a Human with a Humanoid Robot. In:
            *Proc. of IEEE-RAS International Conference on Humanoids
            Robots*, 2008

[GSOW07]   GORGES, N. ; SCHMID, A.J. ; OSSWALD, D. ; WÖRN, H.: A
            Framework for Creating, Coordinating, and Executing Skills
            on a Humanoid Robot. In: *Proc. of IEEE-RAS International
            Conference on Humanoid Robots*, 2007

[GW09]   GORGES, N. ; WÖRN, H.: Learning an Object-Grasp Relation
            for Silhouette-Based Grasp Planning. In: *Advances in Robo-
            tics Research*. Springer Berlin Heidelberg, 2009, S. 227–237

[NGW+12]   NAVARRO, S.E. ; GORGES, N. ; WÖRN, H. ; SCHILL, J. ;
            ASFOUR, T. ; DILLMANN, R.: Haptic object recognition for
            multi-fingered robot hands. In: *Proc. of IEEE Haptics Sympo-
            sium*, 2012

[OGW07]   OSSWALD, D. ; GORGES, N. ; WÖRN, H.: Reactive Hand-
            Arm Coordination for a Humanoid Robot using Extended

Petri-Nets. In: *Proc. of IEEE/ASME International Conference on Advanced Intelligent Mechatronics*, 2007

[SGGW08] SCHMID, A.J. ; GORGES, N. ; GÖGER, D. ; WÖRN, H.: Opening a door with a humanoid robot using multi-sensory tactile feedback. In: *Proc. of IEEE International Conference on Robotics and Automation*, 2008, S. 285–291

[SGW06] SCHMID, A.J. ; GORGES, N. ; WÖRN, H.: Towards tightly-coupled robot-human interaction. In: *Proc. of the Workshop VII in IEEE/RSJ International Conference on Intelligent Robots and Systems*, 2006

[WSG+10] WEEDE, O. ; STEIN, D. ; GORGES, N. ; MÜLLER, B. ; WÖRN, H.: A Cognitive Path-Guidance-System for Minimally Invasive Surgery. In: *Proc. of IEEE International Symposium on Intelligent Systems and Informatics*, 2010, S. 139–144

Internet-Quellen

[Aus] AUSTRIAMICROSYSTEMS AG: *Magnetischer Winkelsensor, Typ: AS5040*. www.austriamicrosystems.com. – Abgerufen am 10.09.2009

[Imm] IMMERSION/GOMEASURE3D: *Microscribe 2.0 Measure Arm*. www.gomeasure3d.com. – Abgerufen am 14.11.2011

[Kara] KARLSRUHER INSTITUT FÜR TECHNOLOGIE: *KIT ObjectModels Web Database*. i61p109.ira.uka.de/ObjectModelsWebUI. – Abgerufen am 14.11.2011

[Karb] KARLSRUHER INSTITUT FÜR TECHNOLOGIE: *Sonderforschungsbereich 588 „Humanoide Roboter - Lernende und Kooperierende Multimodale Roboter"*. www.sfb588.uni-karlsruhe.de. – Abgerufen am 07.09.2011

[Mat] MATHWORKS : *MATLAB*. www.mathworks.de/products/matlab. – Abgerufen am 07.09.2011

[Weia] WEISS ROBOTICS : *Taktiler Aufnehmer, Typ: DSAMOD-6*. www.weiss-robotics.de. – Abgerufen am 10.09.2009

[Weib] WEISS ROBOTICS: *Taktiles Sensormodul, Typ: DSA 9335*. www.weiss-robotics.de. – Abgerufen am 10.09.2009